古典文獻研究輯刊

三九編

潘美月・杜潔祥 主編

第41冊

梅村詩清人注之三
——吳梅村詩集箋注（中）

陳 開 林 整理

國家圖書館出版品預行編目資料

梅村詩清人注之三——吳梅村詩集箋注（中）／陳開林 整理
-- 初版 -- 新北市：花木蘭文化事業有限公司，2024〔民 113〕
目 18+220 面；19×26 公分
（古典文獻研究輯刊 三九編；第 41 冊）
ISBN 978-626-344-961-9（精裝）
1.CST：（清）吳偉業 2.CST：清代詩 3.CST：作品集
011.08 113009888

古典文獻研究輯刊
三九編 第四一冊 ISBN：978-626-344-961-9

梅村詩清人注之三
——吳梅村詩集箋注（中）

作　　者　陳開林（整理）
主　　編　潘美月、杜潔祥
總 編 輯　杜潔祥
副總編輯　楊嘉樂
編輯主任　許郁翎
編　　輯　潘玟靜、蔡正宣　美術編輯　陳逸婷
出　　版　花木蘭文化事業有限公司
發 行 人　高小娟
聯絡地址　235 新北市中和區中安街七二號十三樓
　　　　　電話：02-2923-1455／傳真：02-2923-1400
網　　址　http://www.huamulan.tw 信箱 service@huamulans.com
印　　刷　普羅文化出版廣告事業
初　　版　2024 年 9 月
定　　價　三九編 65 冊（精裝）新台幣 175,000 元

梅村詩清人注之三
——吳梅村詩集箋注（中）

陳開林 整理

目次

中　冊

梅村詩集箋注　卷第七 ······ 235
七言古詩 ······ 235
曇陽觀訪文學博介石兼讀蒼雪師舊蹟有感 ··· 235
贈陸生 ······ 237
吾谷行 ······ 239
圓圓曲 ······ 240
送杜大于皇從婁東往武林兼簡曹司農秋岳范僉事正 ······ 244
悲歌贈吳季子 ······ 244
織婦詞 ······ 245
贈穆大苑先 ······ 246
遣悶 ······ 247
其二 ······ 247
其三 ······ 248
其四 ······ 248
其五 ······ 249
其六 ······ 249
詠拙政園山茶花並引 ······ 250
短歌 ······ 251
西巘顧侍御招同沈山人友聖虎丘夜集作圖紀勝因賦長句 ······ 252
高涼司馬行 ······ 254
魯謙庵使君以雲間山人陸天乙所畫虞山圖索歌得二十七韻 ······ 255
九峰草堂歌並序 ······ 256
觀王石谷山水圖歌 ······ 261
京江送遠圖歌並序 ······ 262
沈文長雨過福源寺並序 ······ 267
秋日錫山謁家伯成明府臨別酬贈 ······ 267
題劉伴阮凌煙閣圖並序 ······ 269
白燕吟並序 ······ 273

梅村詩集箋注　卷第八 …… 275
五言律詩 …… 275
穿山 …… 275
元墓謁剖公 …… 275
過聞果師園居 …… 276
遊西灣 …… 276
送繼起和尚入天台 …… 276
早起 …… 276
五月尋山夜寒話雨 …… 276
瑜芬有侍兒明慧從江上歸則言去矣 …… 277
溪橋夜話 …… 277
感事 …… 277
兔缺 …… 277
織女 …… 278
贈蒼雪若鏡兩師見訪 …… 278
謝蒼雪贈葉染道衣 …… 278
送李友梅還楚寄題其所居愛吾廬友梅慕陶故詩以記之 …… 279
黃州杜退之改號蛻斯其音近而義別索詩為贈 279
王瓜 …… 280
豇豆 …… 280
送照如禪師還吳門 …… 280
初冬月夜過子俶 …… 280
園居東許九日 …… 281
晚泊 …… 281
題心函上人方庵 …… 281
題徹上人代笠 …… 281
過南屏訪無生上人 …… 282
簡武康姜明府 …… 282
其二 …… 283
夜泊漢口 …… 283
曉糊 …… 283
送友人還楚 …… 283

送黃子羽之任四首 …… 284
　襄陽 …… 284
　巫峽 …… 284
　成都 …… 284
　新都 …… 285
讀史雜感 …… 285
其二 …… 286
其三 …… 287
其四 …… 288
其五 …… 288
其六 …… 289
其七 …… 289
其八 …… 290
其九 …… 291
其十 …… 292
贈徐子能 …… 292
其二 …… 292
初春同王維夏郁計登夜坐奇懷室 …… 292
新霽喜孫令修至同步後園探梅 …… 293
送王子彥 …… 293
遇舊友 …… 293
偶值 …… 293
座主李太虛師從燕都間道北歸尋以南昌兵變
　避亂廣陵賦呈八首 …… 293
其二 …… 294
其三 …… 295
其四 …… 295
其五 …… 295
其六 …… 296
其七 …… 296
其八 …… 296
歲暮送穆大苑先往桐廬 …… 296
其二 …… 297

其三 …… 297
其四 …… 297
曉發 …… 297
客路 …… 297
贈劉虛受 …… 298
其二 …… 298
苦雨 …… 298
海溢 …… 298
閬園詩並序 …… 299
其二 …… 302
其三 …… 302
其四 …… 302
其五 …… 302
其六 …… 302
其七 …… 303
其八 …… 303
其九 …… 304
其十 …… 304
課女 …… 304
嘉湖訪同年霍魯齋觀察 …… 304
其二 …… 305
其三 …… 305
其四 …… 305
贈郡守李秀州隆吉 …… 305
野望 …… 306
其二 …… 306
送張學博孺高之官江北 …… 306
冬霽 …… 306
松化石 …… 306
嘲張南垣老遇雛妓 …… 307
破山興福寺僧鶴如五十 …… 307
園居 …… 307

梅村詩集箋注　卷第九 …… 309
五言律詩 …… 309
高郵道中 …… 309
其二 …… 309
其三 …… 309
其四 …… 310
清江閘 …… 310
得廬山願雲師書 …… 310
過姜給事如農 …… 311
遠路 …… 311
過東平故壘 …… 311
旅泊書懷 …… 311
黃河 …… 311
桃源縣 …… 312
膠州 …… 312
白洋河 …… 312
過古城謁三義廟 …… 313
項王廟 …… 313
過南旺謁分水龍王廟 …… 314
送天台何石湖之官臨晉兼簡蒲州道嚴方公 …… 314
送紀伯紫往太原 …… 314
其二 …… 315
其三 …… 315
其四 …… 316
送友人往真定 …… 316
送純祜兄浙中藩幕 …… 316
其二 …… 317
其三 …… 317
其四 …… 317
曹秋岳龔芝麓分韻贈趙友沂得江州書三首 …… 317
其二 …… 317
其三 …… 317
病中別孚令弟 …… 318

其二……………………………………………… 318
其三……………………………………………… 318
其四……………………………………………… 318
其五……………………………………………… 318
其六……………………………………………… 318
其七……………………………………………… 318
其八……………………………………………… 319
其九……………………………………………… 319
其十……………………………………………… 319
再寄三弟 ………………………………………… 319
其二……………………………………………… 320
再送王元照 ……………………………………… 320
送孫令修遊真定………………………………… 320
送周子俶張青琱往河南學使者幕…………… 320
其二……………………………………………… 320
其三……………………………………………… 321
其四……………………………………………… 321
其五……………………………………………… 321
其六……………………………………………… 322
送湘陰沈旭輪讁判深州 ………………………… 322
其二……………………………………………… 322
其三……………………………………………… 323
其四……………………………………………… 323
送王子彥歸南 …………………………………… 323
其二……………………………………………… 323
其三……………………………………………… 323
其四……………………………………………… 324
代州……………………………………………… 324
送穆苑先南還 …………………………………… 324
其二……………………………………………… 324
其三……………………………………………… 324
其四……………………………………………… 324
送何蓉庵出守贛州……………………………… 324

其二……………………………………………………… 325
其三……………………………………………………… 325
其四……………………………………………………… 325
猨………………………………………………………… 326
橐駝……………………………………………………… 326
象………………………………………………………… 326
牛………………………………………………………… 326
蒲萄……………………………………………………… 327
石榴……………………………………………………… 327
蘋婆……………………………………………………… 327
文官果…………………………………………………… 328
冰………………………………………………………… 328
南苑春蒐應制 …………………………………………… 328
送田髴淵孝廉南還……………………………………… 328
其二……………………………………………………… 329
其三……………………………………………………… 329
其四……………………………………………………… 329
偶見……………………………………………………… 329
送詹司理之官濟南……………………………………… 329
幼女……………………………………………………… 330
送程太史翼蒼謫姑蘇學博 …………………………… 330
送郭宮贊次庵謫宦山西 ……………………………… 330
送純祜兄之官確山……………………………………… 331
其二……………………………………………………… 331
其三……………………………………………………… 331
其四……………………………………………………… 331
梅村詩集箋注　卷第十 ………………………………… 333
五言律詩………………………………………………… 333
過中峰禮蒼公塔………………………………………… 333
其二……………………………………………………… 333
其三……………………………………………………… 334
其四……………………………………………………… 334

過王庵看梅感興……335
獨往王庵看梅沈雨公攜尊道值余已遄返賦此為笑……335
送致言上人……335
過韓蘄王墓……335
其二……336
其三……336
其四……337
宿沈文長山館……337
其二……337
福源寺……338
包山寺贈古如和尚……338
過圻村……338
湖中懷友……339
七夕即事……339
其二……339
其三……339
其四……340
大根菜……340
趵突泉……340
其二……340
贈新泰令楊仲延其地為羊叔子故里……341
靈巖觀設戒……341
遙別故友……341
其二……342
秋夜不寐……342
七夕感事……342
喜願雲師從廬山歸併序……342
贈錢受明……343
受明得子東賀……343
宿徐元歎落木庵……344
送王子惟夏以牽染北行……344
其二……345

其三……………………………………………… 345
其四……………………………………………… 345
虎丘中秋新霽 ………………………………… 345
哭亡女…………………………………………… 346
其二……………………………………………… 346
其三……………………………………………… 346
中秋看月有感 ………………………………… 346
支硎山齋聽雨明日早晴更宿法螺精舍……… 346
憩趙凡夫所鑿石……………………………… 347
趙凡夫山居為祠堂今改為報恩寺…………… 347
靈巖繼起和尚應曹村金相國請住虎丘祖席 … 347
王增城子彥罷官哭子留滯不歸近傳口信
　不得一字詩以歎之………………………… 348
其二……………………………………………… 348
寄懷陳直方 …………………………………… 348
其二……………………………………………… 348
其三……………………………………………… 349
其四……………………………………………… 349
詠月……………………………………………… 349
訪商倩郊居有贈……………………………… 349
假寐得月 ……………………………………… 349
三峰秋曉 ……………………………………… 349
偕顧伊人晚從維摩踰嶺宿破山寺…………… 350
維摩楓林絕勝則公獨閉關結足出新詩見示 … 350
夜發破山寺別鶴如上人 ……………………… 350
苦雨……………………………………………… 350
茸城客樓大風曉寒吟眺以示友聖九日
　玉符諸子 …………………………………… 350
遇宋子建話故友有感………………………… 351
樓聞晚角 ……………………………………… 351
送錢子璧赴大名……………………………… 351
過諸乾一細林山館…………………………… 352

神山夜宿贈諸乾一 …… 352
題徐文在西佘山莊 …… 352
細林夜集送別倩扶女郎 …… 352
天馬山過鐵崖墓有感 …… 353
陳徵君西佘山祠 …… 353
横雲 …… 353
送聖符弟之任蘄水丞 …… 354
其二 …… 354
其三 …… 354
其四 …… 354
暑夜舟過溪橋示顧伊人 …… 355
佘山遇姚翁出所畫花鳥見贈 …… 355
贈青溪蔡羽明 …… 355
橘 …… 356
蛤蜊 …… 356
膾殘 …… 356
石首 …… 356
燕窩 …… 357
海參 …… 357
比目 …… 357
鮝 …… 357
過吳江有感 …… 358
莫釐峰 …… 358
送沈友聖漢川哭友詩並序 …… 358
其二 …… 359
其三 …… 359
其四 …… 359
秦留仙寄暢園三詠 …… 360
　山池塔影 …… 360
　惠井支泉 …… 360
　宛轉橋 …… 360
慧山酒樓遇蔣翁 …… 360
家園次罷官吳興有感 …… 361

其二 …… 361
其三 …… 361
其四 …… 361
許九日顧伊人和元人齋中雜詠詩成持示戲效
其體 …… 362
焦桐 …… 362
蠹簡 …… 362
殘畫 …… 362
舊劍 …… 362
破硯 …… 363
廢檠 …… 363
塵鏡 …… 363
斷碑 …… 363
過東山朱氏畫樓有感並序 …… 363
葉君允文偕兩叔及余兄弟遊寒山深處 …… 364
查灣西望 …… 364
拜王文恪公墓 …… 364
胥王廟 …… 365
查灣過友人飯 …… 365
寒山晚眺 …… 365
翠峰寺遇友 …… 365
登寒山高處策杖行崖谷中 …… 365
沙嶺 …… 366
飯石峰 …… 366
柳毅井 …… 366
雞山 …… 367
廄里 …… 367
仙掌樓留別眾友 …… 367
登東山雨花臺 …… 367
留洞庭二十日歸自水東小港 …… 367
武山 …… 368
題郁靜巖齋前壘石 …… 368

梅村詩集箋注　卷第十一 …… 369
七言律詩 …… 369
梅村 …… 369
王煙客招往西田同黃二攝六王大子彥及家舅氏朱昭芑李爾公賓侯兄弟賞菊 …… 369
其二 …… 370
和王太常西田雜興韻 …… 370
其二 …… 371
其三 …… 371
其四 …… 371
其五 …… 371
其六 …… 371
其七 …… 372
其八 …… 372
壽王子彥五十 …… 373
其二 …… 373
其三 …… 374
其四 …… 374
姜如須從越中寄詩次韻 …… 374
言懷 …… 375
周五子俶讀書愛客白擲劇飲又善音律好方伎為此詩以啁之 …… 375
同許九日顧伊人洞庭山館聽雨 …… 375
過甫里謁願公因遇雲門具和尚 …… 376
代具師答贈 …… 376
與友人譚遺事 …… 376
追悼 …… 377
謁范少伯祠 …… 377
題登封兩烈婦井梧遺恨詩 …… 378
鴛湖感舊 …… 378
武林謁同門張石平 …… 379
登數峰閣禮浙中死事六君子 …… 379
陳青雷以半圃索題走筆戲贈 …… 380

題西泠閨詠並序 ······ 380
其二 ······ 382
其三 ······ 382
其四 ······ 383
海市四首 ······ 384
其二 ······ 384
其三 ······ 385
其四 ······ 385
別丁飛濤兄弟 ······ 386
贈馮子淵總戎 ······ 386
丁亥之秋王煙客招予西田賞菊踰月蒼雪師亦至今年予既臥病同遊者多以事阻追敘舊約為之慨然因賦此詩 ······ 387
友人齋說餅 ······ 387
贈李莪居御史 ······ 387
穆大苑先臥病桐廬初歸喜贈 ······ 388
壽陸孟鳧七十 ······ 388
其二 ······ 389
壽申少司農青門 ······ 389
其二 ······ 390
宴孫孝若山樓賦贈 ······ 390
琴河感舊並序 ······ 390
其二 ······ 391
其三 ······ 392
其四 ······ 392
辛卯元旦試筆 ······ 392
雜感 ······ 392
其二 ······ 393
其三 ······ 393
其四 ······ 394
其五 ······ 394
其六 ······ 395

題王端士北歸草……396
贈糧儲道步公……396
梅村詩集箋注　卷第十二……399
七言律詩……399
題鴛湖閨詠……399
其二……399
其三……400
其四……400
補禊……401
過朱買臣墓……402
題朱子葵鶴洲草堂……403
題孫銘常畫蘭……403
送林衡者歸閩……404
送文學博以蒼公招同住中峰寺……404
鄧元昭奉使江右相遇吳門卻贈……404
雪夜苑先齋中飲博達旦……405
其二……405
癸巳春日禊飲社集虎丘即事……405
其二……406
其三……406
其四……406
投贈督府馬公……407
其二……407
自歎……408
登上方橋有感……408
鍾山……408
臺城……409
國學……409
觀象臺……410
雞鳴寺……410
功臣廟……411
玄武湖……411

秣陵口號 …… 412
無題 …… 412
其二 …… 413
其三 …… 413
其四 …… 413
百草堂觀劇 …… 414
送李秀州擢寧紹道 …… 414
周櫟園有墨癖嘗蓄墨萬種歲除以酒澆之作
　祭墨詩友人王紫崖話其事漫賦二律 …… 414
其二 …… 415
贈陽羡陳定生 …… 415
江樓別幼弟孚令 …… 417
揚州 …… 417
其二 …… 417
其三 …… 418
其四 …… 419
過維揚弔衛少司馬紫岫 …… 419
過淮陰有感 …… 420
其二 …… 420
贈淮撫沈公清遠 …… 421
淮上贈嵇叔子 …… 421
過宿遷極樂庵明日晤陸紫霞年兄話舊有感 …… 421
白鹿湖陸墩詩 …… 422
自信 …… 422
新河夜泊 …… 422
將至京師寄當事諸老 …… 422
其二 …… 423
其三 …… 423
其四 …… 423
讀友人舊題走馬詩於郵壁漫次其韻 …… 423
其二 …… 424
過鄭州 …… 424

梅村詩集箋注　卷第十三 …… 427
七言律詩 …… 427
恭紀聖駕幸南海子遇雪大獵 …… 427
聞撤織造誌喜 …… 427
上駐蹕南苑閱武行蒐禮召廷臣恭視賜宴行宮賦五七言律詩五七言絕句每體一首應制 …… 428
送無錫堵伊令之官曆城 …… 428
元夕 …… 428
讀魏石生懷古詩 …… 429
送永城吳令之任 …… 429
送安慶朱司李之任 …… 429
送彥遠南還河渚 …… 430
江上 …… 430
送顧蒨來典試粵東 …… 431
送李書雲蔡闐培典試西川 …… 431
送山東耿中丞青藜 …… 432
送友人之淮安管餉 …… 432
送隴右道吳贊皇之任 …… 433
恭遇聖節次安丘劉相國韻 …… 433
朝日壇次韻 …… 434
李退菴侍御奉使湖南從兵間探衡山洞壑諸勝歸省還吳詩以送之 …… 434
得蒲州道嚴方公信卻寄 …… 435
送趙友沂下第南歸 …… 435
懷王奉常煙客 …… 435
送友人從軍閩中 …… 435
其二 …… 436
即事 …… 436
送汪均萬南歸 …… 437
壽座師李太虛先生 …… 437
其二 …… 437
其三 …… 437
其四 …… 438

寄房師周芮公先生並序 ………………………… 438
其二 ………………………………………………… 439
其三 ………………………………………………… 439
其四 ………………………………………………… 440
即事 ………………………………………………… 440
其二 ………………………………………………… 441
其三 ………………………………………………… 441
其四 ………………………………………………… 442
其五 ………………………………………………… 442
其六 ………………………………………………… 443
其七 ………………………………………………… 443
其八 ………………………………………………… 444
其九 ………………………………………………… 444
其十 ………………………………………………… 445
長安雜詠 …………………………………………… 445
其二 ………………………………………………… 446
其三 ………………………………………………… 446
其四 ………………………………………………… 447
哭蒼雪法師 ………………………………………… 447
其二 ………………………………………………… 447
送友人出塞 ………………………………………… 447
即事 ………………………………………………… 448
送同官出牧 ………………………………………… 448
寄周子俶中州 ……………………………………… 449
懷古兼弔侯朝宗…………………………………… 449
送曹秋岳以少司農遷廣東左轄 …………………… 450
其二 ………………………………………………… 450
其三 ………………………………………………… 451
其四 ………………………………………………… 451
送楊猶龍學士按察山西…………………………… 451
其二 ………………………………………………… 451
送王藉茅學士按察浙江…………………………… 452
其二 ………………………………………………… 452

送當湖馬觀揚備兵岢嵐 …………………… 452
送王孝源備兵山西…………………………… 453
送同年江右朱遂初憲副固原 ……………… 453
其二………………………………………… 453
其三………………………………………… 454
其四………………………………………… 454

梅村詩集箋注　卷第七

長洲吳翌鳳撰　滄浪吟榭校定本

七言古詩

曇陽觀訪文學博介石兼讀蒼雪師舊蹟有感

先生頭白髮垂耳，博士無官家萬里。講席漂零笠澤雲，鄉心斷絕昆明水。南來道者為蒼公，說經如虎詩如龍。大渡河頭洗白足，一枝楖栗棲中峰。與君相見書然笑，書，應作書。石床對語羈愁空。故園西境接身毒，雪山照耀流沙通。神僧大儒卻並出，雕題久矣漸華風。嗚呼！銅鼓鳴，莊蹻起，青草湖邊築營壘，金馬碧雞悵已矣。人言堯幽囚，或言舜野死，目斷蒼梧淚不止。吾州城南祠仙子，窈窕丹青映圖史。玉棺上天人不見，遺骨千年蛻於此。先生結茅居其傍，歸不歸兮思故鄉。盡道長沙軍，已得滇池王。伏波南下開夜郎，烏爨孤城猶屈彊，青蛉絕塞終微茫。忽得山中書，蒼公早化去。支遁經臺樹隕花，文翁書屋風飄絮。噫嘻乎悲哉！香象歸何處，杜宇啼偏哀，月明夢落桄榔臺。丈夫行年已七十，天涯戎馬知何日。點蒼青，洱海白，道路雖開亦無及。

曇陽觀　沈德符《野獲編》:「王太倉以侍郎忤江陵子，告歸。其仲女曇陽子者，得道化去。」王世貞《曇陽子傳》:「曇陽子姓王氏，相國錫爵女，名守真。年十七，將嫁，會壻徐景韶病死，縞服草屨，別築一室居之。夜夢至上真所，香煙成篆書善字。有朱真君者，命吸之，命名壽真，號曇陽。醒即卻食，惟進桃杏汁。首綰雙髻。已而丹成，並不復進諸果。閱五年，道成，請謁徐郎墓。酹畢，遂於享室東隅以一氈據地而坐，亦不令有所蓋覆。九月二日，問父龕成否，重九吾期也。龕至，即氈所為高坐，抽刀割右髻於几，曰：『吾以上真度，不獲死。遺蛻未即朽，不獲葬。此髻為吾啟徐郎窆而祔之。』覆命四童傳語：『吾曇陽菩薩化身也。』立而瞑。」**文學** 《蘇州府志》：「文祖堯，字心傳，號介石，雲南人。崇禎十六年為太倉學正。已棄官，寓荒寺中間，以青烏術自給，人皆稱為滇南先生。久之，滇南開通，治裝歸，道卒。門人私謚貞道先生。即寓室為祠，曰思賢廬。」 **蒼雪** 見卷一。 **博士** 高伯恭《郡國建學表》：「請制大郡立博士二人、助教四人，次郡立博士二人、助教二人，中郡立博士一人、助教二人，下郡立博士一人、助教一人。」 **笠澤** 注見卷二。 **昆明** 注見卷一。 **大渡河** 樂史《寰宇記》：「唐時大渡之戍一不守，則黎、雅、邛、嘉、成都皆擾。建隆三年，王全賦平蜀以圖上，議者欲因兵威伏越嶲，藝祖以玉斧畫此河曰：『此外吾不有也。』於是為黎之極邊。」《明一統志》：「大渡河源出吐蕃，經黎州城南九十里，東注嘉定，入於岷江。」 **白足** 慧皎《高僧傳》：「前魏太始時，沙門曇始甚有神異，常坐不臥，五十餘年，足不躡履，跣行泥穢中，奮足便淨，色白如面，俗號曰白足阿練也。」 **榔栗** 丁度《集韻》：「榔栗，木名，可為杖。」賈島《送空公往全〔註1〕州》詩：「手中榔栗麤。」 **身毒** 注見卷四。 **雪山** 《〈後漢書·班超傳〉注》：「西域有白山，通歲有雪，亦名雪山。」**流沙** 注見卷六。 **雕題** 《禮記》：「南方蠻曰雕題。」《注》：「雕題謂刻其肌，以丹青涅之也。」 **銅鼓** 注見卷四。 **莊蹻** 注見卷一。 **青草湖** 盛弘之《荊州記》：「巴陵南有青草湖，周回百里，日月出沒其中。湖南有青草山，故名。」范致明《岳陽風土記》：「青草湖在壘石山，與洞庭湖相通。」 **築營壘** 案：順治十年，洪承疇督師長沙。詳卷十三注。 **金馬碧雞** 注見卷六。 **幽囚** 太白《遠別離》：「或言堯幽囚，舜野死。」注：《汲冢竹書》云：「舜囚堯於平陽，取其帝位。今現存囚堯城。」案：今《竹書》並無此荒謬之說。《明史·吳貞毓傳》：「順治八年，大兵南征，勢日促，永明王急走，抵廣南，已歲莫。孫可望遣兵以明年二月迎王，入安隆所。宮室庳陋，服御粗惡，守護將悖逆，無人臣禮，王不堪其憂。」《雲南通志》：「孫可望置王於安隆所，相待無人臣禮。偽知府范應旭署其簿曰皇帝一員，后妃幾名，口支糧若干。」 **野死** 《國語》：「舜勤民事而野死。」韋昭曰：「野死謂征有苗，死於蒼梧之野。」 **窈窕** 少陵《古柏行》：「窈窕丹青戶牖空。」 **玉棺** 注見卷三。 **結茅** 《文集·文先生壽序》：「亂定，滇道未通。有以私舍設都講、布函丈請者，先生放杖而笑，自理其鬚髯曰：『吾已僧服矣。』乃即城南精藍中置木榻，

〔註1〕按：「全」當為「金」之誤。

命一童子支鼎鑾。盡謝其生徒，杜門不交人事。」 **長沙軍** 即指洪經略。長沙，注見卷二。 **滇池王** 《明史・諸王傳》:「順治十五年三月，大兵三路入雲南，李定國連敗於安隆，永明王由榔走永昌。明年正月三日，大兵入雲南，由榔走騰越。定國敗於潞江，又走南甸。二十六日，抵囊木河，是為緬境。緬勒從官盡棄兵仗，始啟關，至蠻莫。二月，緬以四舟來迎，從官自覓舟，隨行者六百四十餘人，陸行者自故岷王子而下九百餘人，期會於緬甸。十八日，至井亙。黔國公沐天波等謀奉由榔走戶、獵二河，不果。五月四日，緬復以舟來迎。明日，發井亙，行三日，至阿瓦，緬所居城也。又五日，至赭硜，陸行者緬人悉掠為奴，多自殺，惟岷王子八十餘人流入暹羅。緬人於赭硜置草屋居由榔，遣兵防之。十七年，定國與緬戰，索其主，連敗緬兵，緬終不肯出由榔。十八年五月，緬酋弟莽猛白代立，紿從官渡河盟，既至，以兵圍之，殺沐天波、馬吉翔等四十二人，存者由榔與其屬二十五人。十二月，大兵臨緬，定國走景線，緬人以由榔父子送軍前。明年四月，死於雲南。」 **伏波** 注見卷五。 **夜郎** 《史記・西南夷傳》:「西南夷君長以什數，夜郎最大。」《漢書注》:「師古曰:『後為縣，屬牂柯郡。』」 **烏爨** 杜佑《通典》:「昆明又在西南，諸爨所居。」《明一統志》:「梁時有爨瓚者，據雲南，後分東西二爨，居廣西者曰東爨烏蠻，居曲靖者曰西爨烏蠻。」 **屈彊** 《史記・陸賈傳》:「陸生進說尉佗曰:『君王欲以新造未集之越屈彊於此，漢誠聞之，使一偏將將十萬眾臨越，則越殺王降漢，如反覆手耳。』《紀事》:「李定國聞阿瓦消息，遣人入車遲、暹羅乞兵圖興復。」 **青蛉** 《漢書・地理志》:「越嶲郡青蛉。」 **化去** 《史記・武帝紀》:「李少君病死，天子以為化去不死也。」程《箋》:「蒼雪示疾在順治十三年閏五月二十二日。」 **支遁** 范成大《吳郡志》:「支遁，字道林，天竺沙門。隱於支硎山。」 **文翁** 《漢書・循吏傳》:「文翁為蜀郡守，修起學宮，招下縣子弟以為弟子，由是大化，比齊魯焉。」 **香象** 注見卷六。 **杜宇** 師曠《禽經》:「江介曰:『子規，蜀右曰杜宇。』」張華注:「望帝杜宇稱王於蜀，後禪位於鼈靈，曰開明氏。望帝處西山修道，化為杜鵑鳥。或曰杜宇亦曰子規，至春則啼，聞者悽惻。」 **點蒼、洱海** 俱見卷一。

贈陸生

陸生得名三十年，布衣好客囊無錢。尚書墓道千章樹，處士江村二頃田。京華浪跡非長計，賣藥求名總遊戲。習俗誰容我棄捐，才名苦受人招致。古來權要嗜奔走，巧借高賢謝多口。古來貧賤難自持，一餐誤喪生平守。陸生落落真吾流，行年五十今何求。好將輕俠藏亡命，恥把文章謁貴遊。丈夫肯用他途進，相逢誤喜知名姓。狡獪原來達士心，棲遲不免文人病。黃金白璧誰家子，見人盡道當如此。銅山一旦拉然崩，卻笑黔婁此中死。嗟君時命劇可憐，蜚語牽連竟配邊。木葉山頭悲夜夜，春申浦上望年年。江花江月歸何處，燕子鶯兒等飄絮。紅豆啼殘曲裏聲，白楊哭斷齋前樹。屈指鄉園筍蕨肥，南烹置酒夢依稀。蓴鱸正美書堪寄，燈火將殘淚獨揮。君不見鴻都買第歸來客，駟馬軒車胡辟易。西園論價喜誰知，東觀掄文矜莫及。從他羅隱與方干，不比如君行路難。只有一篇思舊賦，江關蕭瑟幾人看。

陸生 《集覽》:「陸慶曾，字子元，雲間人。順治丁酉舉人。以科場事牽連得罪，戍遼東。」錢湘靈曰:「子元以機、雲家世，與彝仲、大樽為輩行，轗軻三十年，垂老乃博一舉，復遭誣，以白首禦窮邊而死。一妾挈幼子，牽衣袂，行路盡為流涕。」 **尚書** 《集覽》曰:「謂其祖陸樹聲。」《明史・陸樹聲傳》:「陸樹聲，字與吉，松江華亭人。舉嘉靖二十年會試第一，歷官禮部尚書。卒贈太子太保，謚文定。」 **處士** 程《箋》:「謂指機、雲未為允協，疑即指陸生。」 **賣藥** 《後漢書・韓康傳》:「常採藥名山，賣於長安市，不二價，三十餘年。有女子從康買藥，康守價不移，女子怒曰:『公是韓伯休耶？乃不二價乎？』康歎曰:『我本避名，今女子皆知有我，何用藥為？』乃遁入霸陵山中。」 **輕俠** 《漢書・尹賞傳》:「交通輕俠，藏匿亡命。」 **他途** 《宋史・蘇軾傳》:「臣雖無狀，不敢自他途以進。」 **狡獪** 注見卷六。 **銅山崩** 《漢書・鄧通傳》:「上使善相者相通，曰:『當貧賤死。』上曰:『能富通者在我，何說貧？』於是賜通蜀嚴道銅山，得自鑄錢。文帝崩，竟以籍沒，寄死人家。」《南史・江祿傳》:「祿為武寧郡積錢於壁，壁為之倒迮，銅物皆鳴，人或戲之曰:『此所謂銅山西崩，洛鐘東應也。』」 **黔婁** 注見卷四。 **蜚語** 《漢書・灌夫傳》:「乃有飛語為惡言聞上。」張晏曰:「蚡為作飛揚誹謗之語也。」臣瓚曰:「無根而至也。」 **配** 《宋史・刑法志》:「詔免嶺南流配。」黃公紹《韻會》:「配，流刑隸也。」 **木葉山** 《遼史・地理志》:「上京路永州有木葉山。」樂史《寰宇記》:「木葉山在薊州塞外。」 **春申浦** 陸伯生《廣輿記》:「黃浦，一名春申浦，春申君所鑿。」《明一統志》:「在松江府城東南十八里。」 **齋前樹** 《南史・蕭惠開傳》:「惠開除少府，意甚不得。所居齋前悉種白楊，曰:『人生不得行胸懷，雖壽百歲，猶為夭也。』」 **南烹** 昌黎《初南食貽元十八協律》詩:「我來禦魑魅，自宜味南烹。」 **鴻都** 《後漢書・崔實傳》:「靈帝時，開鴻都門榜賣官爵，公卿州郡下至黃綬各有差。其富者則先入錢，貧者到官而後倍輸。」　**買第**　《南史·袁憲傳》:「大同八年，武帝撰《孔子正言章句》。憲時年十四，被召為正言生。國子博士周弘正為〔註2〕憲父君正曰:『賢子今茲欲試策不？』君正曰:『未敢令試。』時生徒對策，多行賄賂。門客岑文豪請其〔註3〕束脩，君正曰:『吾豈能用錢為兒買第邪？』」　**西園論價**　《後漢書·宦者傳》:「當之官者，先之西園諧價，然後得去。」《注》:「諧謂平論定其價也。」　**東觀**　《後漢書·和帝紀》:「永元十三年春正月丁丑，帝幸東觀，覽書林，閱篇籍，博選藝術之士以充其官。」注:「陸機《洛陽記》曰:『東觀在南宮，高閣十二間，介於承風館。』」　**羅隱**　范坰、林禹《吳越備史》:「羅隱，字昭諫，新登縣人。本名横，凡十上，不中第，遂更名。武肅王簡書辟之，授鎮海軍掌書記，歷遷諫議大大、給事中，卒。」《江南餘載》:「嘗遣使聘吳越，或問:『見羅給事否？』使人曰:『不識，亦不聞其名。』或曰:『四海聞有羅，江東何拙之甚。』使人曰:『為金榜上無名，所以不知。』」　**方干**　孫洽《方干傳》:「方干，字雄飛，桐廬人。為人質野，喜凌侮。每見人，設三拜，曰:禮數有三。識之者呼為方三拜。貌寢，又兔缺，有司以故不與科名。隱會稽之鏡湖。及遇醫，補唇，已老矣，因終身不出。會稽守王龜欲薦於諫署，不果。後宰臣張文蔚奏文人不第者十五人，追賜及第，以慰其魂，干亦與焉。」　**思舊賦**　《晉書·向秀傳》:「嵇康被就，秀乃作《思舊賦》。」　**江關蕭瑟**　少陵《詠懷古蹟》詩:「庾信平生最蕭瑟，暮年詩賦動江關。」

吾谷行

吾谷千章萬章木，插石緣溪秀林麓。中有雙株向背生，並幹交柯互蟠曲。一株夭矯面東風，上拂青雲宿黃鵠。黃鵠引吭鳴一聲，響入瑤花飛簌簌。一株偃蹇踞陰崖，半死半生遭屈辱。雷劈燒痕翠鬣焦，雨垂漏滴蒼皮縮。泥崩石斷迸枯根，鼠竄蟲穿隱空腹。行人過此盡彷徨，日暮驅車不能速。前山路轉相公墳，宰木參差亂入雲。枝上子規啼碧血，道旁少婦泣羅裙。羅裙碧血招魂哭，寡鵠羈雌不忍聞。同伴幾家逢下淚，羨他夫壻尚從軍。可憐吾谷天邊樹，猶有相逢斷腸處。得免倉黃剪伐愁，敢辭漂泊風霜懼。木葉山頭雪正飛，行人十月遼陽戍。兄在長安弟玉關，摘葉攀條不能去。昨宵有客大都來，傳道君王幸漸臺。便殿含毫題詔濕，閤門走馬報花開。宮槐聽取從官詠，御柳催成應制才。定有春風到吾谷，

〔註2〕「為」,《南史》卷二十六《袁憲傳》作「謂」。
〔註3〕「其」,《南史》卷二十六《袁憲傳》作「具」。

故園不用憂樵牧。雖遇彫枯墜葉黃，恰逢滋茂攢條綠。由來榮落總何常，莫向千門羨棟梁。君不見庾信傷心枯樹賦，縱吟風月是他鄉。

吾谷 《海虞文苑》：「張應遴《虞山記》：『自西關出，有周氏虞讀書院，稍西而上，有吳王大差廟，里許為沈氏園亭。過此為孫氏墓，名吾谷。松楸合圍，冬時丹楓滿目，最堪駐憩。』」張大純《采風類記》：「吾谷，孫西川父墓門題額也。」 **半死生** 枚乘《七發》：「龍門之桐，其根半死半生。」 **相公墳** 《蘇州府志》：「嚴文靖公訥祖墓在虞山錦峰之西。」《昭文縣志》：「吾谷宰樹四合，綠陰寒夏，丹楓柒秋。里許至高道山居。山居之西一里抵錦峰嚴相公祠。」 **宰木** 《公羊傳》：「秦伯怒曰：『若爾之年者，宰上之木拱矣。』」《注》：「宰，冢也。」 **少婦** 《集覽》：「嚴貽吉，字子六，大學士訥裔孫。癸未進士，官給諫，為科場居間事發，腰斬，籍沒，妻子流尚陽堡。」 **木葉山** 注見前。 **遼陽戍** 《漢書・地理志》：「遼東郡縣遼陽。」《蘇州府志》：「孫暘，字赤崖。少游文社，與兄承恩齊名。順治丁酉，舉順天鄉試。科場事發，為人牽連，謫戍尚陽堡。」案：暘後於康熙丙子九月，年正七十，得援例贖歸。 **兄在長安** 指承恩。 **大都** 注見卷六。 **漸臺** 《漢書・郊祀志》：「北治大池漸臺，高二十餘丈，名曰泰液。」《三輔黃圖》：「漸臺在未央宮太液池中，高十丈。」案：漸臺見《王莽傳》。本平聲，音尖。此從本音讀。高士奇《金鼇退食筆記》：「瀛臺舊為南臺，一曰趯臺，在太液池南。」 **閤門** 《宋史・職官志》：「東上合門使、西上合門使，掌朝會宴飲供奉贊相禮儀之事。」 **報花開** 《蘇州府志》：「孫承恩初名曙，字扶桑，順治戊戌殿試第一，授修撰。數被顧問，寵遇日隆，從幸南海子，賜騎御閑名馬。」 **枯樹賦** 倪璠《庾子山集注》：「《枯樹賦》者，子山鄉關之思所為作也。」

圓圓曲

鼎湖當日棄人間，破敵收京下玉關。慟哭六軍俱縞素，衝冠一怒為紅顏。紅顏流落非吾戀，逆賊天亡自荒讌。電埽黃巾定黑山，哭罷君親再相見。相見初經田竇家，侯門歌舞出如花。許將戚里箜篌伎，等取將軍油壁車。家本姑蘇浣花里，圓圓小字嬌羅綺。夢向夫差苑里遊，宮娥擁入君王起。前身合是採蓮人，門前一片橫塘水。橫塘雙槳去如飛，何處豪家強載歸。此際豈知非薄命，此時只有淚沾衣。薰天意氣連宮掖，明眸皓齒無人惜。奪歸永巷閉良家，教就新聲傾坐客。坐客飛觴紅日暮，一曲哀弦向誰訴。白皙通侯最少年，揀取花枝屢回顧。早攜嬌鳥出樊籠，待得銀河幾時渡。恨殺軍書底死催，苦留後約將人誤。相約恩深相見難，一朝蟻賊滿長安。可憐思婦樓頭柳，認作天邊粉絮看。遍索綠珠圍內第，強呼絳樹出雕欄。若非壯士全師勝，爭得蛾眉匹馬還。蛾眉馬上傳呼進，雲鬟不整驚魂定。蠟炬迎來在戰場，啼妝滿面殘紅印。專征簫鼓向秦川，金牛道上車千乘。斜谷雲深起畫樓，散關月落開妝鏡。傳來消息滿江鄉，烏桕紅經十度霜。教曲妓師憐尚在，浣紗女伴憶同行。舊巢共是銜泥燕，飛上枝頭變鳳皇。長向尊前悲老大，有人夫壻擅侯王。當時祇受聲名累，貴戚名豪競延致。一斛明珠萬斛愁，關山漂泊腰肢細。錯怨狂風颺落花，無邊春色來天地。嘗聞傾國與傾城，翻使周郎受重名。妻子豈應關大計，英雄無奈是多情。全家白骨成灰土，一代紅妝照汗青。君不見館娃初起鴛鴦宿，越女如花看不足。香逕塵生鳥自啼，屧廊人去苔空綠。換羽移宮萬里愁，珠歌翠舞古梁州。為君別唱吳宮曲，漢水東南日夜流。

圓圓　陸次雲《圓圓傳》云：「圓圓，陳姓，玉峰歌妓也。聲色俱絕。崇禎癸未，總兵吳三桂慕其名，齎千金往聘之，已先為田畹所得。田畹者，懷宗妃之父也。甲申春，流氛大熾，懷宗憂，廢寢食。妃謀所以解帝憂者於父。畹乃以圓圓進。圓圓掃眉而入，冀邀一顧。帝穆然也。旋命之歸畹第，時闖師將逼畿輔矣。帝亟召三桂對平臺，賜蟒玉，賜上方，託重寄，命守山海關。三桂亦慷慨受命，而寇深矣。畹憂甚。圓圓曰：『當世亂，而公無所依，獸必至。曷不締交於吳將軍？吳慕公家歌舞有年矣！以此請，必來。』畹從之。吳故卻也，強而後可，至則戎服臨筵，毅然有不可犯之色。酒甫行，即欲去。畹屢易席，至邃室，出群姬，調絲竹，皆殊秀。一淡妝者，統諸美而先眾音，情豔意嬌。三桂不覺其神移心蕩也，遽命解戎服，易輕裘，顧謂畹曰：『此非所謂圓圓邪？洵足傾人城矣！公寧勿畏而擁此耶？』畹不知所答，命圓圓行酒。圓圓至席，吳語曰：『卿樂甚？』圓圓小語曰：『紅拂尚不樂越公，矧不逮越公者邪？』吳頷之。酣酒間，警報踵至。畹前席曰：『寇至矣，將奈何？』吳遽曰：『能以圓圓見贈，吾當保公家，先於保國也。』畹勉許之。吳即命圓圓拜辭畹，擇細馬馱之去。畹爽然，無如何也。帝促三桂出關。三桂父督理御營名驤者，恐帝聞留圓圓府第，勿令往。三桂去，而闖賊旋拔城矣，懷宗死社稷。是時驤方降闖，闖即索圓圓，且籍其家，而命其作書以招子也。三桂得父書，欣然受命矣。而一偵者至，曰：『吾家無恙邪？』曰：『為闖籍矣！』曰：『吾至，當自還也。』又一偵者至，曰：『吾父無恙邪？』曰：『為闖拘繫矣！』曰：『吾至，當即釋也。』又一偵者至，曰：『陳夫人無恙邪？』曰：『為闖得之矣！』三桂拔劍斫案曰：『果有是，吾從若邪？』因作書答父，略曰：『兒以父蔭待罪戎行，以為李賊猖狂，不久即當撲滅。不意我國無人，望風而靡。側聞聖主晏駕，不勝眦裂。猶意吾父奮椎一擊，誓不俱生，不則刎頸以殉國難，何乃隱忍偷生，訓以非義？既無孝寬禦寇之才，復愧平原罵賊之勇，父既不能為忠臣，兒安能為孝子乎？兒與父訣，不早圖賊，雖置父鼎俎旁以誘三桂，不顧也！』遂乞王師，先敗之於一片石。自成怒，戮吳驤，並其家三十餘口。欲殺圓圓，圓圓曰：『聞吳將軍卷甲來歸矣！徒以妾故，又復興兵。殺妾何足惜？恐其為王死敵不利也！』自成欲挈圓圓去，圓圓曰：『妾既事大王矣！豈不欲從？恐吳將軍以妾故而窮追不已也。王圖之，度能敵彼，妾即褰裳跨征騎。為大王計，宜留妾緩敵，當說彼不追，以報王之恩遇也！』自成於是棄圓圓，狼狽西行。三桂既得圓圓，相與抱持，喜泣交集。旋受王封，建蘇臺、郿塢於滇南。專房之寵，數十年如一日。」陳維崧《婦人集》：「圓圓，字畹芬。李自成之亂，為賊帥劉宗敏所得。」鈕琇《觚賸》：「圓圓之姥曰陳，故幼從陳姓，本出於邢，至是府中皆稱邢太太。居久之，延陵潛蓄異謀，邢窺其微，以齒莫請為女道士。癸丑歲，延陵造逆。丁巳，病沒。戊午，滇南平，籍其家。舞衫歌扇，穉蕙嬌鶯，聯艫接軫，俱入禁掖。邢之名氏獨不見於籍。」案：圓圓，《明史》作陳沅。錢湘靈曰：「本常州奔牛鎮人。」　**鼎湖**　《史記·封禪書》：「黃帝採首山銅，鑄鼎於荊山下。鼎既成，有龍垂鬍髯下迎黃帝，黃帝上騎。群臣後宮從上者七十餘人，龍乃上去。餘小臣不得上，乃悉持龍髯。龍髯拔，墮黃帝之弓，百姓仰望黃帝既上天，乃抱其弓與龍髯號。故後世因名其處曰鼎湖，其弓曰烏號。」　**電埽**　《後漢書·吳漢傳·贊》：「電埽群孽。」　**田竇**　田蚡、竇嬰，漢外戚。喻田畹。案：鈕琇《觚賸》作嘉定伯周奎。　**奪歸永巷**　《集覽》：「馬氏曰：『嘉定伯已將圓圓進，未及召見，旋因出永巷宮人，貴妃遂竄名籍中，出付妃父田弘遇家，而吳於田席上見之也。』」　**良家**　徐陵《玉臺新詠序》：「四姓良家，馳名永巷。」　**白皙**　《左傳·昭二十六年》：「冉豎告季平子曰：『有君子白皙，鬒鬚眉，甚口。』平子曰：『必子彊也。』」　**花枝**　太白詩：「揀得如花四五枝。」〔註4〕　**蟻賊**　注見卷四。　**綠珠**　《晉書·石崇傳》：「崇有妓曰綠珠，美而豔，善吹笛。孫秀使人求之。崇不許。秀怒，因譖於趙王倫，矯詔收崇。介士到門，崇謂綠珠曰：『我今為爾得罪。』綠珠泣曰：『當效死於君前。』因自投於樓下而死。」　**絳樹**　魏文帝《與繁欽書》：「今之妙舞，莫過於絳樹。」

〔註4〕按：白居易《感故張僕射諸妓》：「黃金不惜買蛾眉，揀得如花三四枝。」（南宋）姜特立《和樂天為張建封侍兒盼盼作仍繼五篇》五首，每首首二句為「黃金不惜買蛾眉，揀得如花四五枝」。

范攄《雲溪友議》:「邕南節度使蔡京過永州，永州刺史鄭史與京同年，以酒樂相邀。座有瓊枝者，鄭君之所愛，而席之最妍。京強奪之行，鄭莫之競也。」案:詩意似借用瓊枝事。　**蠟炬迎來**　王子年《拾遺記》:「魏文帝美人薛靈芸，常山人也。郡守谷習以千金寶賂聘之入宮。未至，京師數十里高燭之光相繼不絕。又築高臺，列燭於下，名曰燭臺。遠望之如列星墜地。」鈕琇《觚賸》:「闖棄京出走，十八營解散，各委其輜重婦女於途。延陵追，度故關至山西，晝夜不息，尚未知圓圓之存亡也。其部將於都城搜訪得之，飛騎傳送。延陵方駐師絳州，將渡河，聞之大喜。遂於玉帳結五綵樓，備翟茀服，從以香輿，列旌旗簫鼓三十里，親往迎迓。自此由秦入蜀，迄於秉鉞滇雲。」案:《觚賸》所載與陸《傳》互有不同。然詩云「迎來在戰場」，則當以《觚賸》為正。　**啼妝**　《漢書・五行志》:「桓帝元嘉中，婦女好作愁眉啼粧。」　**秦川**　王幼學《綱目集覽》:「案:秦川南連秦嶺，西接隴山。《通典》云:『漢陽有大阪曰隴坻。登隴東望秦川。』《三秦記》云:『長安正南山名秦嶺，水流出秦川。』」羅壁《識遺》:「秦川，關中別號。」案:《明史・流賊傳》:「自成歸西安。順治二年二月，我兵攻潼關破，自成棄西安走。」　**金牛**　注見卷一。　**斜谷**　注見卷四。　**散關**　樂史《寰宇記》:「大散關在鳳翔府岐山縣西南五十二里。」祝穆《方輿勝覽》:「大散關在舊梁泉縣，為秦蜀要路。」鄭樵《通志》:「大散關通褒斜大路，屬漢中府。」　**變鳳皇**　《宋書・王微傳》:「與王僧綽書曰:『巖穴，人情所難，吾得當此，則雞鶩變作鳳凰。』」《南史・范雲傳》:「雲之幸於子良，江祐〔註5〕求雲女婚姻。酒酣，巾箱中取剪刀為聘，雲笑受之。至是祐貴，雲曰:『昔與將軍俱為黃鵠，今將軍化為鳳凰。荊布之室，理隔華盛。』因出剪刀還之，祐亦更姻他族。」**周郎**　《〈吳志・周瑜傳〉注》:「《江表傳》曰:『操與權書曰:赤壁之役，值有疾病，孤燒船自退，橫使周郎虛獲此名。』」　**館娃**　朱長文《吳郡圖經續記》:「研石山在吳縣西二十一里。《越絕書》云:『吳人於研石置館娃宮。』揚雄《方言》謂吳人呼美女為娃。蓋以西子得名耳。《吳都賦》云:『幸乎館娃之宮，張女樂而娛群臣。』即謂此也。」　**香逕**　《御覽》:「董監《吳地記》曰:『香山。吳王遣美人採香於山，因以為名。故有採香逕。』」范成大《吳郡志》:「山前十里有採香逕，橫斜如臥箭。」**屧廊**　《正德姑蘇志》:「響屧廊在靈巖山。相傳吳王建廊而處其下，令西施與宮人步屧，繞之則響，故名。今靈巖寺圓照塔前小斜廊即其址。」　**古梁州**　《明史・地理志》:「雲南，《禹貢》梁州徼外地。」

〔註5〕「祐」，《南史》卷五十七《范雲傳》作「祏」。

送杜大于皇從婁東往武林兼簡曹司農秋岳范僉事正

五月江村客行曉，僮無朝餔馬無草。路穿槐柳到柴門，滿架藤花屋灑掃。與君相別定何年，一見嗟余頭白早。東鄰濁酒賒未到，盤格籩疏具梨棗。莫怪貧家一飯難，主人長饑客不飽。解囊示我金焦詩，四壁波濤驚欲倒。一氣元音接混茫，想落千峰入飛鳥。近來此地擅時譽，粉飾開元與天寶。我把耒鋤倦唱酬，恥畫蛾眉鬥工巧。看君爽氣出江山，始悔從前作詩少。海內悠悠識者誰，汝有平生故人好。副相猶然臥茂陵，侍郎已是歸嶺表。況逢少伯共登臨，西子湖頭月皎皎。人生貧賤何足悲，縱酒高歌白雲杳。勝絕容留我輩狂，劫灰燒盡雷峰小。落落窮途感快遊，愧我菰蘆色枯槁。佳句流傳遍世間，寄書早慰江潭老。

杜于皇 王士禛《感舊集》補傳：「杜濬，字于皇，號茶村，初名詔。先湖廣黃岡人。明副榜貢生。甲申后流寓金陵。有《變雅堂集》。」 **曹秋岳** 見卷六。 **范正** 周亮工《尺牘新抄》：「范心印，字正，河南溫縣籍，河內人。」 **副相** 《漢書．百官公卿表》：「御史大夫，秦官，掌副丞相。」案：副相未知所指，疑題中脫去一人。**侍郎** 指曹秋岳。 **少伯** 指范正。 **西子湖** 吳自牧《夢粱錄》：「杭城之西有湖曰西湖，舊名錢塘湖。周圍三十餘里，自古及今，號為絕景。」 **雷峰** 《西湖志》：「慈淨寺北有山，為南屏之支脈。昔郡人雷就居之，因名雷峰。吳越王妃建塔於峰頂，塔上舊有重簷飛棟，窗戶洞達，後毀於火，孤塔獨存，磚皆赤色。」陸次雲《湖壖雜記》：「雷峰塔，五代時所建。嘉靖時，東倭入寇，疑塔中有伏兵，縱火焚之，故其簷級皆去赤立童，然反成異致。」 **菰蘆** 許嵩《建康實錄》：「殷禮與張溫使蜀，諸葛亮見而歎曰：『江東菰蘆中生此奇才。』」

悲歌贈吳季子自注：松陵人，字漢槎。

人生千里與萬里，黯然銷魂別而已。君獨何為至於此，山非山兮水非水，生非生兮死非死。十三學經並學史，生在江南長紈綺。詞賦翩翩眾莫比，白璧青蠅見排抵。一朝束縛去，上書難自理，絕塞千山斷行李。送吏淚不止，流人復何倚？彼尚愁不歸，我行定已矣。八月龍沙雪花起，橐駝垂腰馬沒耳。白骨磑磑經戰壘，黑河無船渡者幾。前憂猛虎後蒼兕，土穴偷生若螻蟻。大魚如山不見尾，張鬣為風沫為雨。日月倒行入海底，白晝相逢半人鬼。噫嘻乎悲哉！生男聰明慎勿喜，倉頡夜哭良有以。受患祇從讀書始，君不見，吳季子。

吳季子　吳兆騫，字漢槎，吳江人。順治戊戌，以丁酉科場事蜚語逮繫，遣戍寧古塔。康熙辛酉，徐健菴為之納鍰，放歸田里。《陶園存友劄小引》：「吳漢槎天才橫逸，幾掩王、駱，竟為主詞羅致，遂得謫戍。客從塞外來，吟其詩，淒然腸斷。」徐釚《續本事詩》：「漢槎驚才絕豔，數奇淪落，萬里投荒，驅車北上，時嘗託名金陵女子王倩娘，題詩驛壁，以自寓哀怨，云：『憶背雕窗鎖玉人，盤龍明鏡畫眉新。如今流落關山道，紅粉空嬌塞上春。』『氈帳沉沉夜氣寒，滿庭霜月浸闌干。明朝又向漁陽去，白草黃沙馬上看。』情辭淒斷，兩河三輔間多有和之者，故計改亭詩云：『最是倩娘題壁句，吳郎絕塞不勝情。』其西曹雜詩自序云：『望慈幃於天際，白髮雙悲；憶少婦於樓頭，紅顏獨倚。』婉轉悲涼，如聽銀箏之嗚咽矣。」　**白璧青蠅**　陳子昂《宴胡楚契禁所》詩：「青蠅一相點，白璧遂成冤。」　**千山**　《一統志》：「千山在遼陽州南六十里。」高士奇《扈從東巡日錄》：「遼左諸山土多石少，此獨磧石磊砢，峰巒重疊，以千數計，山之所山名也。」毛奇齡《西河詩話》：「千山上列九百九十峰，故名千山，地近高句驪。」　**行李**　顧炎武《日知錄》：「古者謂行人為行李，亦作理。《左傳・僖三十年》：『行李之往來，供其乏困。』襄八年：『亦不使一介行李告於寡君。』皆作李。昭十三年：『行理之命，無月不至。』作理。」　**龍沙**　注見卷五。　**黑河**　《一統志》：「黑水河在錦州府寧遠縣西一百二十里。」　**蒼兕**　王充《論衡》：「夫蒼兕，水中之獸也，善覆人船。」　**半人鬼**　《南史・傅昭傳》：「每昏旦間，人鬼相觸。」**夜哭**　《淮南子》：「倉頡作書，天雨粟，鬼夜哭。」《三國志・王肅傳》：「良有以也。」蘇詩：「人生識字憂患始。」

織婦詞

黃繭繰絲不成匹，停梭倚柱空太息。少時織綺貢尚方，官家曾給千金直。孔雀蒲桃新樣改，異繙奇文不追識。桑枝漸枯蠶已老，中使南來催作早。齊紈魯縞車班班，西出玉關賤如草。黃龍衹子紫橐駝，千箱萬疊奈爾何。

倚柱　劉向《列女傳》：「魯漆室邑之女，過時未適人，倚柱而悲吟。」　**孔雀蒲桃**　注見卷三。　**新樣改**　《盧氏雜說》：「盧氏子逆旅逢一人，世織綾錦，云：『如今花樣與前不同，伎倆兒以文采求售者不重。』於是且東歸去。」　**異繙奇文**　《〈魏志・杜夔傳〉注》：「時有扶風馬鈞，巧思絕世。傅玄序之曰：『舊綾機五十綜者五十躡，六十綜者六十躡，先生患其喪工費日，乃皆易以十二躡。其奇文異變，因感而作者，猶自然之成形，陰陽之無窮。』」葛洪《西京雜記》：「五絲為繙，倍繙為升。」戴侗《六書故》:「纚絲,岐接也。」按:「纚」,《魏志》作「躧」,非。　**齊紈魯縞**　梁簡文帝《謝納袈裟啟》:「魯縞齊紈,藉新香而受采。」　**車班班**　《後漢書・五行志》:「桓帝時,京師童謠曰:『車班班,入河間,河間姹女工數錢。』」少陵《憶昔行》:「齊紈魯縞車班班,男耕女桑不相失。」

贈穆大苑先自注:從汝寧確山歸。確山,余兄純祜治也。

穆生同學今頭白,讀書不遇長為客。亂離諸子互升沈,共樂同愁不相失。出入知交三十年,江山幾處供遊歷。承平初謁武夷君,荔支日啖過三百。兵火桐江遇故人,釣臺長嘯凌千尺。身軀雖小酒腸寬,坦腹鄉村話疇昔。訪友新年到蔡州,淮西風浪使人愁。峭帆直下雙崖險,奇石橫空眾水流。泊口斷磯傳禹跡,山根雷雨鎖獼猴。捨舟別取中都道,寢廟高原陵樹秋。定有風雲歸大澤,不堪弓劍弔荒丘。仰天太息頻搔首,失腳倒墮烏犍牛。偶來帝鄉折左臂,吾苦何足關封侯。丈夫落落誇徒步,芒鞋踏遍天涯路。中原極目滿蓬蒿,海內於今信多故。萬事無如散誕遊,一官必受羈棲誤。傷心憔悴朗陵侯,征蹄奔命無朝暮。身親芻秣養驊騮,供頓三軍尚嗔怒。赤日黃埃伏道旁,鞭梢拂面將誰訴。故舊窮途識苦辛,掉頭舉世寧相顧。嗚呼!汝南風俗天下稀,死生然諾終難移。相逢應自有奇士,客中可以談心期。君行千里徇友急,此意豈得無人知。

穆苑先　見卷三。　**同學**　《文集・穆苑先墓誌》:「自余生十一始識君,居同縣,學同師,出必偕,宴必共,如是者垂五十年。」　**互升沉**　《文集・穆苑先墓誌》:「余之初就君齋讀書也,有同時遊處者四人,志衍、純祜為兄弟,魯岡與之共事,其輩行差小,皆吳氏余宗也。鄰舍生孫令修亦與焉。自午未後十餘年,余與四人者先後成進士,而君猶困諸生中。」　**武夷君**　《仙靈事蹟》:「建寧有武夷山,高峰三十有六,道書第十六洞天。嘗有神降此,自稱武夷君。」白玉蟾《止止菴記》:「武夷之為山,蓋篯鏗於此煉丹焉。鏗有子二人,一曰武,一曰夷,因名為武夷山。」《文集・苑先墓誌銘》:「令修官閩中,君過建溪以送之,因留啖荔支,商所以為治甌寧之政,遂為八閩最。」　**三百**　東坡《食荔支》詩:「日啖荔支三百顆,不妨長作嶺南人。」　**桐江**　注見卷六。　**故人**　《苑先墓誌》:「吾師張西銘先生之幼弟曰敉菴,遇君特厚。敉菴由睦之桐廬令入為給諫,君為之上嚴灘者三。」案:敉菴名王治,字無近,順治丁亥進士。　**釣臺**　注見卷一。　**坦腹**　少陵《江亭》詩:「坦腹江亭暖。」　**蔡州**　《明一統志》:「河南汝寧府,漢曰汝南,唐曰蔡州,元曰汝寧。」《文集・穆苑先墓誌》:

「晚而從純祜於汝寧之確山。」　**雙崖**　酈道元《水經注》:「淮水北經山硤中，謂之硤石。」《明一統志》:「硤石山在鳳陽府壽州西北二十五里，兩崖相對，淮水經其中。」　**禹跡**　《明一統志》:「塗山在鳳陽府懷遠縣東南八里。禹娶於塗山，即此。西南有禹墟及禹會村，蓋禹會諸侯之地。」　**鎖獮猴**　《古岳瀆經》:「禹理淮水，三至桐柏，水功不能興。禹怒，召集百靈，搜命九脜。乃獲淮渦水神無支祈，善應對言語。形若猿猴，力輸五象。禹授之同律，同律不能制；授之烏木田，烏木田不能制；授之庚辰，庚辰遂鎖於淮山之陰，水乃安流。」　**中都**　陸伯生《廣輿記》:「濠州，舊準南郡。太祖高皇帝龍興於此，陞為鳳陽府，號曰中都。建中都城，周五十里，凡九門，設留守司於此。」　**寢廟**　《明一統志》:「祖陵在泗州城北，皇陵在中都城西南十二里，太平鄉乃仁祖湻皇帝、湻皇后之陵也。」　**大澤**　《史記・高祖紀》:「母曰劉媼，嘗息大澤之陂。」樂史《寰宇記》:「大澤在豐縣北六里。」　**弓劍**　太白《飛龍引》:「軒轅去時有弓劍。」　**烏犍**　東坡詩:「卻下關山入蔡州，為買烏犍三百尾。」自注：黃州出水牛。　**折臂**　《晉書・羊祜傳》:「有善相者言祜祖墓有王氣，祜鑿之，相者見曰：猶當出折臂三公。祜竟墮馬折臂，位至三公。」《文集・穆苑先墓誌》:「純祜仕宦失志，所守又山城殘破，本不足以屈知己，特徇窮吏之請，雖至顚頓躓道途無所恨。」　**朗陵侯**　謂純祜。《漢書・地理志》:「汝南郡縣朗陵。」應劭曰:「朗陵山在西南。」《明一統志》:「朗陵山在河南汝寧府確山縣南四十里，一名大明山，下有朗陵城，漢末因山名縣。」　**養驊騮**　《大清一統志》:「順治十年冬，大兵征楚，牧馬汝寧。」

遣悶

秋風泠泠蛩唧唧，中夜起坐長太息。我初避兵去城邑，田野相逢半親識。扁舟遇雨煙村出，白版溪門主人立。雞黍開尊笑延入，手持釣竿前拜揖。十載鄉園變蕭瑟，父老誅求窮到骨。一朝戎馬生倉卒，婦人抱子草間匿。津亭無船渡不得，仰視烏鵲營其巢。天邊矰繳猶能逃，我獨何為委蓬蒿，搔首回望明星高。

避兵　指乙酉礬清湖避亂事。　**戎馬**　長洲薛起鳳曰:「順治十六年，海寇鄭成功犯鎮江，詩應作於此時。」　**草間**　王仲宣《七哀》詩:「路有饑婦人，抱子棄草間。」

其二

雞既鳴矣升高堂，問我消息來何方。欲語不語心彷徨，當年奔走雖茫茫。兩親筋力友風霜，上有王母方安康。下有新婦相扶將，小妹中夜縫衣裳。百口共到南湖莊，只今零落將誰望。出門一步紛蜩螗，十人五人委道旁。去鄉五載重相見，江湖到處逢征戰。一家未遂升平願，百年那得長貧賤。

南湖 即鸞清湖。注見卷一。 **去鄉五載** 案：先生以順治十年四月被召，十四年二月旋里，故云。

其三

人生豈不繇時命，萬事憂愁感雙鬢。兄弟三人我衰病，齒牙落盡誰能信。疇昔文章傾萬乘，道旁爭欲知名姓。中年讀易甘肥遁，歸來擬展雲山興。赤城黃海東南勝，故園烽火憂三徑。京江戰骨無人問，愁吟獨向南樓憑，風塵咫尺何時定。故人往日燔妻子，我因親在何敢死。憔悴而今困於此，欲往從之愧青史。

赤城 注見卷一。 **京江** 注見卷三。 **燔妻子** 《漢書・鄒陽傳》：「要離燔妻子。」應劭曰：「吳王闔閭欲殺王子慶忌，要離詐以罪亡，令吳王燔其妻子，要離走見慶忌，以劍刺之。」

其四

生男歡喜生女憐，嗟我無子誰尤天。傷心七女盡亡母，啾啾乳燕枝難安。一女血淚啼闌干，舅姑嶺表無書傳。一女家破歸閭關，良人在北愁戍邊。更有一女憂烽煙，圍城六月江風寒。使我念此增辛酸，其餘燈下行差肩。見人悲歎殊無端，攜手遊戲盈床前。相思夜闌更剪燭，嚴城鼓聲振林木。眾雛怖向床頭伏，搖手禁之不敢哭。

闌干 白樂天《琵琶行》：「夢啼粧淚紅闌干。」黃公紹《韻會》：「眼眶亦謂之闌干。」 **舅姑嶺表** 案：先生長女適同邑王子彥之子天植。順治十四年，子彥授廣東增城令。 **戍邊** 案：先生仲女適海寧陳直方孝廉，以父相國被罪，全家戍邊。詳卷十注。 **憂烽煙** 《贛州府志》：「順治十六年八月，平雩都寇李玉廷。玉廷，廣東人，集眾據佛婆里老虎山小莊等處，肆行劫掠，贛撫劉武元發兵剿捕。玉廷降而復叛，贛撫佟國器遣兵攻圍數月，未克。新撫蘇宏祖進剿，降其驍賊張寧等數人，玉廷勢促逃匿。明年春，獲之，賊眾平。」《江西通志》：「順治己亥三月，贛州浮梁盧洪十倡亂華坊坪。八月，浮梁土賊破城，尋即剿滅。」案：時何蓉菴守贛州，先生有女嫁蓉菴之子，故云。　**差肩**　《舊唐書．劉知幾傳》：「蓬山之下，良直差肩。」少陵《贈李八祕書》詩：「差肩列鳳輿。」　**眾雛**　少陵《彭衙行》：「眾雛爛漫睡。」　**床頭伏**　《後漢書．馬援傳》：「傍縣嘗有報仇者，吏民驚言羌反，奔入城郭。狄道長請閉門發兵，援令歸守寺舍，良怖急者，可床下伏。」

其五

舍南春水成清渠，其上高柳三五株。草閣窈窕花扶疏，園有菜茹池有魚。蓬頭奴子推鹿車，藝瓜既熟分里閭。忽聞兵馬來城隅，南翁北叟當匆趨。我把耒鋤心躊躇，問言不答將無愚。老大無成灌蔬壤，暫息干戈竊偃仰。舍之出門更何往，手種松杉已成長。

菜茹　《爾雅．釋器》：「菜謂之蔌。」郭璞注：「蔌者，菜茹之總名。」邢昺曰：「菜茹名蔌。」《漢書．食貨志》：「菜茹有畦。」　**鹿車**　應劭《風俗通》：「俗說鹿車窄小，纔容一鹿。」　**南翁北叟**　少陵《贈李八丈判官》詩：「垂白辭南翁，委身希北叟。」

其六

白頭儒生良自苦，獨抱陳編住環堵。身歷燕南遍齊魯，摩挲漆經觀石鼓。上探商周過三五，矻矻窮年竟奚補。岣嶁山頭祝融火，百王遺文棄如土。馬矢高於矍相圃，箋釋蟲魚付榛莽。寓言何必齊莊周，屬辭何必通春秋。一字不向人間留，亂離已矣吾無憂。

石鼓　劉侗《帝京景物略》：「國子監左廟右學。廟門之石鼓，周宣王獵碣也。其質石，其形鼓，其高二尺，廣徑一尺有奇，其數十，其文籀，其辭誦天子之田。初潛陳倉野中，唐鄭餘慶取置鳳翔之夫子廟。宋大觀二年，自京兆移汴梁。靖康二年，金人輦至燕。元大德十年，虞集為大都教授，得之泥草中，始移國學大成門內，左右列焉。」　**三五**　《史記．孔子世家》：「孔子述三五之法。」《正義》曰：「三皇五帝也。」　**岣嶁**　注見卷三。　**祝融**　《史記．楚世家》：「重黎為帝嚳，高辛居火正，能光融天下，帝嚳命曰祝融。」虞翻曰：「祝，大。融，明也。」韋昭曰：「祝，始也。」　**矍相圃**　《禮．射義》。　**蟲魚**　昌黎詩：「爾雅注蟲魚，定非磊落人。」　**寓言**　《史記．莊周傳》：「周著書十餘萬言，大抵率寓言也。」　**齊莊周**　《晉書．孫放傳》：「放字齊莊。莊年七八歲，從庾亮獵。亮謂曰：『欲齊何莊邪？』放曰：『欲齊莊周。』曰：『何不慕仲尼而慕莊周？』對曰：『聖人生知，故難企慕。』亮大喜。」

詠拙政園山茶花並引

拙政園，故大弘寺基也。其地林木絕勝，有王御史者侵之，以廣其宮。後歸徐氏最久，兵興，為鎮將所據。已而海昌陳相國得之，內有寶珠山茶三四株，交柯合理，得勢爭高。每花時，鉅麗鮮妍，紛披照矚，為江南所僅見。相國自買此園，在政地十年不歸，再經譴謫遼海，此花從未寓目。余偶過太息，為作此詩。他日午橋獨樂，定有酬唱，以示看花君子也。

拙政園《蘇州府志》:「拙政園在婁、齊二門之間。嘉靖中，王御史獻臣因大宏寺廢地營別墅，文待詔徵明記其子以樗蒲負失之，歸里中徐氏。國初，海寧陳相國之遴得之，籍官，為駐防將軍府。旗軍撤，迭居營將，又為兵備道館。既而為王永寧所有，復籍官。康熙十八年，改蘇松常道新署。蘇松常道裁缺，後散為民居。中有連理寶珠山茶樹，花時爛紅奪目。」 **大弘寺**《正德姑蘇志》:「大弘寺在長洲縣治東北。元大德間建，元末毀。」 **海昌**《明一統志》:「海寧縣，三國吳置海昌都尉於此。」 **陳相國** 沈德潛《別裁集》:「陳之遴，字彥升，浙江海寧人。崇禎丁丑進士第三人。國朝官至大學士。」 **再謫** 梅村《文集·亡女權厝誌》:「司農再相，未一歲，用言者謫居瀋陽。已而相國召入京，為宿衛，再以他事下請室，全家戍遼左。」 **午橋**《舊唐書·裴度傳》:「於午橋創別墅，花木萬株，具涼臺燠館，號曰綠野堂。」《元城語錄》:「司馬溫公既居洛，於國子監之側得故營地，創獨樂園。」 **獨樂** 注見卷四。

拙政園內山茶花，一株兩株枝交加。豔如天孫織雲錦，赬如姹女燒丹砂。吐如珊瑚綴火齊，映如蝃蝀凌朝霞。百年前是空王宅，寶珠色相生光華。長養端資鬼神力，優曇湧現西流沙。歌臺舞榭從何起，當日豪家擅閭里。苦奪精藍為玩花，旋拋先業隨流水。兒郎縱博賭名園，一擲留傳猶在耳。後人修築改池臺，石梁路轉蒼苔履。曲檻奇花拂畫樓，樓上朱顏嬌莫比。千條絳蠟照鉛華，十丈紅牆飾羅綺。鬥盡風流富管絃，更誰瞥眼閒桃李。齊女門邊戰鼓聲，入門便作將軍壘。荊棘從填馬矢高，斧斤勿剪鶯簧喜。近年此地歸相公，相公勞苦承明宮。真宰陽和暗回斡，長安日日披薰風。花留金谷遲難落，花到朱門分外紅。獨有君恩歸未得，百花深鎖月明中。灌花老人向前說，園中昨夜零霜雪。黃沙淅淅動人愁，碧樹垂垂為誰發。可憐塞上燕支山，染花不就花枝殷。江城作花顏色好，杜鵑啼血何斑斑。花開連理古來少，並蒂同心不相保。名花珍異惜如珠，滿地飄殘胡不掃。楊柳絲絲二月天，玉門關外無芳草。縱費東君著意吹，忍經摧折春光老。看花不語淚沾衣，惆悵花間燕子飛。折取一枝還供佛，征人消息幾時歸。

姹女　《漢真人丹訣》：「姹女隱在丹砂中。」注：姹女即汞也。　**火齊**　樂史《寰宇記》：「天竺有火齊，如雲母而色紫。」班固《西都賦》：「翡翠火齊，流耀含英。」　**空王**　注見卷六。　**色相**　《楞嚴經》：「離諸色相。」照明太子《同泰僧正講詩》：「寶珠分水相，須彌會色形。」　**優曇**　注見卷三。　**流沙**　注見卷六。　**精藍**　注見卷一。　**賭名園**　徐乾學《蘇松常道新署記》：「王侍御有子，弗克資荷，以樗蒱與里中豪士徐君決賭，一擲失之。徐君傳子及孫，而生產亦耗矣。」　**齊女門**　《吳越春秋》：「齊使女為質於吳，吳王因為太子波聘齊女。女少思齊，日夜號泣，闔閭乃起北門，名曰望齊門，令女往遊其上。」　**相公**　顧炎武《日知錄》：「前代拜相必封公，故稱之曰相公。」　**承明宮**　范雲《贈沈左衛詩》：「出入承明宮。」餘見卷二。　**燕支山**　杜氏《通典》：「甘州刪丹縣有焉支山。匈奴失之，乃歌曰：『失我焉支山，使我婦女無顏色。』說者曰焉支即今之燕支也。此山產紅藍，可為燕支，而匈奴資以為飾，故失之則婦女無色。理或然也。」

短歌

王郎頭白何所為，罷官嶺表歸來遲。衣囊已遭盜賊笑，襆被尚少親朋知。我書與君堪太息，不如長作五羊客。君言垂老命如絲，縱不歸人且歸骨。入門別懷未及話，石壕夜半呼倉卒。胠篋從他誤攫金，告緡憐我非懷璧。田園斥盡敝裘難，苦乏家錢典圖籍。愛子摧殘付託空，萬卷飄零復奚惜。吁嗟乎十上長安不見收，千山遠宦終何益。君不見鬱孤臺臨數百尺，惡灘過處森刀戟。歷遍風波到故鄉，此中別有盤渦石。

王郎　《太倉州志》：「王瑞國，字子廬，天啟辛酉舉人。增城令。」程《箋》：「子彥號書城，亦稱麋徑先生。父士騄，敬美次子。子彥束脩砥行，向氣誼，厲名節，吳門文、姚兩公皆款重之。」　**襆被**　《晉書．陸納傳》：「少有清操，貞厲絕俗。出為吳興太守，臨發，止有襆被而已。」　**五羊**　吳曾《能改齋漫錄》：「高適《送柴司戶之嶺外》詩云：『海對羊城闊，山連象郡高。』案：《南郡新書》云：『吳修為廣州刺史，未至州，有五仙人騎五色羊負五穀而來。廣州廳事梁上畫五仙人騎五色羊為瑞，故廣南謂之五羊城。』又，《廣州記》云：『六國時，廣州為楚，高固為楚相，五羊銜谷至其庭以為瑞，因以五羊名其地。』又，鄭熊撰《番禺雜記》：『廣州昔有五仙人騎羊而至，遂名五羊。』《新書》與熊所記同，惟《廣州記》為異，當有辨其非是者。」 **命如絲** 少陵《得舍弟消息》詩：「兩京三十口，雖在命如絲。」 **石壕** 少陵《石壕吏》詩：「莫投石壕村，有吏夜捉人。」王伯厚《困學紀聞》：「石壕蓋陝州陝縣石壕鎮。」 **胠篋** 《莊子・胠篋》篇：「將為胠篋探囊發匱之盜而為守備。」 **誤攫金** 《漢書・雋不疑傳》：「不疑為郎，有同舍誤持其同舍郎金去，同舍郎意不疑，不疑謝有之，買金償。後同舍歸金，亡金郎大慙。」 **告緡** 《漢書・食貨志》：「楊可告緡徧天下。」詳見卷十八。 **愛子摧殘** 程《箋》：「子修少子為吳昌時壻。昌時家被籍，有次女嫁某官子。被物議，歸其獄於子彥之子，坐褫杖。且遙怒於子彥，子彥由此失意。」 **上不收** 《戰國策》：「蘇秦說秦王，書十上而說不行。」張謂《贈喬林》詩：「去年上策不見收。」 **鬱孤臺** 注見卷二。

西巘顧侍御招同沈山人友聖虎丘夜集作圖紀勝因賦長句

漢陽仙人乘黃鵠，朝發三巴五湖宿。春深潮滿闔閭城，剪得晴川半篙綠。錦溼催動木蘭橈，恣討名山縱心目。判牘揮毫撥若雲，支筇屏騎從惟鹿。蒼丘虎氣鬱騰驤，一片盤陀徑廣場。平座千人填語笑，危欄百尺沸絲簧。夫差石上杯浮月，歐冶池邊劍拂霜。花雨講臺孤塔迴，風流捨宅六朝荒。曾來此地探奇蹟，薄晚迎流刺舟入。攜手何人沈與吳，詞客青衫我頭白。脫略才知興會真，冥搜務取煙霞適。火照靈湫暑月寒，鐘埋苦霧陰崖黑。魯公擘窠字如斗，忠孝輪囷鬼神走。蘚剝苔侵耿不磨，手捫沉吟立來久。重燒官燭奏鵾絃，今夕歡遊逢快友。後約須聽笠澤鶯，臨分忍折閶門柳。七里山塘五月天，玉絲金管自年年。江村茶熟橋成市，溪館花開樹滿船。賀老一歌嘗月下，泰娘雙槳即門前。泥車瓦馬兒童戲，竹幾蕉團估客眠。萬事韶華有凋替，煙蕪漸失層巒翠。鼠竄迴廊僧舍空，鴉啼廢井漁扉閉。赤幰黃驄佳氣浮，姑蘇臺上春風細。令出天清鸛鶴高，詩成日落溪山麗。筍屐籃輿逐後塵，碧油簾舫夜留賓。棲遲我已傷頹老，歷落君偏重散人。好把丹青垂勝事，可憑詩卷息閒身。襄陽寺壁摹羊祜，句曲山圖補許詢。妙手生綃經想像，兔毫點出雙瞳玉。抱膝看雲見磊砢，支頤藉草耽疏放。半衲誰堪竺道生，一樽足擬陶元亮。絹素流傳天壤存，他年相見欣無恙。黃鶴高飛玉笛殘，舊遊我亦夢湘沅。峭帆此去應千里，郢樹參差響急灘。飲君酒，送君還，王程長作畫圖看。攜將老筆龍眠輩，寫盡江南江北山。

顧西巘 《文集・顧開明祠堂記》：「山東道御史漢陽顧公如華，字西巘。」《湖廣通志》：「顧如華，字質夫，漢川人。順治己丑進士，授廣平知縣，考選御史，差理浙江鹽政，轉溫處副使。」　**沈友聖**　王晫《南窗文略》：「予友雲間沈子友聖，道風秀世，才博運窮，衡門樂饑，雋聲遐播。」南匯吳省蘭曰：「沈麟，字友聖，秘江華亭人。」　**虎丘**　《越絕書》：「闔閭冢在閶門外，專諸魚腸之劍在焉。築三日，而白虎踞其上，故曰虎丘。」鄭虎文《吳都文粹》：「徐輔《虎丘記》：『山在郡西北，遙望平田，中一小丘耳，高一百三十尺，週二百十丈。』」徐崧《百城煙水》：「虎丘一名海湧峰，去昌門七里，上有千人坐、吳王試劍石、劍池、生公講臺、魯公石刻諸勝，本晉司徒王珣及弟司空珉之別墅，後各捨宅為精藍。」餘詳卷十八。　**黃鵠**　樂史《寰宇記》：「黃鶴樓在江夏黃鵠磯上。費文禕登仙，每乘黃鶴，於此樓憩駕，故名。」案：陸璣《詩疏》謂鵠乃鶴之轉音，非鶴之外別有所謂鵠也。然考《淮南子・覽冥訓》「鴻鵠鶬鶴，莫不驚憚伏竄」，班固《西都賦》「玄鶴白鷺，黃鵠鵁鶄」，左思《吳都賦》「鳥則鶤鵠鶂鶴」，皆分鵠鶴為二，恐非鵠即是鶴也。　**三巴**　《山海經》：「西南為巴國。」常璩《華陽國志》：「獻帝初平元年，益州牧劉璋以墊江以上為巴郡，治安漢；以江州至臨江為永寧郡，朐忍至魚復為固陵郡。建安六年，璋復改永寧為巴郡，以固陵為巴東郡，安漢為巴西郡，是為三巴。」譙周《三巴記》：「閬、白二水東南流，曲折三回如巴字，故謂之三巴。」　**五湖**　注見卷一。　**闔閭城**　《一統志》：「周敬王六年，闔閭使子胥築大城，亦曰闔閭城，即今蘇州府城也。」　**晴川**　崔顥《黃鶴樓》詩：「晴川歷歷漢陽樹。」《一統志》：「晴川閣在漢陽縣東北五里，明知府范之箴建。」　**錦涇**　《正德姑蘇志》：「錦帆涇即舊子城濠也。世傳吳王嘗作錦帆以遊，故名，在大街西，貫橋南北市，直抵報恩寺。」　**從惟鹿**　《晉書・陶淡傳》：「於長河〔註6〕臨湘山中結廬居之，養一白鹿以自隨。」　**魯公**　《唐書・顏真卿傳》：「顏真卿，字清臣。李希烈陷汝州，真卿奉命往使。希烈拘真卿，守以甲士。會其黨謀襲希烈，奉真卿為帥。事覺，遂縊殺之。封魯郡公，天下不以姓名稱而獨曰魯公。善正、草書，筆力遒婉，世寶傳之。」餘詳十八卷注。　**賀老**　《樂錄》：「天寶末，樂工賀懷智善彈琵琶，世稱賀老。」元微之《連昌宮詞》：「賀老琵琶定場屋。」　**泰娘**　劉禹錫《泰孃歌引》：「泰孃本韋尚書家主謳者。尚書薨於東京，為蘄州刺史張愻所得。愻謫居武陵郡，卒，泰娘無所歸，日抱樂器而哭。雒客聞之，為歌其事。」歌云：「泰娘家本閶門西，門前綠水環金堤。」　**泥車瓦馬**　王符《潛夫論》：「或作泥車、瓦狗諸戲弄之具，以詐小兒。」　**羊祜**　《晉書・羊祜傳》：「祜字叔子。為荊州都督。卒後，襄陽百姓於峴山祜平生遊憩之所建碑立廟。」　**許詢**　《續晉陽秋》：「許詢，字元度，

〔註6〕「河」，《晉書》卷九十四《陶淡傳》作「沙」。

高陽人。風神簡素，司徒掾辟不就。」 **竺道生** 《十道四番志》：「異僧竺道生嘗講經虎丘，聚石為徒，與談至理。」 **陶元亮** 《晉書・隱逸傳》：「陶潛，字元亮，尋陽柴桑人。」《南史・隱逸傳》：「陶潛，字淵明，或云字深明，名元亮。」案：《陶靖節年譜》稱在晉名淵明，在宋名潛，元亮之字則未嘗易。 **玉笛** 太白《聽黃鶴樓上吹笛》詩：「黃鶴樓中吹玉笛。」 **湘沅** 蘇子由《黃州快哉亭記》：「江出西陵，始得平地，其流奔放肆大，南合湘沅，北合漢沔。」舊遊指丙子典試湖廣事。 **龍眠** 《宋史・文苑傳》：「李公麟，字伯時，舒州人。第進事。歸老肆意於龍眠山巖室間。雅善畫，嘗自作山莊圖。」陳沂《南畿志》：「龍眠山在桐城縣西北六十里。」

高涼司馬行 自注：贈孫孝若。

高涼司馬才如龍，眼看變化疇人中。豪華公子作能吏，刻苦不與尋常同。十年大末聲名好，隨牒單車向嶺表。猿嘯天邊雁北飛，相思不斷如春草。官清喜得鄉園近，載米嘗聞上山郡。此去雖持合浦珠，炎州何處沽佳醞。君言萬事隨雙屐，浮蹤豈必嗟行役。婚嫁粗完身計空，掉頭且作天涯客。江南賦稅愁連天，笑余賣盡江南田。京華權貴書盈寸，笑余不作京華信。平生聲伎羅滿前，襆被獨上孤篷船。到日蘭芽開百本，飽啖荔枝寧論錢。故舊三人腸幾轉，白頭老輩攤吟卷。王宰丹青價自高，周郎酒興愁來減。三衢橘柚廣州柑，夢遶江南與海南。吾谷霜楓回首處，錯認桄榔是鄉樹。

高涼 《漢書・地理志》：「合浦郡縣高涼。」樂史《寰宇記》：「高涼郡土厚而山環繞，高而稍涼，因名焉。」《明一統志》：「廣東高州府，漢為合浦郡之高涼縣。吳置高涼郡。有高涼山，群木森然，盛夏若秋。」 **孫孝若** 孫魯，字孝若，常熟人。順治壬辰進士。由衢州司理陞高州府同知，終大同知府。 **變化** 《管子》：「龍生於水，被五色，故神，變化無日，上下無時。」 **大末** 《漢書・地理志》：「會稽郡縣大末。」孟康曰：「大音闥。」《續漢書・郡國志》：「大音太。」注：「《左傳》為姑蔑。」《明清類天文分野書》：「衢州，春秋姑蔑太末之地。」陸深《河汾燕閒錄》：「今衢州，古之太末也。」 **隨牒** 《一統志》：「太末故城，今衢州府龍游縣治。」《漢書・匡衡傳》：「但以無階朝廷，故隨牒在遠方。」師古曰：「隨牒謂隨選補之恒牒，不被超擢者。」 **載米** 《晉書・鄧攸傳》：「吳郡闕守，帝以授攸。攸載米之任，俸祿無所受，惟飲吳水而已。」 **合浦珠** 《後漢書・孟嘗傳》：「遷合浦太守。郡不產穀食而海出珠寶，與交趾常通商販貿易糧食。先時宰守並多貪穢，詭人採求，不知紀極，珠漸遷於交趾郡界。於是行旅不至，人物無資，貧者死餓於道。嘗到官，革易前敝。曾未踰歲，去珠復還，百姓皆反其業。」　**王宰、周郎**　朱景元《唐朝名畫錄》:「王宰家從西蜀，畫山水樹石，出於象外。」常熟韓敏曰:「王謂石谷暈，周謂周孝逸雲驤，皆孝若客也。」陳瑚《確庵文稿》:「孝逸所居逸園，故琅邪舊宅，日焚香灑掃，讀書其中。為人原本忠孝，不畏彊禦。所著古文詞，激昂忼慨，有龍泉太阿斷蛟劃犀之概。」　**三衢**　《明一統志》:「衢州府郡名。三衢，《元和志》:『州有三衢山，故名。或云以路通三越，故謂之三衢。』」　**吾谷**　注見前。

魯謙庵使君以雲間山人陸天乙所畫虞山圖索歌得二十七韻

江南好古推海虞，大癡畫卷張顛書。士女嬉遊衣食足，丹青價重高璠璵。不知何事今蕭索，異聞只說姑蘇樂。西施案舞出層臺，瑟瑟珍珠半空落。聞道王孫愛畫圖，購求不惜千金諾。此地空餘好事家，扁舟載入他人橐。玉軸牙籤痛惜深，丹崖翠壁精華弱。魯侯魯侯何太奇，此卷留得無人知。一官三載今上計，粉本溪山坐臥持。九峰主人寫名勝，百年絹素猶蒼潤。云是探微後代孫，飄殘兵火遺名姓。我也菰蘆擁被眠，舊遊屈指嗟衰病。忽聽柴門枉尺緘，披圖重起籃輿興。烏目煙巒妙蜿蜒，西風拂水響濺濺。使君自是神仙尉，老我堪依漁釣船。招真治畔飛黃鵠，七檜盤根走麋鹿。寫就青山當酒錢，醉歌何必諧絲竹。魯侯笑我太顛狂，不羨金張誇顧陸。登臨落日援吟毫，太息當年賢與豪。請為陸生添數筆，絳雲樓榭舊東皋。

魯謙庵　《浙江通志》:「魯超，字文遠，紹興人。順治庚子順天副榜，歷官江蘇布政使。」潘耒《鳳臺書院碑記》:「會稽魯公謙庵起家中書舍人，出為蘇州同知，遷知松江府。大著聲積，舉卓異者再。巡撫睢州湯公入覲薦公廉能第一。」　**陸天乙**　夏士良《圖繪寶鑑》:「陸灝，字平遠，華亭人。所題畫，自署天乙山人。」　**虞山**　《明一統志》:「虞山在常熟縣治西北，一名海虞山。《越絕書》巫咸所居。又傳虞仲隱此，故名。」　**海虞**　注見卷六。　**大癡**　《圖繪寶鑑》:「黃公望，字子久，號一峰，又號大癡道人，平江常熟人。山水師董源，晚年變其筆法，自成一家。」陶宗儀《輟耕錄》:「黃公望本姓陸，世居常熟，繼永嘉黃氏。」　**張顛**　《唐書・張旭傳》:「張旭，蘇州吳人。官常熟尉。嗜酒，每大醉，呼叫狂走，乃下筆，或以頭濡墨而書。既醒，自視以為神，世呼張顛。」　**上計**　《史記・范睢傳》:「昭王召王稽，拜為河東守，三歲不上計。」司馬彪曰:「凡郡長論課殿最，歲盡遣吏上計。」　**粉本**　注見卷五。

九峰 《明一統志》:「雲間有九峰三泖之勝。」 **探微** 夏士良《圖繪寶鑑》:「陸探微，吳人，善畫事。宋明帝謂畫有六法，探微得法為備，生平愛畫古聖賢像。」 **烏目** 盧鎮《琴川志》:「烏目山，《慶元志》引《山海經》曰：虞山即烏目山。《吳地記》:『海虞山北有烏目山。』今頂山之南有烏目山界，於山有烏目澗。景祐間，陸果題烏目山詩是也。」 **拂水** 盧鎮《琴川志》:「虞山西北行，山脊有拂水巖，下臨山阿，厓壁峭立，水落兩石間，微風激之，濺灑霏霏，故名。」尤侗《遊虞山記》:「至拂水巖上，人曾雨過，東南風發，其水上拂丈餘，殿宇皆濕。」 **神仙尉** 用梅福事。見卷一注。 **招真治** 昭明太子《招真治碑》:「張道裕，字弘真，天師十二代孫。天監二年來止此岫，棲遲十有餘載，夜忽夢見聖祖云：峰下之地，宜立館守，裕師潘洪隱始寧四明山，有人耳長髮短，雲從虞山招真治來。言訖，不見。潘馳信告君，君因辭山舊居而以夢中所指峰下之地，即以為治，故號招真。」案：即今致道觀。楊升庵《外集》:「道室稱治，即今之觀也。」 **七檜** 《蘇州府志》:「致道觀在常熟縣治西一里，舊名招真治，有七星檜。梁天監中，真人張道裕以神力移植，蟠屈夭矯。今尚存其三，餘則宋慶曆中所補種。」 **絳雲樓** 無名氏《絳雲樓上梁詩》:「層樓新樹絳雲題。」注：「紫微夫人詩云:『乘飆儔衾寢，齊牢攜絳雲。』故以絳雲名樓。」 **東皋** 注見卷四。

九峰草堂歌並序

九峰草堂者，青溪諸乾一進士所構也。乾一取第後未仕，著書九峰山下。每峰皆有卜築，而神山為最。明初彭素雲仙翁修真此山，徵書至而蛻去。丹井尚存，金蛇著異，故名神黿峰焉。少參陸蘭陔誅茅山麓，而其旁張王屋先生舊墅，有孫漢度能繼家風。余詩中所援陸瑁、張融，蓋指兩人也。佘山為陳徵君眉公隱處，吾友董得仲以詩文為此峰主人。乾一葺徵君廢屋置祠，而橫雲為李氏園。相望則天馬峰有鐵崖舊墓，機山則二陸故宅也。乾一拉余同遊，坐客有許九日、沈友聖、倪思曼及故人徐、陳二子。而小司空張公尋攜尊至，凡乞花場、種藕塘、仙人棋枰、厙將軍兵書鐵鎖，並玉屏、石床、龍洞、虎塔，皆一時杖屨所登歷，故敘次及之。其詳在九峰志中。

諸乾一 王晫《今世說·假譎》篇:「諸嗣郢，字乾一，號勿庵，江南青浦人。順治辛丑進士。」王原《哀三公》詞注:「諸公，辛丑進士。未殿試，會逋糧案起，遭錮廢，隱居九峰中，放情詩酒。每歲春秋佳日，招客為高會。《尊鄉偶筆》：吾鄉峰泖之勝，傳播遐邇。自陳徵君歿後，煙霞寂寞，四方遊屐無過而問者。予同年諸進士嗣郢好奇士，築室九峰間，自號九峰主人。刱建園亭池館，蜿蜒十餘里。延致方外，俾職掌其中。鼎彝書畫，粲然畢陳。每逢佳節，則飛箋召客，勝流雲集，尤愛岑閬。布農芒屩，嘯歌自得。其視富貴人，不啻腐鼠也。」　**九峰**　《江南通志》：「松江府有九峰。一鳳皇，二陸寶，今以庫公當之，三佘，四細林，五薛，六機，七橫雲，八干，九昆也。」餘詳卷十五。　**神山**　《明一統志》：「神山在松江府城北二十五里。唐天寶六載易名細林。」　**彭素雲**　《松江府志》：「彭宏大，法名通微，號素雲，河南汝陽人。洪武十四年，始至細林山，結茅居之。山舊有泉，久涸。一日，純陽真人降之，謂素雲曰：『晚來當具一井，助汝修持。』其莫，雷擊石罅，遂成一井。明太祖遍求天下高人有司以聞。二十七年秋八月二十一日清旦，啟關，沐浴更衣，趺坐，問左右何時，曰正中，遂翛然而逝。是歲十月〔註7〕，遣中使入山，啟龕視之，正身不倚，長爪遶身，命有司甃以磚石，繚以垣牆。相傳其爪乘風化為金蛇，似蜥蜴而無足，長三四寸，今辰山猶有之。取置器中，俄失所在。」　**丹井**　《集覽》：「錢原溥《細林八詠序》：『有石井，源深色瑩，大旱不竭，曰丹井靈源。』」　**神鼉**　《松江府志》：「細林山舊有神鼉仙館四字，是呂純陽書，筆法奇異。明嘉靖間，為太守吳黃州取去。今榜乃臨本。」　**陸蘭陔**　《松江府志》：「陸萬鍾，字元量，嘉靖四十四年進士。監察御史。歷任江西參政。」　**張王屋**　朱彝尊《明詩綜》：「張之象，字月鹿，一字元超，松江華亭人。以太學生入貲，選授浙江布政司經歷。」《松江府志》：「張之象，卜築秀林山。有《張王屋集》。」　**陸瑁、張融**　詳下注。　**佘山**　《明一統志》：「佘山在青浦縣南，舊傳有佘氏居此，故名。」詳見卷十五。　**陳徵君**　注見卷五。《松江府志》：「佘山東峰多奇石，明徵士陳眉公隱於此，自名其居為神清之室，為頑仙廬，其上為高齋，折而北為清微亭。亭之下為水邊林下石，俱勝，今漸蕪沒矣。」　**董得仲**　王士禛《感舊集》補傳：「董俞，字得仲，一字蒼水，號蓴鄉釣客，華亭人。順庚子舉人。」王晫《今世說》：「蒼水與兄閬石並以才名顯，後坐事，不用於世，卜築南村，方塘小榭，竹翠花深，灌園鋤菜，歌嘯自如。」　**橫雲**　《明一統志》：「橫雲山在婁縣西北。」詳見卷十。　**天馬峰**　《明一統志》：「干山在松江府城北，又名天馬山。」詳卷十五。　**鐵崖墓**　《明史·文苑傳》：「楊維楨，字廉夫，山陰人。築樓鐵崖山中，誦讀其上者五年，因自號鐵崖。元泰定四年進士。會兵亂，避地徙居松江之上。卒葬於山。」　**機山**　《松江府志》：「機山在橫雲山後。《圖經》云：『機、雲二山，俱以陸氏兄弟得名。』」　**二陸**　楊潛《雲間志》：「《太平寰宇記》：『二陸宅在長谷。』《舊

〔註7〕《吳詩集覽》原作「是歲十月，太祖命中使鄭承恩入山宣召，以羽化聞。越月」，此處漏鈔。

圖經》云：『華亭谷東有崑山，相傳即其宅。』」《松江府志》：「二陸故居在崑山之陰，相傳二陸草堂在圓智寺，為士衡讀書處。圓智寺在干山。」 **許九日** 曾傳燦《過日集》：「許旭，字九日，太倉人。」程《箋》：「九日嘗入閩督范忠貞公幕。耿逆之亂，公殉節，幕下士無一免者，獨九日適先以事假得脫。」 **沈友聖** 注見前。 **倪思曼** 《唐詩正·姓氏》：「倪暹，字思曼，青浦人。」 **張公** 毛奇齡《西河詩話》：「雲間諸進士嗣郢於重陽後作神山之會，即彭仙人棲神處也。時婁東吳學士偉業在座。夜分，滬上張宏軒刺史錫懌來赴。」詳卷十注。案：宏軒由工部郎出為刺史，故有小司空之稱。 **乞花場** 《松江府志》：「陳繼儒結茅崑山之陽山，為二陸讀書地，植名花，廟祀焉，號乞花場。」 **種藕塘** 《松江府志》：「薛山下有羅池，產藕甚佳。今池已竭。」 **玉屏** 楊潛《雲間志》：「薛山下嘗掘地得石，志曰玉屏山，形亦肖，故又名玉屏山。」 **龍洞** 楊潛《雲間志》：「橫雲山有白龍洞，在山項之西南隅，其深不可計。山下有祭龍壇。」 **虎塔** 《松江府志》：「普照寺本佘山東菴。宋太平興國三年，聰道人開山。治平二年，賜額。有道人塔。有月軒，旁有虎樹亭。道人在山時，有二虎隨侍。道人死，虎亦死，瘞之塔旁。」

九峰草堂神竈峰，丹崖啟自彭仙翁。終南曳杖來採藥，眼看江上飛虬龍。紫泥欲下早蟬蛻，掉頭不肯隨東封。金蛇三寸戲沙礫，玉棺萬古懸虛空。仙井曾經鬼神鑿，九還洗出桃花紅。霓旌羽節往來過，月明鸞鶴吟天風。九峰主人青溪曲，上清謫受金門祿。一鞭槐市撼鳴珂，脫卻朝衫友麋鹿。地近寧移許掾家，身輕未辟留侯穀。層閣嶔嶔俯碧潭，迴廊窈窕穿修竹。同志相期四五人，幽棲幾處依林麓。陸瑁溪堂薄宦成，張融岸屋先人築。曹唐道者伴吹笙，注罷南華理松菊。自注：道士曹耕雲同隱。葉落閒階閬苑鐘，薰香小史清如玉。主人詩酒真人豪，好將蹤跡從漁樵。痛飲恕人容水部，自注：乾一善飲，而余口不識杯勺。長吟懷古繼龍標。名高仕宦從教懶，金盡妻孥任見嘲。是處亭臺添布置，到來賓客共逍遙。精藍每與支公會，自注：支公指大瓣和尚。快友還將董相招。自注：得仲。我輩漫應誇隱遁，此君猶復困蓬蒿。小園涉趣知能賦，中歲離愁擬續騷。右手酒杯澆塊壘，雙眸書卷辨秋毫。自注：得仲目疾復明。憶昔溪山正全盛，徵君比屋開三徑。筍屐籃輿鶯燕忙，酒旗歌板花枝映。處士詩成猿鳥知，尚書畫就煙巒潤。客過嘗逢太守車，書來每接高僧信。李氏名園士女遊，徐公別墅琴尊興。自注：文貞別業在西佘。禊飲壺觴妙妓弦，餅師粔籹山翁印。自注：眉公好說餅，市者以為名。西風急浪五湖天，四月江村響杜鵑。仙客棋枰拋浩劫，道人扃鐍隱殘編。乞花何處花如錦，種藕曾無藕似船。鐵笛已稀天馬逝，玉屏雖在石床鐫。豢龍洞暗荒祠雨，講虎經銷妙塔年。九峰主人三歎息，赤烏臣主真相得。儒將雍容羽扇風，歌鍾檠戟王侯宅。勳業將衰文字興，江山秀弱機雲出。寶玉空埋劍影寒，蘆花一片江湖白。英雄已往餘氣在，後來往往生遺佚。青史人間歲月遒，老鐵歌殘歌白石。自注：眉公自稱白石山人。我聽君談意悽哽，停樽不禦青燈耿。相看徐孺與陳郎，自注：闇公、大樽之子。雜坐迂倪自注：思曼。偕瘦沈。自注：友聖。彊項還推一老生，江都著作攄孤憤。自注：得仲。屐齒俄聞到茂先，一坐傾靡再張飲。有客依人話過秦，自注：客有談關中事。無家二子同哀郢。自注：即徐、陳二子。感舊思今涕淚多，荒雞喔喔催人寢。九峰九峰空巑岏，朝來重上仙翁壇。浮生感歎誠無端，拂衣長嘯投漁竿，煙波一葉愁風湍。願君授我長生訣，攜向峰頭萬仞看。

紫泥　王應麟《玉海》：「晉詔書以青紙紫泥。」《邵氏聞見後錄》：「舊說武都紫泥用封璽，故詔有紫泥之名。今階州，故武都也，山水皆赤，為泥正紫色，然泥安能作封，當是用作印色耳。」　**蟬蛻**　注見卷二。　**東封**　《史記・封禪書》：「余從巡祭天地諸神、名山大川而封禪焉。」陳後主《入隋侍宴應詔詩》：「太平無以報，願上東封書。」　**玉棺**　注見卷三。　**九還**　《隱丹經》：「九還丹合九轉，言九徧循環也。」《抱朴子・金丹篇》：「第一轉名丹華，第二名神符，第三名神丹，第四名還丹，第五名餌丹，第六名煉丹，第七名柔丹，第八名伏丹，第九名寒丹。」　**上清**　《靈寶本元經》：「四人天外曰三清境：玉清、太清、上清，亦名三天。」《太真經》：「三清之間，各有正位，聖登玉清，真登上清，仙登太清。」李義山《聖女祠》詩：「上清淪謫得歸遲。」　**金門**　注見卷六。　**槐市**　注見卷四。　**許掾**　案：《世說》：「支道林問孫興公：『君何如許掾？』」許掾謂許詢也。　**辟穀**　《史記・留侯世家》：「原棄人間事，欲從赤松子游耳。乃學辟穀，道引輕身。」東軒主人《述異記》：「乾一晚年無疾化去，忽寓書崑山葉訒庵，寄仙茅三兩，云：『此余山中靈藥，謹以相贈。』訒庵發所寄，乃當歸也。書至都門，未知其已卒。明年，訒庵卒於京。」　**陸瑁溪堂**　《吳志》：「陸瑁，字子章，遜弟。」楊潛《雲間志》：「陸瑁養魚池，據《舊圖經》在縣西，名曰瑁湖，即陸瑁所居，相傳有宅基存焉。今縣西南有湖，廣袤三里，即瑁湖也。中有堂基。今為放生池。」　**張融岸屋**　《南史・張融傳》：「融假東出，武帝問融住在何處。答曰：『臣陸處無屋，舟居無水。』後上問其從兄緒，緒曰：『融近東出，未有居止，權牽小船於岸上住。』上大笑。」　**曹唐**　周弼《三體唐詩．姓氏》：「曹唐，字堯賓，桂州人。少為道士。太和中，舉進士，累辟從事。」**南華**《舊唐書．明皇紀》：「天寶元年二月，莊子號為南華真人，所著書改為真經。」**小史** 梁簡文帝《祭灰人文》：「金光小史，侍使玉童。」 **痛飲**《世說．任誕篇》：「王孝伯言：『名士不必須奇才，但使常得無事，痛飲酒，熟讀《離騷》，便可稱名士。』」少陵《醉時歌》：「忘形到爾汝，痛飲真吾師。」 **恕人** 淵明《飲酒》詩：「但恨多謬誤，君當恕醉人。」 **水部**《南史．陳暄傳》：「暄嗜酒，其兄子秀憂之，致書與暄。暄於秀書曰：『何水曹眼不識盃鐺，吾口不離瓢杓。汝寧與何同日而醒，與吾同日而醉乎？』」 **龍標**《唐書．藝文志》：「王昌齡不護細行，以秘書郎貶龍標尉。」 **支公** 注見卷三。 **董相**《漢書．董仲舒傳》：「天子以仲舒為江都相。」東坡《訪董郎中故居題壁》詩：「下馬來尋董相墳。」 **涉趣** 淵明《歸去來辭》：「園日涉以成趣。」 **續騷** 張祜《送盧洪本之浙東》詩：「知君思無倦，為我續離騷。」程《箋》：「謂得仲以遊湘名其詩稿也。」 **右手持杯**《世說．任誕篇》：「畢卓嘗謂人曰：『給酒數百斛船，四時甘味置兩頭，右手持酒杯，左手持蟹螯，拍浮酒船中，便足了一生矣。』」 **澆塊壘**《世說．任誕篇》；「王孝伯問王大：『阮籍何如司馬相如？』王大曰：『阮籍胸中壘塊，故須以酒澆之。』」 **三徑**《三輔決錄》：「蔣詡隱於杜陵，舍中三徑，惟羊仲、求仲從之遊。」《一統志》：「佘山穠鬱深秀，明陳繼儒、施紹莘俱隱於此。」 **酒旗**《廣韻》：「青簾酒家望子，即酒旗也。」長吉《酬答》詩：「試問酒旗歌板地。」 **處士** 指繼儒。 **尚書** 謂董文敏。注見卷五。 **徐公**《明史．徐階傳》：「徐階，字子升，松江華亭人。嘉靖二年進士第三人。歷官武英殿大學士。卒贈太師，謚文貞。」 **餅師** 尤袤《全唐詩話》：「寧王取賣餅者妻，問曰：汝憶餅師否？」〔註8〕 **粔籹**《楚辭》宋玉《招魂》：「粔籹蜜餌，有餦餭些。」王逸曰：「餦餭，餳也。言以蜜和米麵熬煎作粔籹，擣黍作餌，又有美餳，眾味甘具也。」眉公、說餅，並見卷十二。 **棋枰** 揚雄《方言》：「投博謂之枰。」梁武帝《圍棋賦》：「枰則廣羊文犀。」《注》：「枰，木名，其木可為棋局，故棋局曰枰。」 **浩劫**《度人經》：「惟有元始浩劫之家，部制惟我，繞乘元都。」 **藕似船** 昌黎《古意》詩：「太華峰頭玉井蓮，花開十丈藕如船。」 **鐵笛**《松江府志》：「楊廉夫自稱鐵笛道人。」詳卷十注。 **豢龍**《左傳．昭二十九

〔註8〕按：（唐）孟棨《本事詩．情感第一》：「寧王曼貴盛，寵妓數十人，皆絕藝上色。宅左有賣餅者妻，纖白明媚。王一見注目，厚遺其夫取之，寵惜逾等。環歲，因問之：『汝復憶餅師否？』默然不對。王召餅師，使見之，其妻注視，雙淚垂頰，若不勝情。時王座客十餘人，皆當時文士，無不淒異。王命賦詩。王右丞維詩先成：『莫以今時寵，寧忘昔日恩。看花滿眼淚，不共楚王言。』」

年》：「古者畜龍，故國有豢龍氏。」杜氏曰：「豢，養也。」　**講虎**　楊潛《雲間志》：「《聰道人靈鑑塔銘》：『姓仰氏，名德聰，結廬佘山之東峰，有二虎大青、小青隨侍。有造之者，見掛一書梁間。問之，曰：此佛經也。問嘗讀否。曰：如人家看書，一徧即知其義，何再讀為？』」　**赤烏**　《吳志・孫權傳》：「赤烏元年，詔曰：『間者赤烏集於殿前，朕所經見，改年宜以赤烏為元。』」《集覽》：「赤烏臣，謂遜、抗也。」　**羽扇**　注見卷六。　**老鐵**　《明史・楊基傳》：「初，會稽楊維楨客吳中，以詩自豪。基於座上賦《鐵笛歌》，維楨驚喜，語從遊者曰：『吾在吳又得一鐵矣，若曹就之學，優於老鐵學也。』」　**白石**　《一統志》：「白石山僚在青浦縣東佘山，明陳繼儒棲隱處。」嚴繩《秋水集》：「頑仙廬為陳徵君故宅，今已盡毀。乾一重葺清神之室以祀之。」　**徐孺**　自注：闇公之子。朱彝尊《明詩綜》：「徐孚遠，字闇公，松江華亭人。崇禎壬午舉人。」　**陳郎**　自注：大樽之子。朱琰《明詩鈔》：「陳子龍，字臥子，一字人中，號大樽，青浦人。崇幀十年進士，授紹興府推官，擢兵科給事中。命甫下而京城陷，乃走南京，上防守要策，報聞。又言群臣因循遵養，非所宜，不聽。明年二月乞終養去。南都亡，子龍以祖母年九十，不忍剃遁為僧。尋以魯王事連及，被獲，乘間赴水死。」　**迂倪**　注見卷六。案：謂思曼。　**瘦沈**　《南史・沈約傳》：「移書徐勉，言已老病，革帶常應移孔，以手握臂，率計月小半分。」李義山《寄酬韓冬郎兼呈畏之》詩：「瘦盡東陽姓沈人。」案：謂友聖。　**彊項**　《漢書〔註9〕・董宣傳》：「宣為洛陽令。湖陽公主蒼頭殺人，宣格殺之。主訴帝，帝大怒。帝使宣謝主，宣不從，強使頓之，宣兩手據地，終不俯。因勒彊項令出，賜錢三十萬。」　**孤憤**　《史記・韓非傳》：「悲廉直不容於邪枉之臣，觀往者得失之變，故作《孤憤》、《五蠹》、《內外儲》、《說林》、《說難》十餘萬言。」《注》：「孤憤，憤孤直不容於世也。」　**屐齒**　《宋書・謝靈運傳》：「好遊山，常著木屐，上山則去其前齒，下山則去其後齒。」　**茂先**　晉張華字。　**過秦**　左思《詠史詩》：「作論準過秦。」案：賈誼有《過秦論》三篇。　**哀郢**　《史記・屈原傳》：「余讀《離騷》、《天問》、《招魂》、《哀郢》，悲其志。」　**荒雞**　《管輅別傳》：「雞一二更鳴者為荒雞。」

觀王石谷山水圖歌

世間勝事誰能識，兵戈老盡丹青客。真宰英靈厭寂寥，江山幻出王郎筆。王郎展卷閒匆淨，良久呼之曾不應。剪水雙瞳鎮日看，側身似向

〔註9〕按：董宣傳見《後漢書》卷七十七《酷吏列傳》。《集覽》正作《後漢書》。

千峰進。一時儒雅高江東，氣韻吾推里兩翁。師授雖真肯沿襲，後生更自開蠶叢。取象經營巧且密，豐神點拂天然中。頓挫淋漓寫胸臆，研精毫髮摹宗工。廣陵花月扁舟送，貴戚豪華盛供奉。不惜黃金購畫圖，好奇往往輕南宋。妙手裝潢技絕倫，殘縑斷墨俄飛動。闔閭城下收藏家，誅求到骨愁生涯。僅存數軸用娛老，載去西風響鹿車。君也侯門蹤珠履，晴日湘簾憑畫幾。奕寵雙童捧篋來，狎客何知亦諮美。笑持茗碗聽王郎，鑒別妍蚩臻妙理。作者風流異代逢，賞心拊掌王孫喜。枉買青娥十萬錢，移人尤物惟山水。王郎馳譽滿通都，軟裘快馬還東吳。道邊相識半窮餓，致身猶是憂妻孥。羨君人材為世出，盛年絕藝須難得。好求真訣走名山，粉本終南兼少室。攬取荊關入掌中，歸帆重補煙江色。諸侯書幣迷深處，搦管松根醉箕踞。絹素流傳天壤間，白雲萬里飛來去。

王石谷 張庚《畫徵錄》：「王翬，字石谷，自號耕煙散人，一號烏目山人，常熟人。」《蘇州府志》：「石谷幼嗜畫，運筆搆思，天機迅露，迥出時流。太倉王鑑遊虞山，見其所畫扇，大驚異，請相見，翬遂執弟子禮。鑑即載之歸，與奉常、時敏邀致西田別墅，悉發所藏，相與討尋，翬逐一臨摹。自董、巨而下，至黃、王、倪、吳諸家，盡得其用筆之法。」《文集・王石谷贈行詩序》：「石谷曰：『吾行若遺，坐若忘，晝不食，夜不寐，賾探冥索，以與古人相遇於微眇之中，凡歷三五年而所學始大就。』」 **幻出** 《景德傳燈錄》：「七佛偈曰：『身從無相中受生，猶如幻出諸形象。』」 **江東** 《晉書・王坦之傳》：「坦之，字文度。弱冠有名，語曰：江東獨步王文度。」 **里兩翁** 謂太常煙客、廉州元照。《文集・王石谷贈行詩序》：「王子石谷善書，當其初起，惟吾州兩王公知之。」 **蠶叢** 注詳卷八。 **南宋** 王氏《畫苑》：「南渡以後，李唐劉松年、夏珪，所謂南宋大家也。」 **裝潢** 注見卷四。 **蹤珠履** 少陵《短歌贈王郎司直》：「西得諸侯棹錦水，欲向何門蹤珠履。」 **狎客** 詳卷八注。 **諮美** 《唐書・李延壽傳》：「常撰《太宗政典》，高宗觀之，諮美不置。」 **尤物** 《左傳・昭二十八年》：「夫有尤物，足以移人。」東坡《寶繪堂記》：「寓意於物，雖微物足以為樂，雖尤物不足以為病。凡物之可喜足以悅人而不足以移人者，莫若書與畫。」 **馳譽** 《唐書・閻立本傳》：「馳譽丹青。」 **世出** 丘遲《與陳伯之書》：「勇冠三軍，才為世出。」 **終南少室** 注見卷四。 **荊關** 注見卷五。

京江送遠圖歌並序

京江送遠圖者，石田沈先生周為吾高祖遁庵公之官敘州作也。圖成於弘治五年辛亥之三月，京兆祝公希哲允明為之序。後一百七十有八年，公之四世孫偉業謹案京兆序而書之曰：公諱愈，字惟謙，一字遁庵。成化乙未進士，授南京刑部主事，進郎中。清慎明敏，號稱職，先後九載。南司寇用弘治三年詔書，得薦其屬，將待以不次，疏未達而命守敘州。為守既嘗調敘，又險且遠，公獨不以為望。南中諸大僚為文以寵其行。太僕寺丞文公宗儒林，既已自為文，又遍乞名人之什以贈。文公之子待詔徵仲璧，即公婿也。石田為文公執友，待詔親從之受畫法。京兆之交，在文氏父子間，故石田為作長卷，題以短歌，而京兆序之。長卷中平橋廣坡，桃柳雜植，有三峰出其上，離舟揮袂，送者四五人，點染景物皆生動。短歌有「荔支初紅五馬到，江山亦為人增奇」之句，其風致可想見焉。京兆文典雅有法度，小楷仿鍾太傅體，尤其生平不多得。詩自都元敬以下十有五人，朱性甫存理、劉協中嘉績尤以詞翰著名者也。先朝自成、弘以來，一郡方雅之族，莫過文氏，而吾宗用世講相輝映。當敘州還自蜀，參政河南，而文太僕丞出為溫州守待詔，以詩文書畫妙天下，晚出而與石田齊名。其於外家甥舅中表，多有往還手跡。偉業六七歲時，見吾祖封詹事竹臺公所藏數十紙，今大半散失，猶有存者。此卷比之它帙，日月為最久，衰門凋替，不知落於何人。乃劫灰之餘，得諸某氏質庫中，若有神物擁護，以表章其先德，不綦幸乎！吾吳氏自四世祖儀部冰檗公以乙科起家參政，再世滋大，父子皆八十有重德，其行略具吳中先賢傳中。偉業無似，不能闡揚萬一，庶幾邀不朽於昔賢之名蹟，而藉手當世諸君子共圖其傳。是歌之作，見者其有以教之也。

京江　注見前。　**沈石田**　注見卷四。　**遁庵公**　名愈。見卷四注。　**敘州**　范成大《吳船錄》：「健為縣二十里至下壩，又百里至敘州。」餘詳下注。　**祝京兆**　《明史・文苑傳》：「祝允明，字希哲，長洲人。弘治五年舉於鄉，久之不第，授廣東興寧知縣，遷應天通判，謝病歸。允明五歲作徑尺字，既長益工，名動海內。」　**薦其屬**　方鵬《崑山人物志・吳愈傳》：「大臣薦愈，心術端謹，才行超卓，堪任臺憲，而敘州之命下矣。」　**文太僕**　朱彝尊《明詩綜》：「文林，字宗儒，長洲人。成化壬辰進士，除永嘉知縣，改博平，陞南京太僕寺丞，遷知溫州府。」　**文待詔**　注見卷六。《集覽》：「《崑新合志》：『吳愈有女三人，歸陸伸、文徵明、王銀。』」　**荔支**　樂史《寰宇記》：「戎州僰道縣有荔支園。」李文子《郭允蹈蜀鑑》：「戎州，今敘州也。」　**五馬**　程大昌《演繁露》：「太守五馬，莫知的據。《古樂府》：『五馬立躊躕』，則其來已久。或言《詩》有『良馬五之』，侯國事也。漢有駟馬車，止用四馬。而鄭玄注《詩》曰：『周禮：州長建旟。漢太守比州長，法御五馬。』則太守之用五馬，後漢已然矣。至唐白居易《和春深》詩曰：『五匹鳴珂馬，雙輪畫戟車。』其《自杭分司》詩曰：『錢塘五馬留三匹，還擬騎來攬擾春。』老杜亦曰：『使君五馬五驊騮。』則是真有五馬矣。若其制之所始，則未有知之者。」《潘子真詩話》：「天子六馬，左右驂；三公九卿駟馬，左驂。漢制：九卿則二千石，亦右驂。太守駟馬而已。其有加稅中二千石，乃右驂。故以五馬為太守美稱。《遯齋閒覽》云：『漢時朝臣出使為太守，增一馬，故曰五馬。』」**鍾太傅** 《魏志·鍾繇傳》：「鍾繇，字元常。太傅。定陵侯。」《法書本象》：「動合楷法，謂之楷書。鍾繇、王羲之、獻之、智永、虞世南、歐陽詢、顏真卿七家乃合楷法，其餘不過真書耳者。」 **都元敬** 朱彝尊《明詩綜》：「都穆，字元敬，吳縣人。弘治己未進士，授工部主事。歷禮部郎中，乞休，加太僕寺少卿。致仕。」 **朱性甫** 朱彝尊《明詩綜》：「朱存理，字性父，長洲人。」無名氏《詩小傳》：「性父自少至老，未嘗一日忘學。聞人有異書，必從訪求，以必得為志。手自繕錄前輩詩文，積百餘家。他所纂集，若《鐵網珊瑚》、《野航漫錄》、《經子鉤玄》、《吳郡獻徵錄》、《名物寓言》、《鶴岑隨筆》又數百卷。既老不厭，坐貧，無以自資其書，旋亦散去。所著《野航詩集》，楊君謙序之，今不傳。」 **劉協中** 無名氏《詩小傳》：「劉嘉綃，字協中，欽謨之子也。風儀如玉。年敷歲，據小几習書，選古詩，儼如成人。十五喪父，盡讀其遺書。嘗著《弔范墓文》，讀者棘喙，不能句讀。年二十四卒。所與遊者，都元敬、祝希哲、文徵仲、唐子畏。子畏編其遺文，為墓碣。」 **方雅** 《晉書·列女傳》：「李氏遂得為方雅之族。」 **世講** 《官箴》：「同僚之契，交承之分，有兄弟之義，其子孫亦世講之。」《集覽》：「張廷綍曰：『按：《史記·甘茂傳》：樗里子與魏講罷兵。《注》：講讀曰媾。又，《虞卿傳》：發重使為媾。《戰國策》作講。此云徵仲，即公壻也，則世講講字宜讀曰媾。』」 **妙天下** 《漢書·賈捐之傳》：「君房下筆，言語妙天下。」**晚出** 王安石詩：「畫史紛紛何足數，惠崇晚出吾最許。」 **外家** 《漢書·竇嬰田蚡傳》：「上曰：『俱外家。』」師古曰：「嬰，景帝從舅子。蚡，太后同母弟。故云俱外家。」 **吾祖** 《文集·伯祖玉田公墓表》：「贈嘉議大夫少詹事諱議，余祖也。」 **質庫** 呂藍衍《言鯖》：「今人作庫質錢，唐以前惟僧寺為之，謂之長生庫。梁甄彬嘗以束苧就長沙庫質錢，後贖苧，於苧中得金五兩，還之。則此事已久矣。」 **儀部** 《蘇州府志》：「吳凱，字相虞。中順天鄉試。宣德中，授刑部主事，改禮部主客司。」陳廷敬《梅村墓表》：「五世祖凱，前明永樂間孝廉，官禮部主事。年三十，以養親迄歸，遂不出，世稱貞孝先生。高祖愈，成化進士，官河南參政。並見《吳中先賢傳》。」《玉田公墓表》:「自禮部公以下，大參鴻臚三世，皆葬於鹿城。」按：儀部，禮部也。《漢書·儒林傳》:「平帝時，歲課甲科四十人為郎中，乙科二十人為太子舍人。」《國語》:「故能保世以滋大。」　阮紫坪曰:「《吳中先賢傳》，王元美著。」　《禮》:「寡人雖無似也，願聞所以行三言之道。」　《晉書·孫楚傳》:「制禮作樂，闡揚道化。」　不朽，見《送杜弢武》。《後漢書·衛颯傳》:「政有名蹟。」　《左傳·昭十六年》:「韓宣子曰:『敢不藉手以拜。』」

京江流水清如玉，楊柳千條萬條綠。畫舫勞勞送客亭，句吳人去官巴蜀。巴蜀東南僰道開，夷牢山下居民屋。諸葛城懸斷棧邊，李冰路鑿顛崖腹。不知置郡始何年，即敘西戎啟荒服。吾祖先朝事孝宗，清郎遠作蠻方牧。家世流傳餞別圖，知交姓字摩挲讀。先達鄉邦重文沈，太僕絲蘿共華省。徵仲當時尚少年，後來詞翰臻能品。師承父執石田翁，婉致姻親書畫請。相城高臥灑雲煙，話到相知因笑肯。太守嚴程五馬裝，山人尺素雙江景。草色官橋從騎行，花時祖帳離尊飲。碧樹遙遙別袂情，青山疊疊征帆影。首簡能書枝指生，揮毫定值殘酲醒。狂草平生見盡多，愛看楷法藏鋒緊。徵仲關心畫後題，石田句把前賢引。杜老曾遊擘荔支，涪翁有味嘗苦筍。自注：唐戎州，宋紹聖四年始改為敘。杜子美《客遊》詩有「輕紅擘荔支」之句。黃山谷貶官，作《筍賦》，言「苦而有味，官況似之」，故石田短歌引此相贈。此地居然風土佳，丈人仕宦堪高枕。嗚呼！孝宗之世真成康，相逢骨肉遊羲皇。瞿塘劍閣失險阻，出門萬里皆康莊。雖為邊郡二千石，經過黑水臨青羌。旄牛徼外無傳堠，鐵鎖江頭弗置防。去國豈愁親故遠，還家詎使鬢毛蒼。吾吳儒雅傾當代，石田既沒風流在。待詔聲華晚更遒，枝山放達長無害。歲月悠悠習俗非，江鄉禮數歸時態。縱有丹青老輩存，故家興會知難再。京口千帆估客船，金焦依舊青如黛。巫峽巫山慘淡風，此州迢遞浮雲礙。正使何人送別離，登高腸斷烏蠻塞。衰白嗟余老秘書，先人名德從頭載。廢楮殘縑發浩歌，一天詩思江山外。

勞勞亭　《輿地志》:「新亭隴有望遠樓，一名勞勞樓，後為臨滄觀，在江寧縣南，古送別之所。」《江南通志》:「顧家寨大路東即其所。」太白《勞勞亭子歌》:「金陵勞勞送客堂，蔓草離離生道旁。」　句吳　《史記·吳世家》:「太伯之奔荊蠻，自號句吳。」《索隱》曰:「以吳言句者，夷之發聲，猶言於越耳。」　巴蜀　《〈後漢書·光武紀〉注》:「蜀有巴郡，故總言之。」　僰道　《漢書·地理志》:「犍為郡僰道，莽曰僰治。」應劭曰:「故僰侯國也。」《一統志》:「僰道故城，今州府宜賓縣治。」　夷

牢山 《明一統志》:「夷牢山在敘州府城南一百里。」 **諸葛城** 《一統志》:「漢陽山在敘州府慶符縣北八十里。今崖壁上鐫武侯征蠻故道六字。」案:黎州、瀘水皆有武侯故城,皆孔明所築。 **李冰** 酈道元《水經注》:「僰道縣有蜀王兵蘭其神作大難江中,崖峻阻險,不可穿鑿,蜀守李冰乃積薪燒之,故其處懸巖猶有五色焉。」 **置郡** 葉廷珪《海錄碎事》:「本朝政和四年,戎州父老上言:戎者,四夷之名。僰侯、番夷,舊稱也,乞別立名額,奉旨改敘州。」《明一統志》:「欽州府,古僰國,漢犍為郡治此。梁隋曰戎州,宋曰敘州,取西戎即敘之義。國朝為敘州府治宜賓。」 **先達** 《後漢書·朱暉傳》:「初,暉同縣張堪素有名稱,暉以堪先達。」顏之推《家訓》:「皆有先達,可為師法。」 **絲蘿** 古詩:「與君為婚姻,兔絲附女蘿。」 **能品** 陶宗儀《輟耕錄》:「凡畫得其形而不失規矩者,渭之能品。」 **師承父執** 《後漢書·儒林傳》:「其師資所承。」《明史·文徵明傳》:「徵明學詩文於吳寬,學書於李應楨,學畫於沈周,皆父執也。」 **相城高臥** 《一統志》:「相城在蘇州府城東北五十里。相傳子胥初築城時,先於此相地,壘土為城,下濕,乃止,其地因以為名。」案:石田隱居相城。《明史·隱逸傳》:「郡守欲薦沈周賢良,周筮易,得遯之九五,遂決意隱遁。所居有水竹亭館之勝,圖書鼎彝,充牣錯列,四方名士過從無虛日,風流文采,照映一時。」 **五馬** 注見前。 **雙江** 《集覽》:「指大江、中江也。」 **枝指生** 《明史·祝允明傳》:「生而枝指,故自號枝山,又號枝指生。」 **擘荔支** 少陵《宴戎州楊使君東樓》詩:「輕紅擘荔支。」注:「《唐書·地理志》:戎州土貢荔支。」 **涪翁** 《宋史·黃庭堅傳》:「庭堅謫黔戎時,假涪州別駕,自號涪翁。」龔簡討《芥隱筆記》:「《益部耆舊傳》:『廣漢有老翁釣於涪水,自號涪翁。後漢郭玉傳亦然。山谷謫涪州,因此為號。』」 **苦筍** 黃山谷《苦筍賦》:「苦而有味,如忠諫之可活國;多而不害,如舉士而能得賢。」 **丈人** 《史記·匈奴傳》:「漢天子,我丈人行也。」 **瞿塘劍閣** 注見卷一。 **康莊** 《爾雅·釋宮》:「五達謂之康,六達謂之莊。」 **二千石** 注見卷六。 **黑水** 《明史·地理志》:「宜賓縣東南有黑水,一名南廣溪。」《明一統志》:「黑水在敘州府城東南一十五里。《輿地志》謂此水即《禹貢》之黑水。」案:禹導黑水,至於三危,南流入於南海。今此水則自西南夷界流至南廣溪,入於江,名同處異也。」 **旄牛徼外** 《後漢書·和帝紀》:「永元十二年春二月,旄牛徼外白狼樓薄夷率種人內屬。」《注》:「闞駰《十三州志》曰:『旄牛縣屬蜀郡。』」又,《續漢書·郡國志》:「蜀郡屬國有旄牛。」《注》:「《華陽國志》曰:『在卭崍山表。』」 **堠** 《周書·韋孝寬傳》:「先是路側一里置一堠。」《事物原始》:「封土為堠,以記里也。五里隻堠,十里雙堠。」孫奕《示兒編》:「斥候之候,俗作堠。」 **鐵鎖** 祝穆《方輿勝覽》：「敘州鎖江，兩岸大石屹立，因置鐵絙，橫絕其處，控扼夷寇。」 **放達** 《明史・文苑傳》：「祝允明好酒色六博，善新聲，求文及書者踵至，多賄伎掩得之。惡禮法士，亦不問生產，有所入，輒召客豪飲，貲盡乃已，或分與持去，不留一錢。窘乏時，黠者或持少銀米匄文若書，輒應之。已少饒，更自貴也。晚益困，每出，追呼索逋者相隨於後，允明益自喜。」 **無害** 《〈漢書・蕭何傳〉注》：「師古曰：害，傷也。無人能傷害之者。」 **烏蠻** 注見卷六。

沈文長雨過福源寺並序

余以已亥春遊石公山，宿文長山館。丁未復至石公，水涸，抉奇呈異，遠過舊遊。將登歷而風雨驟至，竟覿面失之，殊不及我故人之高談蕭寺，追敘夙昔也。

福源寺 注見卷三。 **石公山** 注見卷三。

昔年訪沈子，石公山沒歸雲址。今年遇沈公，石公水落盤龍宮。沈公家在石公側，白頭三見山根出。而我分攜將九載，相看總老溪山改。石公在望風雨作，探得靈奇復蕭索。沈公蠟屐曉衝泥，握手精藍話疇昨。石公沈公且別去，明日回頭望山樹。

歸雲、盤龍 並見卷三。 **蠟屐** 《晉書・阮孚傳》：「初，祖約性好財，孚性好屐。同是累而未判其得失。有詣約，正料財物。客至，當屏不盡，以身蔽之。有詣阮，正見自蠟屐，因歎曰：『未知一生當著幾量屐！』神色甚閑暢。於是勝負始分。」

秋日錫山謁家伯成明府臨別酬贈

吾家司馬山陰公，子弟變化風雲中。雕戈帶礪周京改，碣石關河禹穴通。泰伯城頭逢季子，登高極目霜楓紫。七十煙巒笠澤圖，三千歲月勾吳史。遍觀易象與春秋，魯頌唐風費攷求。縞帶贈來同白璧，干將鑄就勝純鉤。此中盡說春申澗，草荒幸舍飛鳧雁。珠履何人解報恩，蒯緱枉自勤垂盼。黃初才子好加餐，季重翩翩畫省看。早負盛名遊鄴下，只今詩酒駐江干。江干足比梁園勝，追陪衰叟招枚乘。八斗君堪跨建安，一編我尚慚長慶。剡山東望故人遙，玉局金吾未寂寥。汗簡舊開都護府，蘭臺新插侍中貂。感君意氣從君飲，燈火松匆安伏枕。數枝寒菊映琴心，百斛清泉定茶品。歸家回首木蘭舟，鍾鼓高城暮靄收。最是九龍山下水，伴人離抱向東流。

錫山 《明一統志》:「錫山在無錫縣慧山東。古諺曰:『有錫爭,無錫寧。』遂以名縣。」 **吳伯成** 《文集・雲起樓記》:「侯名興祚,字伯成,紹興之山陰人。」又,《孟恭人墓表》:「吳氏,山陰人,大司馬之後,世為著姓,後遷遼之清河。恭人,今御史按察使匪躬公執忠之配,知無錫縣事伯成興祚之母也。」《八旗通志》:「吳興祚,漢軍正紅旗人,任山西大寧縣,再任江南無錫縣,累陞福建巡撫。以功給世襲,拜他喇布勒哈番,兼一等拖沙喇哈番,陞兩廣總督。」 **明府** 趙與旹《賓退錄》:「明府,漢人以稱太守,唐人以稱縣令。」《常州府志》:「無錫知縣吳興祚,康熙三年任。」 **司馬** 《明史・吳兌傳》:「吳兌,字君澤,紹興山陰人。嘉靖三十八年進士,歷九年,總督薊遼保定軍務,尋進太子少保,召拜兵部尚書。」 **帶礪** 《漢書・功臣表・序》:「使黃河如帶,泰山如礪,國以永存,爰及苗裔。」 **碣石** 注見卷五。 **禹穴** 《史記・太史公自序》:「上會稽,探禹穴。」張晏曰:「禹巡狩至會稽而崩,因葬焉。上有孔穴,民間云禹入此穴。」 **泰伯城** 《明一統志》:「泰伯城在無錫縣東南四十里。梅里平墟自泰伯以至王僚二十三世,並都於此。」 **七十煙巒** 注見卷六。 **易象、春秋** 《左傳・昭二年》:「晉侯使韓宣子來聘,觀書於太史氏,見《易象》與《春秋》,曰:『周禮盡在魯矣。』」 **縞帶** 《左傳・襄二十九年》:「季札聘於鄭,見鄭子產,如舊相識,與之縞帶,子產獻紵衣焉。」 **干將** 注見卷二。 **純鉤** 注見卷六。 **春申澗** 陸羽《遊慧山記》:「望湖閣西有黃公澗,昔楚考烈王之時,封春申君黃歇於吳之故墟,即此。」孫伯度《南征紀略》:「惠山寺南有通溪,曰春申澗。此楚相黃歇封地。蓋因人目澗,亦有黃公之稱矣。」 **幸舍** 注見卷五。 **珠履** 《史記・春申君傳》:「春申君客三千餘人,其上客皆躡珠履。」 **蒯緱** 《史記・孟嘗君傳》:「孟嘗君問傳舍長曰:『客何所為?』答曰:『馮先生甚貧,猶有一劍耳,又蒯緱。』」《注》:「蒯,茅之類,可為繩。言其劍把無物可裝,以小繩纏之也。緱謂把劍之處。」 **黃初才子** 吳季重也。注見卷五。 **鄴下** 江淹《雜擬詩序》:「關西鄴下,既已罕同。」許氏《說文》:「鄴,魏郡縣名。」長洲李繩曰:「《輿地記》:『今相州鄴城,齊桓公所築。』」 **枚乘** 《漢書・枚乘傳》:「枚乘,字叔,淮陰人也。與梁孝王遊。梁客皆善屬辭賦,乘又高。」 **八斗** 《南史・謝靈運傳》:「嘗云:『天下才共一石,子建獨得八斗,我得一斗,自古及今,共用一斗。奇才博識,安足繼之?』」 **建安** 《宋書・謝靈運傳・贊》:「至於〔註10〕曹氏基命,三祖陳王,咸蓄盛藻。」 **長慶** 《唐書・白居易傳》:「有詩七十五卷,名《白氏長慶集》。」案:

〔註10〕按:《宋書》卷六十七《謝靈運傳》此處原有「建安」二字。引此注解「建安」,則「建安」二字不當刪。

長慶，穆宗年號。　**剡山**　《一統志》：「剡山在紹興府嵊縣。」　**玉局金吾**　張邦基《墨漫錄》：「東坡在京師送人入蜀云：『莫欺老病未歸身，玉局他年第幾人。』比歸，果得提舉成都玉局觀。」張君房《雲笈七籤》：「玉局洞與青城第五洞天相連。」吳縣陳學海曰：「宋時宮觀使有勾管成都玉局觀及提舉成都玉局觀之名。」金吾，注見卷四。程《箋》：「吳兌孫孟明廕錦衣千戶，子邦輔襲職，亦理北司刑讞。詩中金吾應指此。」　**都護府**　注見卷四。《文集・孟恭人墓表》：「當國家王業始基，吳氏孟氏實共執櫜鞬。」　**蘭臺**　注見卷六。《文集・孟恭人墓表》：「匪躬公出牧畿縣，入擢西臺。」　**侍中貂**　《〈漢書・百官公卿表〉注》：「入侍天子，故曰侍中。」應劭曰：「侍中，周官也。金蟬有貂。秦始皇破趙，得其冠，以賜侍中。」《漢舊儀》：「侍中左蟬右貂。」少陵《諸將》詩：「總戎皆插侍中貂。」　**琴心**　《黃庭內景經》：「琴心三疊舞胎仙。」　**清泉**　《圖經》：「慧山泉在常州府無錫縣。唐陸羽品泉，以此居第二。」孫伯度《南征紀略》：「春申澗外，西有漪瀾堂，堂後有泉，出於山趾，上亭下甃，汩汩而出，是稱第二泉也。」　**茶品**　陸龜蒙《冬曉章上人院》詩：「關臨靜案修茶品。」　**九龍山**　陸羽《慧山記》：「慧山於無錫諸山最大，其峰九起，故又曰九龍山。泉出龍首，為第一峰。其第九峰無龍尾，古今稱者，曰西神，曰歷，曰華，曰九龍，惟慧為恆稱，九龍則間稱之。」

題劉伴阮凌煙閣圖並序

唐閻立本十八學士圖，相傳在兵科直房中。余官史局，慈谿馮大司馬鄴仙時掌兵都垣，嘗同直禁中，出而觀之。吏啟篋未及展，而馮以上命宣召，遽扃鐍而去，遂不果。今相去三十年，六科廊燬於兵，此圖不可問矣。按王氏《畫苑》，立本畫十八學士，又畫凌煙二十四功臣，故兩圖並行。凌煙圖不著，著其所繇失。汴梁劉君伴阮，天才超詣，書畫尤其所長。自鍾、王以下，八分行草，摹之無不酷似，山水雅擅諸家。又出新意以繪人物，如所作凌煙功臣圖，氣象髣髴，衣裝瑰異，雖立本復出，無以過焉。伴阮遊於方伯三韓佟公之門，暫留吾吳，恨尚未識面。間取是圖以想像其為人，意必嶔嵜磊落，有凌雲御風之氣。余因是以窺劉君之才，服方伯之知人，而深有感於余之老，不足追陪名輩也。為之歌曰：

劉伴阮　《續圖繪寶鑑》：「劉源，字伴阮，河南人。善山水人物及寫意花鳥。今上召入內府供奉，官至部郎。」　**閻立本**　夏士良《續圖繪寶鑑》：「閻立本與兄立德以善畫齊名，嘗寫秦府十八學士陵煙閣功臣等圖，悉皆輝映前古，時人咸稱其妙。」餘見卷六。　**十八學士圖**　《唐書·褚亮傳》:「太宗作文學館，以房、杜等為學士。命閻立本圖像，使亮為之贊，題名字爵里，號十八學士，藏之書府，以章禮賢之重。天下慕向，謂之登瀛洲。」張居正《太嶽集》:「閻立本畫十八學士一卷，于志寧贊，沈存中跋。惜楮剝落其畫法，與近時所傳全不同。當時真蹟卷藏山西蒲州監生魏希古家。嘉靖甲辰間，希古攜以遊京師。京山侯崔都尉以二百金購之，不與。是時，邊患孔棘，希古因條陳邊事，並以此卷封進，意圖進用。疏入，不省，以其疏並卷俱發兵科，此卷遂留藏科房。」楊士聰《玉堂薈記》:「殿試次日，詞林詣兵科一飯，觀唐十八學士圖，相承為故事。畫皆立像，上署銜名。」　**史局**　《唐書·劉知幾傳》:「史局深籍禁門，所以杜顏面，防請謁也。」王惲《玉堂嘉話》:「忠齋劉承旨說宋朝監修國史，宰相初任者，謂之開局；一月一至院，謂之過局。」　**馮大司馬**　《明史·馮元飆傳》:「馮元飆，字爾弢，慈谿人。天啟二年進士。如海澄、揭陽二縣，入為戶科給事中，歷官兵部尚書。」　**六科廊**　孫承澤《春明夢餘錄》:「六科直房在午門外，東西相向。初在掖門內之西，與內閣相對，所謂六科廊是也，以災移外。」　**畫苑**　王世貞輯。　**凌煙二十四功臣圖**　《通鑑》:「貞觀十七年，上命閻立本圖功臣長孫無忌、趙郡、王孝恭、杜如晦、魏徵、房玄齡、高士廉、尉遲敬德、李靖、蕭瑀、段志玄、劉宏基、屈突通、殷開山、荊州都督譙國公紹、長孫順德、張亮、侯君集、張公謹、程知節、虞世南、劉政會、李世勣、秦叔寶等二十四人於凌煙閣。」韋述《兩京記》:「太極宮中有凌煙閣閣，在凝陰殿內，功臣閣在凌煙閣南。」錢希白《南部新書》:「畫功臣皆北面，設三隔，內一層畫功高宰輔，外一層寫功高侯王，又外一層次第功臣。」　**鍾、王**　注見卷四。　**方伯**　啟儁《職官志》:「布政使，古方伯為一州之表率，昉於堯之四嶽、舜之十二牧、禹之九州九牧、周之八命作牧也。」　**三韓**　《後漢書·東夷傳》:「韓有三種：一曰馬韓、二曰辰韓、三曰弁辰。馬韓在西，有五十四國，其北與樂浪，南與倭接，辰韓在東，十有二國，其北與濊貊接。弁辰在辰韓之南，六十有二國，其南亦與倭接。馬韓最大，共立其種為辰王，都日支，盡王三韓之地。」《大清一統志》:「今朝鮮之黃海道、忠清道，古馬韓舊地；全羅道，本弁韓地；慶尚道，本辰韓地。」　**佟公**　《文集·佟母劉淑人墓誌》:「子江南右方伯名彭年，方從政於吳。」　**嶔嵜**　《晉書·桓彝傳》:「雅為周顗所重，顗常歎曰：『茂倫嶔崎歷落，固可笑人也。』」

大梁才子今劉生，客遊書畫傾公卿。江南花發遇高會，油幢置酒羅群英。開君書堂拂素壁，貞觀將相施丹青。長孫燕頷肺腑戚，河間隆準

天潢親。鄂公衛公與英國，誰其匹者推秦瓊。房杜勛勤魏彊諫，元僚濟濟高勳名。二十四人半豐沛，君王帶礪山河盟。千載懸毫寫生面，雙眸顧盼關神明。長弓大矢佩刀劍，玄衮赤舄垂蔥珩。正視橫看叫奇絕，一時車馬喧南城。余衰臥病滄江口，忽地流傳入吾手。細數從前翰墨家，海內知名交八九。慘淡相看識苦心，殘縑零落知何有。技窮仙佛並侯王，四十年來誰不朽。北有崔青蚓，南有陳章侯。崔也餓死值喪亂，維摩一卷兵間留。含牙白象貝多樹，圖成還記通都求。陳生落魄走酒肆，好摹傖父屠沽流。笑償王媼錢十萬，稗官戲墨行觥籌。劉生三十稱詞伯，盛名緩帶通侯席。埋沒休嗤此兩生，古今多少窮途客。繁臺家在汴流平，老我相逢話鋒鏑。剩有關河出後生，枉將兵火催衰白。君不見秘書高館群儒修，歐虞褚薛題銀鉤。朔州老將解兵柄，折節愛與諸生遊。丈夫遭際好文日，布衣可以輕兜鍪。似君才藻妙行草，況工絹素追營丘。它年供奉北門詔，大官賜食千金裘。嗚呼！石渠麟閣總天上，凌煙圖罷圖瀛洲。

大梁　注見卷六。　**劉生**　《樂府正聲》：「劉生不知何許人，觀齊梁以來劉生之詞，皆稱其任俠豪放，周遊三秦之地。」　**油幢**　葉夢得《石林燕語》：「節度旗則綢以紅繒槍則綢以碧油，謂之碧油紅旆。」白樂天《和令狐令公》詩：「碧幢油葉葉。」　**長孫**　《唐書・長孫無忌傳》：「長孫無忌，字輔機，洛陽人。太宗文德皇后之兄。以定策功第一，封趙國公。累遷太尉，後與褚遂良同受顧命。高宗顯慶四年，以諫立武昭儀削籍，流黔州。」　**燕頷**　《後漢書・班超傳》：「虎頭燕頷，飛而食肉，萬里封侯相也。」　**肺腑**　注見卷五。　**河間**　《唐書・宗室傳》：「河間元王孝恭，少沉毅有識，平蕭銑，輔公祏。始隋亡，盜賊徧天下，皆太宗身自討定，謀臣驍帥並隸麾下，無特將專勳者，惟孝恭獨有方面功以自見云。」　**隆準**　少陵《哀王孫》：「高帝子孫盡隆準，龍種自與常人殊。」餘見卷二。　**天潢**　《史記・天官書》：「王良旁有八星絕漢，曰天潢。」宋均曰：「天潢，天津也。」　**鄂公**　《舊唐書・尉遲敬德傳》：「尉遲敬德，名恭，以字行。鄯州人。隋末歸唐，從討竇建德、王世充、劉黑闥等，戰功居多，累封鄂國公。武德初，秦王引為右府參軍，屢立大功。隱太子以書招之，固辭不往。卒謚忠武。」　**衛公**　《唐書・李靖傳》：「李靖，字藥師。京兆三原人。仕隋為殿內直長。牛宏見之，曰：『王佐才也。』大業末，高祖已定京師，將斬之，靖曰：『公起兵為天下除暴，欲就大事，而以私怨殺毅士乎？』秦王亦為請，得釋，引為三衛。以功官開府儀同三司，封衛國公。」　**英國**　《唐書・李勣傳》：「李勣，字懋功，曹州離狐人。本姓徐氏，封英國公，賜姓，附宗正屬籍。治并州，以威肅聞。帝嘗曰：

『煬帝不擇人守邊，勞中國築長城。今我用勣守，並突厥不敢南，賢長城遠矣。』勣本二名，至高宗時，避太宗偏諱，故但名曰勣。」 **秦瓊** 《唐書·秦瓊傳》:「秦瓊，字叔寶，以字顯。齊州歷城人。始為隋將來護兒帳內，俄從通守張須陀擊賊。須陀死，附裴仁基，後歸王世充，與程齩金計來降高祖，俾事秦王府。卒贈徐州都督。貞觀十三年，改封胡國公。」 **房杜** 《唐書·房玄齡傳》:「房玄齡，字喬，齊州臨淄人。太宗以燉煌公徇渭北，杖策謁軍門，一見如舊。取孤隋，攘群盜。天下已平，用玄齡、如晦輔政，興僕植強，使號令典型燦然罔不完。雖數百年，猶蒙其功。進爵邗國公。卒贈太尉，謚文昭。」《唐書·杜如晦傳》:「杜如晦，字克明，京兆杜陵人。以房玄齡薦，留幕府從政，引為文學館學士，進僕射，封萊國公，與玄齡同筦朝政。如晦長於斷事，而房善謀，當時語良相，必曰房杜云。」 **魏彊諫** 《唐書·魏徵傳》:「魏徵，字玄成，魏州曲成人。隱太子引為洗馬。徵見秦王功高，陰勸太子早為計。太子敗，王器其直，無恨意，拜為諫議大夫，引至臥內，訪天下事。凡上二百餘奏，無不剴切當帝心者。嘗上《十漸疏》，上賜詔褒美，曰：得公之諫，朕知過矣。置諸几上，以比韋弦。以秘書監參預朝政。及歿，帝歎曰:『以銅為鑑，可正衣冠。以古為鑑，可知興替。以人為鑑，可知得失。徵歿，朕亡一鑑矣。』謚文貞。」 **豐沛** 《漢書·淮南王傳》:「高皇帝始於豐沛。」 **關神明** 《世說·賢媛篇》:「王尚書惠詣王右軍，郤夫人問眼耳未覺惡否。夫人時年九十餘，答曰:『髮白齒落，屬乎形骸。至於眼耳，關於神明，那可便與人隔？』」 **蔥珩** 《〈詩·小雅〉注》:「蔥，蒼色，如蔥者也。珩，珮首橫玉也。」 **崔青蚓** 注見卷六。 **陳章侯** 朱彝尊《陳洪綬傳》:「陳洪綬，字章侯，浙江諸暨人。縱酒狎妓自放，頭面或經月不沐。客有求畫者，雖罄折至恭勿與。至酒間召妓，輒自索筆墨，小夫稚子無勿應也。既遭亂，混跡浮屠，自稱老遲，亦稱悔遲，亦稱老蓮，縱酒狎奴如故。畫與崔青蚓齊名，號南陳北崔。」 **王媼** 《史記·高祖紀》:「高祖常從王媼、武負貰酒，醉臥，武負、王媼見其上常有龍，怪之。高祖每酤留飲，酒讎數倍。及見怪，歲竟，此兩家常折券棄責。」 **稗官** 《漢書·藝文志》:「小說家者流蓋出於稗官。」如淳曰:「家談巷說，其細碎之言也。王者欲知閭巷風俗，故立稗官，使稱說之。」師古《注》:「稗官，小官。」《查浦輯聞》:「嘗見陳章侯書水滸三十六人像極精。」 **繁臺** 注見卷六。 **汴流** 《一統志》:「汴河源出滎陽，為莨蕩渠東流，曰官渡水，曰陰溝水，曰汳水，曰濬儀渠。其自大梁城南分流者為鴻溝。鴻溝南流，兼沙水之目。沙水支津又為睢水、渦水。名雖不一，實則委別而源同也。」 **秘書** 《唐書·百官志》:「秘書監掌經籍圖書之事。」 **歐虞褚薛** 《唐書·李白傳》:「後人論書，歐、虞、褚、薛皆有異論。」張彥遠《法書要錄》:「唐徐浩論書云：蕭、永、歐、虞頗傳筆勢，褚、薛以下，自鄶無譏矣。」　**營丘**　注見卷六。　**北門**　《〈舊唐書·職官志〉注》：「乾封中，劉裕之、劉褘之兄弟，周思茂，元萬頃，范履冰皆以文詞召入待詔，常於北門候進止，時號北門學士。」　**大官**　《〈漢書·百官公卿表〉注》：「少府屬官有大醫、大官、湯官、導官。」師古曰：「大官主膳食，湯官主餅餌，導官主擇米。」　**石渠**　《三輔舊事》：「石渠閣在未央宮大殿北，以藏秘書。」　**麟閣**　《漢書·蘇武傳》：「上思股肱之美，乃圖畫大將軍霍光至蘇武，凡十一人於麒麟閣。」　**瀛洲**　見上注。

白燕吟並序

雲間白燕菴，袁海叟丙舍在焉。吾友單狷菴隱居其傍，鴻飛冥冥，為弋者所簒，故作此吟以贈之。余年二十餘，遇狷庵於陳徵君西佘山館，有歌者在席，迴環昔夢，因及其事。狷庵解組歸田，遭逢多故，視海叟之西臺謝病，倒騎烏犍牛，以智僅免者，均有牢落之感。俾讀者前後相觀，非獨因物比興也。

白燕菴　《松江府志》：「白燕菴在賢遊徑袁御史凱墓側，里人以凱有《白燕》詩，築菴祀之，遂以為名。」《明史·袁凱傳》：「袁凱，字景文，松江華亭人。洪武三年，薦授御史。工詩，有盛名。性詼，自號海叟。初在楊維楨座，客出所賦《白燕》詩，凱以其體物未工，別作一篇以獻，維楨大驚賞，徧示座客，人遂呼袁白燕云。」　**單狷菴**　朱彝尊《明詩綜》：「單恂，字質生，一字狷菴。華亭人。崇禎庚辰進士，官麻城知縣。」《靜志居詩話》：「袁海叟居松江府治東門外。崇禎末，單麻城恂即其址構白燕菴，李舍人待問書聯於柱曰：『春風燕子依然在，大海鰻魚不可尋。』相傳孝陵有言：『東海走卻大鰻魚，何處尋得？』蓋為海叟而發也。」　**鴻飛**　《後漢書·逸民傳·序》：「揚子雲《方言》：『鴻飛冥冥，弋人何簒焉？』」　**西臺**　程大昌《演繁露》：「高宗朝，改門下省為東臺，中書省為西臺，尚書省為文昌臺，故御史呼南臺。武后時，御史有左右肅政之號，當時亦謂之左臺、右臺，則憲府未曾有東臺、西臺之稱也。惟俗呼在京為西臺、東都為東臺。按此言之，御史惟一臺，別自因事加東西南三稱為別耳。其謂俗呼在京為西臺者，唐都長安，於洛陽為西，而洛陽亦有留臺，故長安為西臺，洛陽為東臺也。」　**以智免**　《左傳·桓十八年》：「人曰祭仲以知免。」朱彝尊《靜志居詩話》：「海叟賦楊白花詩，有讒之者曰：『欲種楊樹於深宮，將蒔花蕚於何地？』海叟聞之，遂佯狂，騎烏犍，杖木笛，行九峰三泖間。徵典郡校，不起，對使者歌《月兒高》一曲。」

白燕庵頭晚照紅，摧頹毛羽訴西風。雖經社日重來到，終怯雕梁故壘空。當年掠地爭飛俊，垂楊拂處簾櫳映。徵君席上點微波，雙棲有個凝妝靚。趙家姊妹鬬嬋娟，軟語輕身鬢影偏。錯信董君它日寵，昭陽舞袖出尊前。長安穠杏翩躚好，穿花捎蝶春風巧。楚雨孤城儔侶稀，歸心一片江南草。縞素還家念主人，瓊樓珠箔已成塵。雪衣力盡藍田土，玉骨神傷漢苑春。銜泥從此依林木，窺簷詎肯樊籠辱。高舉知無鴻鵠心，微生幸少烏鳶肉。探卵兒郎物命殘，朱絲繫足柘弓彈。傷心早已巢君屋，猶作徘徊怪鳥看。漫留指爪空回顧，差池下上秦淮路。紫頷關山夢怎歸，烏衣門巷雛誰哺。頭白天涯脫網羅，向人張口為愁多。啁啾莫向斜陽語，為唱袁生一曲歌。

社日　陸佃《埤雅》:「燕往來迎社，以春社來，秋社去。」　**爭飛俊**　史達祖《春燕》詞:「愛貼地爭飛，競誇輕。」　**趙家姊妹**　《漢書·外戚傳》:「孝成趙皇后，名飛燕。有女弟，召入，皇后寵少衰，而弟絕幸，為昭儀，居昭陽舍。姊弟顓寵十餘年。」　**董君**　《漢書·東方朔傳》:「初，帝姑館陶公主寡居年五十餘矣，近幸董偃，號曰董君。上從主飲，董君見尊不名，稱為主人翁。於是董君貴寵，天下莫不聞。」　**藍田土**　《史記·五宗世家》:『臨江閔王榮坐侵廟壖垣為宮，上徵榮，榮詣中尉府簿。中尉郅都訊責王，王恐，自殺。葬藍田。燕數萬銜土置冢上。百姓憐之。』　**玉骨神傷漢苑春**　《漢書·外戚傳》:『定陶丁姬，哀帝母也，為帝太后。崩，合葬恭皇陵。哀帝崩，王莽秉政，奏貶太后，號曰丁姬。覆奏言丁姬棺名梓宮，珠玉之衣，非藩妾服，請以木棺代，去珠玉，衣葬丁姬媵妾之次。奏可，掘平丁姬故冢。莽又周棘其處，以為世戒。時有群燕數千，銜土投丁姬穿中。』　**探卵**　《漢書·宣帝紀》:「其令三輔毋得以春夏擿巢探卵、彈射飛鳥，著為令。」　**朱絲繫足**　《南史·列女傳》:「衛景瑜妻王氏，夫亡，矢志不嫁。所住戶有巢，燕常雙飛來去。後忽孤飛，女感其偏棲，乃以縷繫腳為識。後歲此燕更來，猶帶前縷。」　**柘弓彈**　《考工記》:「弓人取幹之道，柘為上。」葛洪《西京雜記》:「長安五陵人以柘木為弓，真珠為丸，以彈鳥雀。」　**怪鳥**　《晉書·孫盛傳》:「盛與桓溫牋，辭旨放蕩，稱進無威鳳來儀之美，退無鷹鸇搏擊之用，徘徊湘川，將為怪鳥。」　**烏衣門巷**　劉禹錫《烏衣巷》詩:「烏雲巷口夕陽斜。」祝穆《方輿勝覽》:「烏衣巷在秦準南，王謝子弟所居。」　**一曲歌**　袁凱《白燕》詩:「故國飄零事已非，舊時王謝見應稀。月明漢水初無影，雪滿梁園尚未歸。柳絮池塘香入夢，梨花庭院冷侵衣。趙家姊妹多相妬，莫向昭陽殿裏飛。」

梅村詩集箋注　卷第八

長洲吳翌鳳撰　滄浪吟榭校定本

五言律詩

穿山

勢削懸崖斷，根移怒雨來。洞深山轉伏，石盡海方開。廢寺三盤磴，孤雲五尺臺。蒼然飛動意，未肯臥蒿萊。

穿山　張大純《采風類記》：「穿山在太倉州東北五十里，高一十七丈，週二百五十步，巨石屹立，中有洞，前後通徹，故名。」《臨海記》曰：「穿山下有洞穴，高十餘丈，通南北往來。昔有涉海舉帆經過其下者。正統間，居民鑿地得桅，其梢徑尺有二寸，始知為海中山島無疑。今考洞上猶通人往來，而其下為地，去海已遠。舊屬常熟縣，今分隸太倉州。」

元墓謁剖公

一衲消群相，孤峰占妙香。經聲清石骨，佛面冷湖光。花落承趺坐，雲歸識講堂。空潭今夜月，鐘鼓祝前王。

元墓　盧熊《蘇州府志》：「元墓山在吳縣西南七十里。疑即宋青州刺史郁泰元墓。」案：舊志亦名元墓村。　**剖公**　《蘇州府志》：「宏璧，字剖石，無錫鄒氏子。少參三峰藏和尚，結茅翠巖峰。藏疾，招回門頭安行者。夢神人輿擁一沙門，曰：『聖恩主人到也。』明日璧至。遂令嗣席。」　**群相**　《金剛經》：「無復我相，人相，眾生相，壽者相。」　**妙香**　《維摩詰經》：「菩薩各坐香樹下，聞斯妙香，即獲一切，得藏三昧。」　**趺坐**　《廣韻》：「趺坐，大坐也。」《婆娑論》：「結跏趺坐，是生圓滿。」

過聞果師園居

帆影窗中沒，鐘聲樹杪移。簷依懸果近，閣避偃松欹。菜甲春來蚤，茶槍雨後遲。散齋閒獨往，應與道人期。

茶槍　《群芳譜》：「凡茶芽如雀舌穀粒者，為鬬品，一槍一旗為楝芽，一槍二旗為次，餘斯為下。」　葉石林《乙卯避暑錄》：「草茶極品惟雙井、顧渚。其初萌如雀舌者謂之槍，稍敷而為葉者謂之旗。」　**道人**　葉石林《乙卯避暑錄》：「晉宋間佛學初行，其徒猶未有僧稱，通曰道人。」

遊西灣

斷壁猿投栗，荒祠鼠竄藤。鐘寒難出樹，雲靜恰依僧。選勝從吾意，捫危羨客能。生來幾兩屐，到此亦何曾。

幾兩屐　《晉書·阮孚傳》：「未知一生當著幾量屐。」餘見卷七注。

送繼起和尚入天台

振錫西泠渡，潮聲定後聞。屐侵盤磴雪，衣濕渡江雲。樹向雙崖合，泉經一杖分。石林精舍好，猿鳥慰離群。

繼起　《蘇州府志》：「宏儲，字繼起，晚自號退翁，通州李氏子。年二十五，投三峰藏和尚，參頓明大法，住常州之夫椒、祥符，又歷台州之東山、能仁，天台之國清、興化、慧明、瑞巖、天寧諸剎。」　**天台**　慎蒙《名山記》：「天台山，去台州府治一百五十里。道書謂上應臺星。高一萬八千丈，周八百里。」　**振錫**　《慧皎高僧傳》：「佛若多羅專精十誦律部，振錫入關。」　**西泠**　注見卷二。　**一杖分**　《一統志》：「錫杖泉在天台縣國清寺。昔寺僧取水甚遠，明禪師以錫杖叩之，泉水湧出。」　**石林**　郎士元《題精舍寺》詩：「石林精舍武溪東。」

早起

蚤涼成偶遊，惜爽憩南樓。棋響鳥聲動，茶煙花氣浮。衫輕人影健，風細客心柔。餘興閒支枕，清光淺夢收。

五月尋山夜寒話雨

客衣輕百里，長夏惜登臨。正爾出門夜，忽逢山雨深。聊將斗酒樂，無作薄寒吟。年少追涼好，難為父母心。

話雨　李義山詩：「卻話巴山夜雨時。」　**薄寒**　《楚辭・九辯》：「薄寒之中人。」王逸注：「薄，迫也，有似迫寒之傷人。」〔註1〕

瑜芬有侍兒明慧從江上歸則言去矣

江上送君別，餘情感侍兒。對人先母意，生小就儂嬉。恃稚偏頻進，含嬌託未知。今來羅帳底，誰解笑微窺。

感侍兒　宋之問《和趙員外桂陽橋遇佳人》詩：「侍兒堪感路旁人。」

溪橋夜話

予偕子俶兄弟，臨流比屋，異戶同橋。久雨得月，新浴乍涼，輒書數語，以識幽事。

子俶　周子俶。注見卷三。

竹深斜見屋，溪冷不分橋。老樹連書幌，孤村共酒瓢。茶香消積雨，人影話良宵。同入幽棲傳，他年未寂寥。

感事

不事扶風掾，難畊好畤田。老知三尺法，官為五銖錢。築土驚傳箭，呼門避櫂船。此身非少壯，休息待何年。

扶風掾　《後漢書・班固傳》：「扶風掾李育經明行著，教授數百人。」　**好畤田**　《漢書・陸賈傳》：「迺病免，以好畤田地善往家焉。」　**三尺法**　《史記・酷吏傳》：「客有讓杜周曰：『君為天子決平，不循三尺法，專以人主意旨為獄，獄者固如是乎？』」《注》：「三尺法，以三尺竹簡書法律也。」　**五銖錢**　《史記・平準書》：「有司言三銖錢輕，易奸詐，乃更請諸郡國鑄五銖錢，周郭其下，令不可磨取鋊焉。」　**築土**　《書》「甲戌，我為築」《疏》：「兵法，攻城築土為山，以闚望城內，謂之距堙。」　**傳箭**　少陵《投贈哥舒開府翰》詩：「青海無傳箭。」

兔缺

舌在音何讓，脣亡口半呿。病同師伯齙，方問仲堪醫。露涿從人誚，銜碑欲語遲。納言親切地，補闕是良規。

兔缺　崔豹《古今注》：「兔口有缺。」陸佃《埤雅》：「兔口有缺，吐而生子，故謂之兔。其感孕則以月，月缺也，故其口缺。」　**舌在**　《史記・張儀傳》：「楚相亡

〔註1〕按：此非王逸注，乃《文選》五臣注。

璧，門下意張儀，掠笞數百，不服，釋之。其妻曰：『子毋讀書游說，安得此辱乎？』儀曰：『視吾舌尚在不？』妻曰：『舌在也。』儀曰：『足矣。』」　**讓**　《揚子方言》：「讓，極吃也。」丁度《集韻》：「或作譲。」　**脣亡**　《左傳·僖五年》：「脣亡齒寒。」　**口呿**　《莊子·秋水》篇：「公孫龍口呿而不合。」顧野王《玉篇》：「呿，張口貌。」　**師伯齴**　《南史·王彥德傳》：「孝武狎侮群臣，各有稱目。顏師伯齒缺，號之曰齴。」遼釋行均《龍龕手鑑》：「齴，魚蹇反，齒露也。」　**仲堪醫**　《晉書·魏詠之傳》：「魏詠之生而兔缺。聞殷仲堪帳下有名醫能療之，遂自投仲堪。仲堪召醫視之。醫曰：『可割而療之，但須百日進粥，不得笑語。』仲堪於是處之別室，令醫療之。詠之遂閉口不語，維食薄粥。」　**露涿**　《蜀志·周群傳》：「先主與劉璋會涪，時張裕為璋從事，侍坐，其人饒鬚，先主嘲之曰：『昔吾居涿縣，特多毛姓，東西南北皆諸毛也，涿令稱曰：諸毛繞涿居乎。』裕即答曰：『昔有作上黨潞長，遷為涿令者，去官還家，時與書，欲署潞則失涿，欲署涿則失潞，乃署曰潞涿君。』先主無鬚，故裕及之。」　**銜碑**　《古樂府·讀曲歌》：「石闕生口中，銜碑不得語。」　**補闕**　《詩·大雅》「孫部方干」《傳》：「干，貌寢。」又，兔缺，以故不與科名。及遇醫者補唇，已老矣，因然身不出。

織女

軋軋鳴梭急，盈盈涕淚微。懸知新樣錦，不理舊殘機。天漢期還待，河梁事已非。玉箱今夜滿，我獨賦無衣。

贈蒼雪若鏡兩師見訪

孤雲所宿處，清磬出層陰。高座惟斯道，扁舟亦此心。尋秋逢講樹，到海發禪音。月色霜天正，吾師詩思深。

高座　注見卷一。　**講樹**　注見卷三。

謝蒼雪贈葉染道衣

娑羅多寶葉，煎水衲衣黃。不染非真色，拈來有妙香。足趺僧相滿，手綻戒心長。一笠支郎許，安禪向石傍。

娑羅　段成式《酉陽雜俎》：「巴陵有寺，僧房床下忽生一木，隨伐隨長，外國僧見曰：『此娑羅也。』」　**不染**　《淨住子》：「心常無礙，空有不染。」　**拈來**　《景德傳燈錄》：「洛浦和尚頌：入荒田不揀，信手拈來草。觸目未嘗無，臨機何足道。」

妙香　注見前。　**手綻**　王摩詰《送瑗公南歸》詩：「綻衣秋日裏。」　**支郎**　《五色線》：「魏有三高僧：支謙、支諒、支讖。惟謙為人細長黑瘦，眼多白而睛黃，復多智。諺曰：『支郎眼中黃，身軀雖小是智囊。』」　**安禪**　王摩詰《過香積寺》詩：「安禪制毒龍。」

送李友梅還楚寄題其所居愛吾廬友梅慕陶故詩以記之

寒雪滿潯陽，江程入楚鄉。灘逢黃鵠怒，嶺界白雲長。十里魚蝦市，千頭橘柚莊。歸人貰村酒，彷彿是柴桑。

李友梅　《湖廣通志》：「李文郁，字友梅，大冶縣學生。」　**潯陽**　《漢書・地理志》：「廬江郡縣尋陽。」杜氏《通典》：「尋陽，漢舊縣，在江北蘄州界。晉溫嶠移於江州柴桑。漢屬豫章。」《一統志》：「九江府，戰國屬楚。漢為柴桑、彭澤二縣地。晉永興元年置尋陽郡。唐天寶元年改為潯陽郡。」郭璞《江賦》：「源二分於崌崍，流九派於尋陽。」　**黃鵠**　注見卷五。　**白雲**　《湖廣通志》：「白雲山在武昌府嘉魚縣南十里，一名白面山，山石皆白。」　**千頭橘**　習鑿齒《襄陽耆舊傳》：「李衡作宅於武陵龍陽汎洲上，種橘千株，敕其子曰：『吾有千頭木奴，不責汝衣食。歲上一匹絹，可以不貧矣。』」　**貰酒**　注見卷六。　**柴桑**　樂史《寰宇記》：「柴桑山近栗里原，陶潛此中人。」

黃州杜退之改號蛻斯其音近而義別索詩為贈

述志賦秋蟲，孤吟御遠風。掇皮忘我相，換骨失衰翁。畫以通靈妙，詩因入悟空。少陵更字說，不肯效韓公。

黃州　《元和郡縣志》：「黃州，春秋時邾子之地，又為黃國之境。蕭齊於此置齊安郡。隋開皇五年，罷郡置黃州。」　**杜退之**　顧星景〔註 2〕《白茆堂集・杜公墓誌》：「公諱祝進，字退之，一字蛻斯，黃岡人。萬曆壬子舉於鄉。官溧陽教諭，內遷國子助教。」案：茶村父也。　**述志**　《隋書・于宣敏傳》：「每懷靜退，著《述志賦》以見意。」　**掇皮**　《世說・賞譽篇》：「謝公稱藍田掇皮皆真。」　**通靈**　《晉書・顧愷之傳》：「嘗以廚畫糊題其前，寄桓靈寶。靈寶乃發其廚，取畫，而緘閉如舊以還之，紿云未開。凱之見封題如初，但失其畫，直云妙畫通靈，變化而去，亦猶人之登仙。」

〔註 2〕顧星景，係「顧景星」之誤。

王瓜

同摘誰能待，離離早滿車。弱藤牽碧蒂，曲項戀黃花。客醉嘗應爽，兒涼枕易斜。齊民編月令，瓜瓞重王家。

王瓜　王，疑當作「黃」。案：《禮記・月令》：「王瓜生。」《注》云：「王瓜，萆䓣也。」《本草》作菝葜。謂之瓜者，以根之似也。王康宇《群芳譜》：「黃瓜在蔬譜，而王瓜則在藥譜，云結子如彈丸。」知所詠乃黃瓜也。　**離離**　唐太子賢《黃臺瓜辭》：「種瓜黃臺下，瓜熟子離離。」

豇豆《本草綱目》：「豇，江、絳二音。」《字彙》：「音岡。」

綠畦過驟雨，細束小虹蜺。錦帶千條結，銀刀一寸齊。貧家隨飯熟，餉客借糕題。五色南山豆，幾成桃李蹊。

豇豆　黟縣朱霈曰：「豇豆，赤黑色，四月種，六月熟，亦名沿江十八粒。」　**借糕題**　《邵氏聞見後錄》：「劉夢得作《九日》詩，欲用餻字，以五經中無之，輟不復為。宋子京有句云：『劉郎不敢題餻字，虛負詩中一世豪。』」　**南山豆**　《漢書・楊惲傳》：「田彼南山，蕪穢不治。種一頃豆，落而為萁。」　**桃李蹊**　《史記・李廣傳》：「桃李不言，下自成蹊。」

送照如禪師還吳門

秋氣肅群慮，衲衣還故棲。雲生孤杖迥，月出萬山低。乞火青楓寺，疏泉紫芋畦。石床㩀拂子，盡說是曹溪。自注：師曹姓。

照如　《文集・贈照如詩序》：「吾州曹魯川先生之壻為余外王父。魯川三子，其季曰毅叔，毅叔之子曰元孟，父子為儒者。今年夏，元孟瓢笠叩門曰：『吾出家於郡城之文殊菴，僧臘已十年矣。』此即所謂照如禪師也。」又，《照如禪師塔銘》：「俗曹姓，諱洵，繇諸生出家。」　**曹溪**　《景德傳燈錄》：「梁天監元年，有僧智藥汎舶至韶州曹溪水口，聞其香，嘗其味，曰：『此水上流有勝地。』遂開山立名寶林，乃云：『此去百七十年，當有無上法寶在此演法。』今六祖南華是也。」《曲江縣志》：「曹溪在縣城西南五十里，源出狗耳嶺，西流三十五里合湞水。」

初冬月夜過子俶

月色破林巒，貧家共一灘。門開孤樹直，影逼兩人寒。瀹茗誇陽羨，論詩到建安。亦知譚笑久，良夜睡應難。

陽羨茗　注見卷六。　**建安**　注見卷七。

園居東許九日

迸筍穿茶竈，欹花罨釀房。曝書移畫几，敲筆響琴床。晚食知眠懶，輕衫便酒狂。翛然吾願足，不肯負滄浪。

許九日　見卷七。

晚泊孔稚圭詩：「晚泊樓煩城。」

寒勘依岸直，輕槳蕩潮斜。樹脫餘殘葉，風吹亂晚鴉。沙深留豕跡，溪靜響魚叉。乞火村醅至，炊煙起荻花。

勘　《周禮・地官》：「里宰以歲時合耦於勘，以治稼穡。」《注》：「杜子春云：『勘讀為助，謂相佐助也。』鄭康成云：『勘者，里宰治處也。若今街彈之室於此，合耦使相佐助，因放而為名。』」吳縣沈起鳳曰：「周曰勘，漢曰街彈。趙明誠《金石錄》：『汝州故昆陽城中有碑，額題都鄉正街彈碑。』《字典》云：即今之申明亭也。」　**魚叉**　陸游《老學庵筆記》：「魚叉以竹竿為柄，長二三丈。」

題心函上人方庵

頂相安單穩，圓塵覆缽銷。誰知眠丈室，不肯效團焦。石鼎支茶灶，匡床掛癭瓢。一枝方竹杖，夜雨話參寥。

上人　吳曾《能改齋漫錄》：「《摩訶般若經》云：『何名上人？佛言若菩薩一心，行阿耨多羅三藐三菩提，心不散亂，是名上人。』」《翻譯名義》：「律云瓶沙王稱佛弟子為上人。」　**頂相**　梁簡文帝《度人出家願文》：「結纓披解，頂相光明。」　**丈室**　《唐書・西域傳》：「顯慶中，敕使王元策因向西印度，過淨名宅，以笏量基，止有十笏，故名方丈之室。」　**團焦**　注見卷一。　**參寥**　厲鶚《宋詩紀事》：「道潛，字參寥，於潛人。與秦觀、蘇軾遊。軾南遷，坐詩語刺譏得罪，返初服。建中靖國初，詔復祝髮。崇寧末，歸老江湖，嘗賜號妙聰大師。」

題微上人代笠

空山無住著，就石架孤筇。愛雪編茅整，愁風剪箬工。樹陰休灌叟，蓑雨滴漁翁。要自謀安隱，吾師息此中。

無住著　少陵《戲為韋偃雙松圖歌》：「松根胡僧憩寂寞，龐眉皓首無住著。」《楞嚴經》：「名無住行，名無著行。」　**安隱**　《阿含經》：「於是世尊所患，即除而得安穩。」

過南屏訪無生上人

謂此一公住，偶來聞午鐘。山容參雪嶠，自注：無生壁間有雪嶠師畫。**佛火隱雷峰。路細因留竹，雲深好護松。精廬人不到，相對話南宗。**

南屏 田汝成《西湖志》：「南屏山在淨慈寺右，興教寺之後，正對蘇堤。寺鐘初動，山谷皆應，逾時乃息。蓋茲山隆起，內多空穴，故傳聲獨遠。」 **無生** 《集覽》：「無生名虛舟，住雷峰塔下之留錫菴。」 **一公住** 嚴維《哭靈一上人》詩：「一公何不住，空有遠公名。」 **雪嶠** 朱彝尊《明詩綜》：「圓信，字雪庭，更字雪嶠，寧波人。初住武康雙髻峰，後居徑山。」周魯《纂要》：「雪嶠，號青獅翁，又號徑山老人。初充火頭。忽坐竹林中七日夜，仆地，鼻折，久之而甦，遂頓悟。年七十餘作偈，擲筆而化。」 **雷峰** 注見卷七。 **精廬** 《世說·文學》篇：「何子季與周彥倫同時，精信佛法，子季別立精廬。」 **南宗** 《舊唐書·僧神秀傳》：「神秀同學僧慧能住韶州廣樂寺，天下謂神秀為北宗，慧能為南宗。」《景德傳燈錄》：「弘辯禪師曰：『禪宗本無南北，如來以正法藏付迦葉，傳至達摩，來此為初祖。暨五祖二弟子，慧能住嶺南，神秀在北，得法雖一，而開導發悟有頓漸不同，故曰南頓北漸。』」

簡武康姜明府

地僻誰聞政，知君自不同。放衙山色裏，聽事水聲中。竹稅官橋市，茶商客渚篷。前溪歌舞在，父老習遺風。

武康 《晉書·地理志》：「吳興郡縣武康，故防風氏國。」《一統志》：「在湖州府少西一百一十里。」 **姜明府** 《湖州府志》：「武康知縣姜會昌，山東掖縣舉人。順治二年任。」 **放衙** 李義山《安平公》詩：「高聲喝吏放兩衙。」錢希白《南部新書》：「近代通謂府廷為公衙，即古之公朝也。字本作牙，《詩》曰：『祈父予王之爪牙。』祈父司馬掌武備，象猛獸以爪牙自衛，故軍前大旗謂之牙旗。出師則有建牙、禡牙之類，軍中聽號，必至牙旗之下，與府朝無異。近俗尚武，是以通呼公府為牙門，字稱訛變轉而為衙。」 **客渚** 《晉樂府》：「新亭送客渚。」 **前溪** 《宋書·樂志》：「《前溪歌》者，車騎將軍沈玩所製。」釋智匠《古今樂錄》：「吳聲十曲，七曰前溪。」《樂府解題》：「《前溪》，舞曲也。」胡仔《漁隱叢話》：「前溪，南朝習樂之處。今尚有數百家習音樂，江南聲伎多自此出。」樂史《寰宇記》：「前溪在烏程縣南，東入太湖，謂之風渚。」

其二

花發訟庭香，松風夾道涼。溪喧因紙貴，邑靜為蠶忙。魚鳥高人政，煙霞仙吏裝。知君趨召日，取石壓歸航。

紙貴　《晉書・左思傳》：「賦三都，洛陽為之紙貴。」《集覽》：「《湖州府志》：『黃紙出歸安縣十九區東沈錢家邊，傍溪分流，激石轉水為碓〔註3〕，殺青而搗之，以糜其質；纍石為方空，高廣尋丈，以置鑊，和堊灰而煮之，以化其性。乃浮於水，以成其形；乃暴於日，以烈其氣。暴之者，彌岡被阜，或飆風驟雨，婦女傾家爭拾，上下山阪，捷於猿猱。』」　**蠶忙**　《集覽》：「《湖州府志》：『方蠶月，官府至為罷徵收，禁勾攝。』」　**取石**　《唐書・陸龜蒙傳》：「陸氏在姑蘇，其門有巨石，蓋遠祖績嘗仕吳，為鬱林太守。罷歸，無裝，舟輕不可越海，取石為重，人稱其廉，號鬱林石。」

夜泊漢口

秋氣入鳴灘，鉤簾對影看。久遊鄉語失，獨客醉歌難。星淡漁吹火，風高笛倚闌。江南歸自近，盡室寄長安。

漢口　注見卷一。　**漁吹火**　鄭谷詩：「一尺鱸魚新釣得，兒童吹火荻花中。」

曉粧

學母粧應早，留花稱小鬟。為憐新繡領，故著舊時衣。性急梳難理，衫深力易微。素奩猶未斂，衹道侍兒非。

留花　《集覽》：「徐陵詩：『拭粉留花稱。』」

送友人還楚

燈火照殘秋，聞君事遠遊。客心分暮雨，寒夢入江樓。酒盡孤峰出，詩成眾靄收。一帆灘響急，落日滿黃州。送字用暗寫，末二語點出還楚。○沈雲卿詩：「亭傳理殘秋。」　客心，見《蚤起》。宋玉《神女賦》：「暮為行雨。」　杜牧之詩：「點滴侵寒夢。」江樓，見《送志衍入蜀》。　酒盡，見《鴛湖曲》。孤峰，見《謁剖公》。　黃星甫詩：「玉宇澄清暮靄收。」　一帆，見《塗松晚發》。吳子華詩：「灘響忽高何處雨。」　王詩：「落日滿秋山。」黃州，見《壽龔芝麓》。

〔註3〕「碓」，《吳詩集覽》作「碓」。

送黃子羽之任四首自注：子羽能詩，以徵辟為新都令。

襄陽 《明史・地理志》：「襄陽府領縣六。襄陽倚。」

始見征途亂，十年憂此方。君還思聖主，何意策賢良。楚蜀烽煙接，江山指顧長。祇今龐德祖，不復臥襄陽。

黃子羽 王士禎《感舊集》補傳：「黃翼聖，字子羽，江南太倉人。以諸生薦辟，授新都知縣，遷安吉州知州。」無名氏《黃子羽墓誌》：「子羽世家常熟之塗松里。弘治中，割隸太倉。為人孝友順祥，自牧若處女。居官扞難耆事，以廉辦聞。」 **襄陽** 《漢書・地理志》：「南陽郡縣襄陽。」應劭曰：「在襄水之陽。」樂史《寰宇記》：「山南東道襄州本楚邑，檀溪帶其西，峴山亙其南，為楚之北澤。建安十三年，始置襄陽郡，以地在襄山之南為名。南至荊門軍二百二十五里，東北至唐州二百五十里。」 **策賢良** 《漢書・董仲舒傳》：「武帝即位，舉賢良文學之士，前後百數，而仲舒以賢良對策焉。」無名氏《陳士業墓誌》〔註 4〕：「崇禎中，兵寇交作，文吏多棄城失職，上寖厭科目為無用，特徵處士賢良奇碩者。」按：《明史・選舉志》，事在崇禎九年。 **龐德祖** 《後漢書・逸民傳》：「龐公者，襄陽人也。居峴山之南，未嘗入城府。後遂攜其妻子登鹿門山，採藥不反。」按：《襄陽耆舊傳》作「龐德公」。《襄陽記》：「世人遂謂龐公是德公，非也。德公，字山民，亦有令名，娶諸葛孔明小姊，為魏黃門吏部郎。早卒。」龐德祖，未詳。

巫峽

高深積氣浮，水石怒相求。勝絕頻宜顧，奇情不易留。蒼涼難久立，浩蕩復誰收。詩思江天好，春雲滿益州。

巫峽 注見卷五。 **益州** 《漢書・武帝紀》：「元封二年，遣將軍郭昌、中郎將衛廣發巴蜀兵平西南夷，未服者以為益州。」

成都

魚鳧開國險，花月錦城香。巨石當門觀，奇書刻渺茫。江流人事勝，臺榭霸圖荒。萬里滄浪客，題詩問草堂。

成都 《漢書・地理志》：「蜀郡縣成都。」歐陽忞《輿地廣記》：「秦蜀郡，晉武帝改成都國。」王存《九域志》：「宋嘉祐四年，以益州路為成都府。」梁載言《十道志》：「益州成都府，古梁州巴濮庸蜀之地。」 **魚鳧** 常璩《華陽國志》：「蜀先稱王

〔註 4〕《吳詩集覽》不標作者，此處逕稱無名氏，實即施閏章《故徵君晉州知州陳公墓誌銘》。

有蠶叢，次王曰柏灌，次王曰魚鳧。魚鳧王田於湔山，忽得仙道，蜀人思之，為立祠。」太平〔註 5〕《蜀道難》：「蠶叢及魚鳧，開國何茫然。」《一統志》：「魚鳧城在成都府溫江縣北十里。」 **錦城** 注見卷一。 **巨石** 常璩《華陽國志》：「蜀有五丁力士，能移山。每王薨，輒立大石，長三丈，重千鈞，為墓誌。今石筍是也，號曰筍里。」 **奇書** 未詳。 **滄浪客** 少陵《惜別行》：「卿到朝廷說老翁，漂零已是滄浪客。」 **草堂** 少陵《狂夫》詩：「萬里橋邊一草堂。」案：杜集《卜居》詩注：「鮑氏曰：『公到成都之日，劍南節度使裴冕為公上卜成都西浣花溪，作草堂。』」

新都

丞相新都後，如今復幾人。先皇重元老，大禮自尊親。舊俗科條古，前賢風尚醇。似君真茂宰，白石水潾潾。

新都 《明史．地理志》：「新都縣屬成都府。」 **丞相** 《明史．楊廷和傳》：「楊廷和，字介夫。新都人也。年十二，舉於鄉。成化十四年，年十九，成進士。正德二年，由詹入東閣。明年，遷吏部尚書，進少師、華蓋殿大學士。議大禮不合，削職。隆慶初，復官，贈太保。謚文忠。」 **大禮** 《明史，楊廷和傳》：「武宗崩，無子，世宗入嗣帝位，遣官往迎帝母興獻妃。未幾，命禮官議興獻王主祀稱號，廷和檢漢定陶王、宋濮王事，授尚書毛澄曰：『是足為據，宜尊孝宗為皇考，稱獻王為皇叔考，興國太王母妃為皇叔母，興國太妃自稱侄皇帝名，別立益王次子崇仁王為興王，奉獻王祀。』澄會議上，帝不悅。然每慰諭廷和，欲有所更定，廷和卒不肯順帝指。乃下廷臣再議。進士張璁上疏，謂當繼統，不繼嗣。廷和執議如初。廷臣諍者百餘人。帝不得已，乃以嘉靖元年稱孝宗為皇考，慈聖皇太后為聖母，興獻帝後為本生父母，不稱皇。當是時，廷和封還御批者四，執奏幾三十疏，帝頗恨之。後累疏乞休。三年正月，帝聽之去。既去，始議稱孝宗為皇伯考。於是，廷和子修撰慎率群臣伏闕哭爭，杖謫雲南。七年，《明倫大典》成，詔定議禮諸臣罪。言廷和謬主《濮議》，自詭門生天子、定策元老，法當僇市，姑削職為民。明年卒。」 **茂宰** 少陵《送鄭十七明府之縣》詩：「茂宰得才新。」

讀史雜感

吳越黃星見，園陵紫氣浮。六師屯鵲尾，雙闕表牛頭。鎮靜資安石，艱危仗武侯。新開都護府，宰相領揚州。

〔註 5〕「太平」，恐為「太白」之誤。

黃星 《魏志・武帝紀》:「初,桓帝時有黃星見於吳楚之分,遼東殷馗善天文,言後五十年當有真人起於梁、沛之間,其鋒不可當。至是公破袁紹,其鋒莫敵矣。」**紫氣** 司馬德操《與劉恭嗣書》:「黃旗紫氣恒見東南,終成天下者,揚州之君乎?」**六師** 《詩傳》:「六師,六軍也。天子六軍。」 **鵲尾** 《南史・張興世傳》:「時臺軍據赭圻南,賊屯在鵲尾,相持久不決。」《潯陽記》:「鵲洲在縣北。《左傳・昭五年》:楚以諸侯伐吳,吳敗之於鵲岸』是也。按:鵲頭與鵲尾相去八十里。杜預曰:『吳地也。』」馮智舒《綱目質寔》:「鵲尾,渚名,在廬州府舒城縣治西北。」 **雙闕** 《南史・何允傳》:「時欲立雙闕,允謂王杲之曰:世傳晉室欲立雙闕,王丞相指牛頭山云:『此天闕也。』」 **牛頭** 《明一統志》:「牛頭山在應天府南三里。山有二峰,東西相對,又名天闕山。」 **鎮靜** 《晉書・謝安傳》:「時強敵寇境,邊書續至,梁益不守。樊、鄧陷沒,安每鎮以和靖。」 **領揚州** 《明史・史可法傳》:「馬士英旦夕冀入相,以史可法七不可書奏之王,而擁兵入覲,拜表即行,可法遂請督師,出鎮淮陽,乃開府揚州。」牆東先生《識小錄》:「福王之立,實定策於士英。時當危迫之際,得一天潢,豈容復有異議,史相遂不敢違,然而非其志也。即位後,馬居中,史出督,大事已去矣。史盡力支吾,累疏哀號,請兵請餉,馬漠然不應,遂刎於揚州。」

其二

莫定三分計,先求五等封。國中惟指馬,閫外盡從龍。朝事歸諸將,軍輸仰大農。淮南數州地,幕府但歌鐘。

三分計 《史記・淮陰侯傳》:「莫若兩利而俱存之,三分天下,鼎足而居。」 **指馬** 《史記・秦始皇紀》:「趙高持鹿獻於二世,曰:『馬也。』二世笑曰:『丞相誤邪?謂鹿為馬。』左右或默,或言馬以阿順趙高,或言鹿者,高遂陰中以法。」《明史・徐汧傳》:「安遠侯柳祚昌疏攻汧,謂:『陛下定鼎金陵,彼為討金陵檄,所云中原逐鹿,南國指馬是何語?』」 **從龍** 《明史・姦臣傳》:「十七年三月,京師陷,帝崩,南京諸大臣聞變,倉卒議立君。而福王由崧、潞王常淓俱避賊至淮安,倫序當屬福王。諸大臣慮福王立,或追怨妖書及挺擊、移宮等案;潞王立,則無後患,且可邀功。陰主之者,廢籍禮部侍郎錢某〔註6〕。力持其議者,兵部侍郎呂大器,而左都御史張慎言、詹事姜曰廣皆然之。前山東按察使僉事雷縯祚、禮部員外郎周鑣往來游說。時士英督師廬、鳳,獨以為不可,密與操江誠意伯劉孔昭,總兵高傑、劉澤清、黃得功、劉良佐等結,而公致書於參贊機務兵部尚書史可法,言倫序親賢,無如福王。可法意未決。

〔註 6〕某,《明史》卷三百〇八《姦臣傳》作「謙益」。

及廷臣集議，吏科給事中李沾探士英指，面折大器。士英亦自廬、鳳擁兵迎福王至江上，諸大臣乃不敢言。王之立，士英力也。」　**諸將**　《明史・史可法傳》：「分江北為四鎮：東平伯劉澤清轄淮海，駐淮北；總兵官高傑為興平伯，轄淮、泗，駐泗州；總兵官劉良佐為廣昌伯，轄鳳、壽，駐臨淮；靖南侯黃得功轄滁、和，駐廬州。」《明史・高傑傳》：「朝廷許諸將與聞國是。」　**仰大農**　《史記・景帝紀》：「改治粟內史為大農。」《漢書・食貨志》：「中國繕道饋糧，遠者三千，近者千餘里，皆仰給大農。」　**淮南**　《唐書・地理志》：「淮南道，蓋古揚州之域，分為州十二：揚州、楚州、滁州、和州、壽州、廬州、舒州、光州、蘄州、安州、黃州、申州。」　**幕府**　即指四鎮。

其三

北寺讒成獄，西園賄拜官。上書休討賊，進爵在迎鑾。相國爭開第，將軍罷築壇。空餘蘇武節，流涕向長安。

北寺　杜氏《通典》：「分宰相為南司，故稱南牙。寺官為北司，又稱北寺。」《明史・姦臣傳》：「馬士英身掌中樞，一無籌畫，日以鋤正人、引凶黨為務。時有狂僧大悲出語不類，為總督京營戎政趙之龍所捕。阮大鋮欲假以誅東林及素所不合者，因造十八羅漢、五十三參之目，書史可法、高弘圖、姜曰廣、黃道周等姓名，內大悲袖中，海內人望，無不備列，將窮治其事。獄詞詭秘，朝士皆自危，而士英不欲興大獄，乃當大悲妖言律斬而止。」　**西園**　《後漢書・靈帝紀》：「光和元年，初開西邸賣官，自關內侯、虎賁、羽林入錢各有差，私令左右賣公卿，公千萬，卿五百萬。」《注》：「《山陽公載記》：『於西園立庫以貯之。』」《明史・姦臣傳》：「時朝政濁亂，貨賄公行。大僚降賊者，賄入，輒復其官。諸白丁、隸役輸重賂，立躋大帥。諸人為語曰：『職方賤如狗，都督滿街走。』其刑賞倒置如此。」　**討賊**　《明史・史可法傳》：「時自成既走陝西，猶未滅，可法請頒討賊詔書，不報。」　**進爵**　程《箋》：「加翊戴恩馬士英太子太師，以下教人各陞賞，世蔭又加。南臨恩史可法少傅，士英少保，以下又特陞李沾都察院左都御史，張文光太常少卿，以二人定策功多也。」　**蘇武節**　注詳後。《明史・左懋第傳》：「崇禎十七年五月，福王立。時大清兵連破李自成，朝議遣使通好，而難其人。乃拜懋第兵部侍郎。北行，並命致祭帝后梓宮，訪東宮二王蹤跡。懋第瀕行，言：『臣此行，生死未卜。願以辭闕之身，効一言。願陛下以先帝仇恥為心，瞻高皇之弓劍，則思成祖列宗之陵寢何存；撫江上之殘黎，則念河北、山東之赤子誰恤。更望時時整頓士馬，必能渡河而戰，始能扼河而守；必能扼河而守，始能晝江而安。』眾韙其言。王令齎白金十萬兩、幣帛數萬匹，以兵三千人護行。十月朔，次張家灣。本朝傳令止許百人從行。懋第衰絰入都門，至則館之鴻臚寺。請祭告諸陵及改葬先帝，不可，則陳太牢於旅所，哭而奠之。即以是月二十有八日遣還出都。復自滄州追還，改館太醫院。順治二年六月，聞南京失守，慟哭。至閏月十二日，與從行兵部司務陳用極，游擊王一斌，都司張良佐、劉統、王廷佐俱以不降誅。」

其四

御刀周奉叔，應策阮佃夫。列戟當關怒，高軒哄道呼。監奴右衛率，小吏執金吾。匍匐車塵下，腰間玉鹿盧。

御刀 《南史・茹法珍傳》:「齊東昏時，左右應敕，捉刀之徒並專國命，人間謂之刀敕。權奪人主，都下為之語曰:『欲求貴職依刀敕，須得富豪事御刀。』」王應麟《玉海》:「古班劍之屬，晉、宋以來謂之御刀。」 **周奉叔** 《南史・周盤龍傳》:「子奉叔勇力絕人。為東宮直閣將軍，深見親寵。煽弄威權，無所忌憚。常翼單刀二十口，出入禁闥，既無別詔，門衛莫敢訶。就帝求千戶侯。明帝慮其不可復制，因其早入，引往後堂，執送廷尉盡之。」 **阮佃夫** 《南史・恩倖傳》:「阮佃夫，會稽諸暨人也。明帝初出閤，選為主衣，甚見信待。即位後，封建城縣侯。宅舍園池，諸王邸第莫及。僕從附隸，皆授顯職。廢帝立，權任轉重。與朱幼等陰謀廢立。帝知之，乃收佃夫於光祿外部賜死。」 **右衛率** 《〈漢書・百官公卿表〉注》:「衛率主門衛，秩千石。」《晉書・職官志》:「惠帝建康宮，初置中衛率。太始五年，分為左右，各領一軍。」 **執金吾** 注見卷四。 **車塵** 《晉書・潘岳傳》:「與石崇等諂事賈謐，每俟其出，輒望塵而拜。」 **玉鹿盧** 注見卷五。

其五

聞築新宮就，君王擁麗華。尚言虛內主，廣欲選良家。使者螭頭舫，才人豹尾車。可憐青冢月，已照白門花。

麗華 《陳書・張麗華傳》:「張麗華，兵家女也。以選入宮。甚被寵遇。至德二年，乃於光昭殿前起臨春、結綺、望仙三閣。後主自居臨春閣，張貴妃居結綺閣，龔、孔二貴嬪居望仙閣，俱複道交相往來。」 **內主** 《左傳・昭三年》:「齊侯使晏嬰請繼室於晉，韓宣子使叔向對曰:『若惠顧敝邑，撫有晉國，賜之內主。』」 **選良家** 注見卷四。程《箋》:「先是修興寧宮，建懋禧殿，大工繁費。又專以選淑女為急。應天府首選二名，不中。司禮監選六名，亦不中。特遣內監田壯圖往杭州選到陳氏、王氏、李氏三人，著於十五日進元暉殿，命戶、工部各委官一員採辦，中宮球冠、禮冠三萬兩，常冠一萬南。未及冊立，而弘光出走矣。」　**螭頭舫**　東坡《寒食湖上》詩：「映山黃帽螭頭舫。」　**豹尾車**　《晉書・輿服志》：「法駕屬車三十六乘。最後乘懸豹尾。」《宋史・輿服志》：「豹尾車，古者車上建豹尾。後制，最後車一乘垂豹尾。豹尾以前，即同禁中。唐貞觀後，始加此車於鹵簿內，制同黃鉞車，上載朱漆竿，首綴豹尾，右武衛隊正一人執之。駕兩馬，駕士十五人。」　**青冢**　注見卷四。　**白門**　《宋書・明帝紀》：「宣陽門，民間謂之白門。」《一統志》：「建康故城在上元縣南，正西曰西明門，一曰白門。」

其六

貴戚張公子，奄人王寶孫。入陪宣室宴，出典羽林屯。狗馬來西苑，俳優待北門。不時中旨召，著籍並承恩。

張公子　此首佞幸也。〇《漢書・五行志》：「成帝為微行出遊，常與富平侯張放俱，稱富平侯家人。遇河陽主作樂，見舞者趙飛燕而幸之。童謠曰：『燕燕尾涎涎，張公子，時相見。』」　**王寶孫**　《南史・恩倖傳》：「奄人王寶孫年十三四，號為倀子，最有寵，參預朝政，雖王咺之、蟲兒之徒亦下之。控制大臣，移易詔敕，乃至騎馬入殿，詆訶天子。公卿見之，莫不懾息。」程《箋》：「福邸舊奄田成、張執中者尤用事，馬、阮數以金帛結之。又有屈奄者與田、張二人迭秉筆。給事陸朗將外轉，費銀數千，得中旨留之。冢臣徐石麒質之內璫。璫云：『此已進御。』遂無敢言。」　**宣室宴**　《漢書・東方朔傳》：「上為竇太主置酒宣室，使謁者引內董君。朔曰：『不可。夫宣室者，先帝之正室也，非法度之政不得入焉。』」　**羽林**　注見卷四。　**狗馬**《後漢書・靈帝紀》：「又於西園弄狗，著進賢冠，帶綬。又駕四驢，帝躬自操轡。」　**著籍**　《史記・外戚傳》：「直入長樂宮。行詔門著引籍。」

其七

漫說黃龍府，須愁朱雀桁。三軍朝坐甲，十客夜傳觴。王氣矜天塹，邊書棄御床。江州陳戰艦，不肯下潯陽。

黃龍府　《宋史・岳飛傳》：「飛語其下曰：『直抵黃龍府，與諸君痛飲耳。』」注：府在遼東開元城下。　**朱雀桁**　注見卷二。　**坐甲**　《左傳・文十二年》：「裹糧坐甲，固敵是求。」趙汸《左傳補注》：「兵法有立陳、坐陳，見《尉繚子》。立陳，所以行也；坐陳，所以止也。《傳》曰『楚人坐其北門』，又曰『裹糧坐甲』，又云『王使甲坐於道』，又云『士皆坐列』。《司馬法》曰『徒以坐固』，《荀子》曰『庶士介而坐道』，皆坐陳也。杜預於桓十年注訓坐為守，蓋未通於古義。故備及之。」《南史．齊東昏侯紀》：「眾皆怠怨，不為致力。募兵出戰，至城門數十步，皆坐甲而歸。」　**十客**　《南史．陳後主紀》：「後主荒於酒色，常使張貴妃、孔貴嬪等八人夾坐，江總、孔範等十人預宴，號曰狎客。先令八婦人擘彩箋，製五言詩，十客一時繼和，遲則罰酒。君臣酣飲，從夕達旦，以此為常。」　**王氣**　《南史．陳後主紀》：「隋軍臨江，後主從容謂侍臣曰：『王氣在此，來者必自敗。』」　**天塹**　注見卷一。　**御床**　《南史．陳後主紀》：「賀若弼度京口，彼人密啟告急，叔寶為飲酒，遂不之省。高熲至日，猶見啟在床下，未開封。』」程《箋》：「史可法十餘疏告急，弘光以演劇不省。揚州既破，惟鄭鴻逵旅守京口。我兵編筏張燈向鎮江，而別由老鸛河渡，明晨盡抵南岸，鄭兵揚帆東遁。是日，士英猶有長江天塹之對。晝晦，大風猛雨。午夜集梨園入內，與諸內臣雜坐酣飲，二鼓出奔，而士英方命方國安等備。左夢庚於采石低佪，上游不以南都為念也。」　**江州**　《晉書．地理志》：「惠帝元康元年割揚州之豫章、鄱陽、廬陵、臨川、南康、建安、晉安，荊州之武昌、桂陽、安成，合十郡，因江水之名而置江州。」王應麟《地理通釋》：「漢九江郡本在江北，而今所謂江州者，實豫章郡之柴桑縣，後以江北之潯陽並柴桑而立郡，又自江北徙治江南，以故江南得有潯陽之名，後又因潯陽而改為江州，其實非古九江地也。」

其八

偏師過采石，突騎滿新林。已設牽羊禮，難為刑馬心。孤軍摧韋粲，百戰死王琳。極目蕪城遠，滄江暮雨深。

采石　樂史《寰宇記》：「牛渚山北謂之采石。案：《江源記》云：『商旅於此取石，至都輸造石渚，故名。』」《明一統志》：「太平府城北二十五里牛渚北臨江有磯曰采石。」　**新林**　《隋書．韓擒虎傳》：「擒虎率五百人宵濟，襲采石，守者皆醉，擒虎遂取之，進攻姑熟，半日而拔次於新林。」祝穆《方輿勝覽》：「新林浦去建康二十里。」　**牽羊**　《左傳．宣十二年》：「楚子圍鄭，鄭伯肉袒，牽羊以迎。」杜氏曰：「示服為臣僕。」《明史．諸王傳》：「五月辛卯，由崧走太平，趨得功軍。癸巳，至蕪湖。大兵奄至，中軍田雄挾由崧降。」　**刑馬**　《戰國策》：「齊孟嘗君舍人謂衛君曰：『臣聞齊、衛先君刑馬壓羊而盟。』」《晉書．郗鑒傳》：「設壇場，刑白馬，大誓三軍。」**韋粲**　《梁書．韋粲傳》：「韋粲，字長倩。叡之孫。聞侯景作亂，議推其外弟司州刺史柳仲禮為大都督。進軍新亭，粲自頓青塘。當石頭中路，遂帥所部水陸俱進。時昏霧，軍人失道，比及青塘，夜已過半，壘柵至曉未合。景攻破之。左右牽粲避賊，粲不動，遂遇害。」　**王琳**　《南史・王琳傳》：「王琳，字子珩。會稽山陰人。仕梁，累官湘州刺史。江陵亂後，奉永嘉王莊纂梁祚於郢州。陳文帝立，遣將攻之。戰敗，奉莊入齊。齊令赴壽陽召募。陳將吳明徹進兵圍之，晝夜攻擊，從七月至十月，城陷被執，百姓泣而從之。明徹恐其為變，殺之，哭者聲如雷。」《明史・黃得功傳》：「大清兵渡江，知福王奔，分兵襲太平。得功方收兵，屯蕪湖，福王潛入其軍。得功驚泣曰：『陛下死守京城，臣等猶可盡力，奈何聽奸人言，倉卒至此！且臣方對敵，安能扈駕？』王曰：『非卿無可仗者。』得功泣曰：『願効死。』得功前戰荻港時，傷臂幾墮。衣葛衣，以帛絡臂，佩刀坐小舟，督麾下八總兵結束，前進迎敵。而劉良佐已先歸命，大呼岸上招降。得功怒叱曰：『汝乃降乎！』忽飛矢至，中其喉偏左。得功知不可為，遂拔箭刺吭死。」　**蕪城**　樂史《寰宇記》：「蕪城即揚州城，古為邗溝城也。漢以後荒毀。宋文士鮑明遠為賦，即此。」案：蕪城乃史閣部督師處。程《箋》：「我兵攻揚州，史可法禦之，薄有斬獲。攻益急，請救，不報。開門出戰，我兵騰城人，可法死之。」

其九

櫌棘千夫聚，櫌應作櫌。**艨艟百里通。白衣搖急槳，青草伏彊弓。塢壁推嚴虎，江湖屬管崇。丹陽故鄣郡，山越土人風。**

櫌棘　賈誼《過秦論》：「鉏櫌棘矜。」服虔曰：「以鉏柄及棘作矛槿也。」如淳曰：「櫌，椎，塊椎也。」　**艨艟**　《吳志・周瑜傳》：「取艨艟鬬艦數十艘。」黃公紹《韻會》：「戰船狹而長者曰艨艦，以衝突敵船。」　**白衣**　《吳志・呂蒙傳》：「盡伏其精兵，使白衣搖櫓，作商賈人服，晝夜兼行，遂到南郡。」　**嚴虎**　《吳志・孫策傳》：「吳人嚴白虎等眾各萬餘人，處處屯聚。」《注》：「《吳錄》曰：『策自將討虎，虎高壘固守。』」　**管崇**　《隋書・劉元進傳》：「楊元策兵敗，吳郡朱燮、晉陵管崇亦舉兵，有眾七萬，共迎元進，奉以為主，據吳郡，稱天子，燮、崇俱為僕射，署置百官。帝命光祿大夫魚俱羅討之。元進西屯芋浦，以抗官軍。頻戰，互有勝負。元進退保曲阿，與朱燮、管崇合軍，眾至十萬。」　**丹陽**　《漢書・地理志》：「丹陽郡。」《注》：「故鄣郡，屬江都。武帝元封二年更名丹陽，屬揚州。」　**山越**　《吳志・陸遜傳》：「丹陽賊帥費棧受曹公印綬，扇動山越。」程《箋》：「江浙自鼎革後，群盜蜂起，流毒久之。」

其十

越絕山河在，征人尚錦袍。乘風竹箭利，狎浪水犀豪。怪石千灘險，疑城百里高。臨江諸將帥，委甲甬東逃。

越絕 《越絕書》：「問曰：何謂越絕？越者，國之氏也。絕者，絕也。謂句踐時也。」詳見卷十一。 **水犀** 《吳越春秋》：「今夫差衣水犀甲者三萬人。」 **疑城** 干寶《晉記》：「魏文帝之在廣陵，吳人大駭，乃臨江為疑城，自石頭城至於江乘，以木為楨，衣以葦席，加彩飭焉，一夕而成。」 **甬東** 《左傳‧哀二十二年》：「越滅吳，使吳王居甬東。」《一統志》：「翁山故城在定海縣東三十里翁山下，春秋時越之甬東也。」《欽定歷代通鑑輯要》：「南京繼破，兵部尚書張國維等迎魯王以海居紹興，號魯監國。順治三年，大兵克紹興，以海遁入海。六年，居舟山。八年，大兵襲舟山，以海復航海，鄭成功奉之居金門。」

贈徐子能

徐子聲名早，相聞盡故人。懶余交太晚，知我話偏真。道在應非病，詩成自不貧。休教嗟拊髀，才得保沉淪。

徐子能 《蘇州府志》：「徐增，字子能。吳江人。有《而菴集》。」 **非病** 《史記‧仲尼弟子傳》：「原憲曰：『學道而不能行者謂之病，若憲貧也，非病也。』」 **拊髀** 注見卷五。無名氏《徐子能集序》：「子能年甫壯而得末疾，須人以行。」〔註 7〕

其二

未卜林塘隱，還將野興消。鶴聲常入市，樹勢欲侵橋。老病人扶拜，狂吟客見招。知從甫里近，白首共逍遙。

甫里 徐崧《百成煙水》：「甫里在長洲縣東五十里。唐陸龜蒙嘗避地居此。」《甫里志》：「今崑山縣六直鎮。」

初春同王維夏郁計登夜坐奇懷室

長日誰教睡，夜深還擁書。一燈殘酒在，斜月暗窗虛。官退才須減，名高懶不除。梅花侵曉發，蚤得伴閒居。

王維夏 《欽定國朝詩別裁集》：「王昊，字維夏，太倉州人。鳳洲司寇之後。康

〔註 7〕按：《吳詩集覽》未標注此序作者。此序乃錢謙益所撰，見《牧齋初學集》卷三十二。

熙己未召試博學鴻辭，以年老授官正字回籍。」　郁計登　《鎮洋縣志》：「郁禾，字計登。邃於經學，多所著述。」　才盡　見卷四注。

新霽喜孫令修至同步後園探梅

偶來因客興，信步得吾園。雨足山低樹，花開日滿軒。掃林休石磴，斸藥遇泉源。絕壑人聲至，驚棲聽鳥喧。

孫令修　《蘇州府志》：「孫以敬，字令修。崇禎丁丑進士。甌寧知縣。」

送王子彥自注：王以孝廉不仕，後因事避吏，將入都。

失意獨焉往，自憐歸計非。無家忘別苦，多難愛書稀。白首投知己，青山負布衣。秋風秣陵道，惆悵素心違。

王子彥　注見卷七。

遇舊友

已過纔追問，相看是故人。亂離何處見，消息苦難真。拭眼驚魂定，銜杯笑語頻。移家就吾住，白首兩遺民。

偶值

偶值翻成訝，如君不易尋。出門因酒癖，謝客為書淫。久坐傾愁抱，高譚遇賞心。明朝風日暇，餘興約登臨。

書淫　《晉書・皇甫謐傳》：「謐耽翫典籍，忘寢與食，時人謂之書淫。」

座主李太虛師從燕都間道北歸尋以南昌兵變避亂廣陵賦呈八首

風雪間關路，江山故國天。還家蘇武節，浮海管寧船。妻子驚還在，交朋淚泫然。兩京消息斷，離別蚤經年。

座主　《摭言》：「進士為時所尚，俱捷謂之同年，有司謂之座主。」　李太虛　《江西通志》：「李明睿，南昌人。天啟二年進士。歷坊館，罷閒六七年，廷臣交薦，用宮允，起田間。順治初，為禮部侍郎，未幾以事去官。卒年八十有七。」《南昌郡乘》：「李明睿，字虛中，號太虛。」鈕琇《觚賸》：「江右李太虛為諸生時，嗜酒落拓，而家甚貧。太倉王司馬岵雲備兵九江，校士列郡，拔太虛第一。即遣使送至其家。時王氏二長子已受業同里吳蘊玉先生。蘊玉者，梅村先生父也。而太虛教其第四、五諸郎。梅村甫齠齡，亦隨課王氏塾中。李奇其文，卜為異日偉器。歲將闌，主家設具讌兩師，出所藏玉卮侑酒。李醉揮而碎之，王氏子面加誚讓，李亦盛氣不相下，遂拂衣去。吳知其不能行也，翌日早起，追於城闉，出館俸十金為贈。數載後，李以典試覆命過吳門。王氏子謁於舟次，李急詢吳先生近狀，時梅村已登賢書。辛未，梅村遂為太虛所薦，登南宮第一，及第第二人。」　**兵變**　《明史・揭重熙傳》：「金聲桓，總兵左良玉部將也，已降於大清，復乘間為亂，據南昌。」《江西通志》：「順治二年四月，英王追闖賊，至九江，左夢庚率所部三十六營來降。後營總兵金聲桓請於王，願收江省自効，許之。六月，聲桓入南昌。明年正月，據南昌反。」　**廣陵**　《漢書・地理志》：「廣陵國，景帝四年更名江都。武帝元狩三年，更名廣陵。」　**蘇武節**　《漢書・蘇武傳》：「匈奴徙武北海，上使牧羝，武杖漢節牧羊，臥起操持，節旄盡脫。以始元六年還京師。」　**浮海**　《魏志・管寧傳》：「天下大亂，寧聞公孫度令行海外，遂往依之。文帝即位，徵寧，遂將家屬浮海還郡。」《文集・李太虛壽序》：「流離嶮岨，浮海南還，家園烽火，禍亂再作，以其身漂泊於江山風月之間。」　**驚還在**　少陵《羌村》詩：「妻孥怪我在，驚定還拭淚。」

其二

白鹿藏書洞，青牛採藥翁。買山從五老，避世棄三公。舊德高詞苑，長編續史通。十年金馬夢，回首暮雲中。

白鹿　祝穆《方輿勝覽》：「白鹿書堂，唐李渤與兄涉俱隱於此，嘗養一白鹿，因名之。南唐昇元中，建學館，以李善道為洞主，掌其教授。《長編》云：『太平興國二年，知江州周述言廬山白鹿洞，學徒常數千百人，乞賜九經，使之肄習，詔國子給本，仍傳送之。』」案：《三輔決錄》：「辛繕，字公文。少治《春秋》、《詩》、《易》。隱居弘農華陰，弟子受業者六百餘人，所居旁有白鹿，甚馴不畏。」李渤蓋取此名之。　**青牛**　《明一統志》：「青牛谷在廬山五老峰下。世傳道士洪志乘青牛得道於此。」　**五老**　祝穆《方輿勝覽》：「五老峰在廬山。五峰相連，故名。」施宿曰：「《廬山記》：『棲賢東北有五老峰。廬山之勝，此為最焉。』」　**長編**　周必大《玉堂雜記》：「李仁父燾《續通鑑長編》。」　**史通**　《漢書・司馬遷傳》：「王莽求封遷後，為史通子。」應劭曰：「以遷世為史官，通於古今也。」李奇曰：「史通，國子爵也。」《文集・李太虛壽序》：「先生攟摭累朝故實，抄撮成書，凡百卷，欲以成一代之良史。」

其三

愛酒陶元亮，能詩宗少文。桃花忘世事，明月望湘君。山靜聞鼙鼓，江空見陣雲。不知時漢晉，誰起灌將軍。

灌將軍　《史記・魏其武安侯傳》：「灌將軍夫者，穎陰人也。」

其四

浩劫知難問，秋風天地哀。神宮一柱火，仙灶五丁雷。劍去龍沙改，鐘鳴鼉鼓來。可憐新戰骨，落日獨登臺。

一柱火　都穆《談纂》：「南昌鐵柱宮，許真人鎮蛟之所。鐵柱在水中，徑尺餘，水退可見。」歐陽公《六一居士集》：「大中祥符間，玉真宮為天火所災，惟留一柱。柱上有謝仙火字，倒書而刻之。」　**五丁雷**　昌黎《調張籍》詩：「仙官敕六丁，雷電下取將。」　**劍去**　雷次宗《豫章記》：「張華以斗牛間有紫氣，以問雷煥。煥言是寶物之精，在豫章豐城。遂以煥為豐城令。至縣，掘得龍泉、太阿二劍，留其一而進之。」餘見卷六。　**龍沙**　注見卷二。　**鐘鳴**　《一統志》：「緣德，字道濟。住廬山圓通寺。曹翰下江州，率部曲入寺，僧驚走，緣德獨端坐不起。翰怒曰：『獨不聞殺人不轉眼將軍乎？』緣德曰：『汝安知有不怕生死和尚？』翰曰：『眾僧何在？』答曰：『聞鐘則來。』翰擊鐘，而僧不集。緣德自起擊之，僧皆至，因謂曰：『公鳴鐘有殺心耳。』」

其五

彭蠡初無雁，潯陽近有書。干戈愁未定，骨肉苦離居。江渚宵傳柝，山城里出車。終難致李白，臥病在匡廬。

彭蠡　《書傳》：「彭蠡，澤名。」《史記・封禪書》：「浮江自尋陽出樅陽，過彭蠡。」《明史・地理志》：「南昌府東有翻陽湖，即彭蠡也。」樂史《寰宇記》：「彭蠡湖在德化縣東南，與都昌縣分界，週四百五十里。」　**潯陽書**　何景明《得獻吉江西書》詩：「近得潯陽江上書。」　**傳柝**　李義山《馬嵬》詩：「空聞虎旅傳宵柝。」　**里出車**　《周禮正義》：「鄭康成曰：『賦謂出車徒、給繇役也。』」《漢書・刑法志》：「一同百里，提封萬井，兵車百乘。一封三百一十六里，提封上萬井，兵車千乘。」　**匡廬**　《唐書・李白傳》：「安祿山反，轉側宿松、匡廬間。永王璘辟為府僚佐。璘起兵，逃還彭澤。璘敗當誅，郭子儀請解官以贖。有詔長流夜郎。會赦，還潯陽。」《南康軍圖經》：「白性喜名山，以廬阜水石佳處，遂往遊焉。至五老峰，曰：『天下之壯觀也。卜築於此，吾將老焉。』今峰下有書堂舊基。」楊慎《丹鉛錄》:「太白生於蜀之昌明縣青蓮鄉。昌明，今之彰明也。讀書於縣南之匡山，杜子美贈詩所謂『匡山讀書處，頭白好歸來』者，指此。今人往往以為匡廬，非也。太白非九江人，何得言歸來乎？」

其六

世路長為客，家園況苦兵。酒偏今夜醒，自注：新佞切。**笛豈去年聲。一病餘孤枕，千山送獨行。馬當風正緊，捩柁下湓城。**

馬當　《御覽》:「《九江記》曰：馬當山高八十丈，在古彭澤縣北一百二十里。其山橫枕大江，象馬形。回風急擊，波浪洶湧，舟船上下，多懷憂恐，山上立馬當廟以祀之。」　**湓城**　卷卷二注。

其七

莫問投何處，輕帆且別家。漫栽彭澤柳，好種廣陵瓜。飲興愁來減，詩懷老自誇。南徐山色近，題語報侯芭。

彭澤柳　《晉書．陶潛傳》:「為彭澤令，門種五柳。」　**廣陵瓜**　《吳志．步騭傳》:「騭避難江東，與廣陵衛旌同年相善，俱種瓜以自給。」　**南徐**　注見卷六。　**侯芭**　《漢書．揚雄傳》:「侯芭，鉅鹿人。嘗從雄居，受其《太玄》、《法言》。」

其八

海內論知己，天涯復幾人。關山思會面，戎馬涕沾巾。賓客侯嬴老，諸生原憲貧。相看同失路，握手話艱辛。

侯嬴老　《史記．信陵君傳》:「魏有隱士侯嬴，年七十，為大梁夷門監者。公子聞之，往請，厚遺之，不受。公子乃自迎侯生，引為上客。」　**原憲貧**　少陵《寄賈嚴兩閣老》詩:「弟子原憲貧。」

歲暮送穆大苑先往桐廬

客中貪過歲，又上富春船。燭影欹寒枕，江聲聽夜眠。石高孤岸迴，雪重半帆偏。明日停橈處，山城落木天。

桐廬　樂書《寰宇記》:「桐廬，漢為富春縣地。《耆舊傳》云桐溪側有大椅桐樹，垂條遠蓋，蔭數畝，遠望如廬，遂謂為桐廬縣也。」《一統志》:「桐廬縣在嚴州府東北九十五里。」案：丁亥進士張工治桐廬縣，苑先客其署。　**富春**　注見卷一。

其二

臥病纔回棹，征軺此再遊。亂山穿鳥道，匹馬向嚴州。遠水浮沙嶼，高楓入郡樓。知君風雨夜，落葉起鄉愁。

再遊 《文集·穆苑先墓誌》：「敉庵官睦之桐廬令，君為之上嚴灘者三。」 **嚴州** 《明一統志》：「嚴州，秦屬會稽丹陽，唐曰睦州，宋曰嚴州。」

其三

到日欣逢節，招尋有故人。官廚消絳蠟，客舍煖烏薪。鎖印槐廳靜，班春柏酒新。翩翩杜書記，瀟灑得閒身。

烏薪 長洲汪元亮曰：「陸放翁詩：『誰與幽人煖直身，筠籃銜雪送烏薪。』」〔註 8〕 **鎖印** 《唐書·職官志》：「率以歲終為斷，天下諸州則本司推校，以授勾官連署封印。」 **班春** 《後漢書·崔篆傳》：「篆為建新大尹。三年不行縣。門下掾諫，乃強起班春。」放翁《寄張真父舍人》詩：「五馬曉班春。」 **柏酒** 應劭《漢官儀》：「元旦以柏葉酒上壽。」 **杜書記** 丁用晦《芝田錄》：「牛僧孺鎮維揚，辟杜牧為書記。」杜審言《贈蘇綰》詩：「知君書記本翩翩。」 **瀟灑** 范仲淹詩：「瀟灑桐廬縣。」

其四

知爾貪乘興，衝寒蠟屐忙。鶴翻松磴雪，猿守栗林霜。官醞移山榼，仙棊響石房。嚴光如可作，故態客星狂。

仙棊 《明一統志》：「仙棊石在桐廬縣北二十五里，相傳昔有郭先生者隱此，每驅虎負箬葉出於杭市，鬻錢以周貧者。既歸，則與仙侶弈棊於此。」 **故態** 《後漢書·嚴光傳》：「司徒侯霸與光素舊，遣使奉書。霸得書，封奏之。帝笑曰：『狂奴故態也。』」

曉發

曉發桐廬縣，蒼山插霧中。江村荒店月，野戍凍旗風。衣為裝綿暖，顏因被酒紅。日高騎馬滑，愁殺白頭翁。

客路

客路驚心裏，棲遲苦未能。龍移對江塔，雷出定龕僧。自注：武林近事。林黑人譚虎，臺荒吏按鷹。清波門外宿，潮落過西興。

〔註 8〕按：《吳詩集覽》作：「范致能詩：『誰與幽人煖直身，筠籠銜雪送烏薪。』」此詩句原出范成大《雪中送炭與龔養正》。此處作陸游詩，誤。

清波門 《一統志》:「杭州府城門十四，南曰清波。」 **西興** 注見卷五。

贈劉虛受

中歲交朋盡，新知得此翁。道因山水合，詩向病愁工。悟物談功進，亡情耳識空。自注：重聽。**真長今第一，兄弟擅宗風。**

劉虛受 劉錫，名虛受，吳縣人。 **談進** 詳下注。 **耳識** 《內典》:「眼識界、耳識界、鼻識界、舌識界、身識界、意識界，謂之六識。」梁武帝《淨業賦》:「觀耳識之愛聽，亦如飛鳥之歸林。」 **第一** 《晉書・劉惔傳》:「劉惔，字真長。桓溫嘗問惔：『會稽王談更進邪？』惔曰：『極進，然故第二流耳。』溫曰：『第一復誰？』惔曰：『故是我輩。』」

其二

識面已頭白，論心惟草玄。孝標三世史，摩詰一門禪。獨宿高齋晚，微吟細雨天。把君詩在手，相慕十年前。

三世史 《梁書・劉峻傳》:「劉峻，字孝標。」《南史・劉峻傳・贊》:「懷珍宗族，文質斌斌。自宋至梁，時移三代。」**一門禪** 《唐書・王維傳》:「王維，字摩詰。與弟縉俱奉佛。」 **把君詩** 少陵《贈別鄭鍊赴襄陽》詩：「把君詩過日。」

苦雨

亂煙孤望裏，雨色到諸峰。野漲餘寒樹，江昏失暝鐘。夜深溪碓近，人語釣船逢。愁聽惟支枕，艱難愧老農。

海溢《南史・梁武帝紀》:「普通元年秋七月己卯，江淮海並溢。」

積氣知難極，驚濤天地奔。龍魚居廢縣，人鬼語荒村。異國帆檣落，新沙島嶼存。橫流如可救，滄海漢東門。

海 徐崧《百城煙水》:「海在太倉州城東七十里劉家港，南環七鴉浦百餘里，東北至崇明縣二百六十里。」 **異國** 徐崧《百城煙水》:「太倉州城東為大海，俗謂之海泙，外通琉球、日本等國，故太倉南關謂之六國馬頭。」 **新沙** 張大純《采風類記》:「海中沙場片段，棊布星列，今皆開荒作田，統於太倉。」《穀梁傳序》:「孔子覩滄海之橫流。」《晉書・王尼傳》:「嘗歎曰：滄海橫流，處處不安也。」

閬園詩並序

閬園者，李太虛先生所創別墅也。廣廈層軒，迴廊曲榭。門外有修陂百頃，堂前列灌木千章。採文石於西山，導清流於南浦。綠藻被沼，紫柰當窗。芳枳樹籬，修藤作架。白鶴文鵰，飛翔廣囿；駕鵝黃鵠，游泳清池。豈止都蔗為鄉，素馨成幄已哉！況經傳惠遠，廚藏金粟之儀；山近麻姑，壇擬玉臺之觀。果名羅漢，花號佛桑。紺室聞鐘，丹泉洗藥。茲為靈境，夫豈塵區。而吾師偃仰茂林，從容長薄。千里致程鄉之酒，十年探禹穴之書。叔夜銅鎗，可容一斗；茂先寶劍，足值千金。焚香而明月滿簾，鬥茗而清風入座。張華燈而度曲，指孤嶼以題詩。若將終焉，洵可樂也。不謂平原鹿走，一柱蛟飛。始也子魚已下虞翻之說，既而孝頃遽來周迪之軍。浪激亭湖，兵焚樵舍。馬矢積桓伊之墓，鼓聲震徐孺之臺。將仙人之藥臼車箱，俱移天上；豈帝子之珠簾畫棟，尚出人間。雲卿棄藥圃而不歸，少陵辭瀼溪而又往。放舟采石，浪跡雷塘。愛子則痛甚元規，故園則情同王粲。望匡山而不見，指章水以為言。嘿嘿依人，傷心而已。於是嵇生授簡，趙子抽毫。重邀大別之雲，再續小園之賦。庶幾峰連北固，不異香爐；潮上邗溝，居然湓口。心乎慰矣，歎也何如。偉業幸遇龍門，曾隨兔苑。自灌園於海畔，將負笈於山中。顧茲三逕之荒，已近十年之別。願依杖屨，共肆登臨。弟子舁陶令之輿，興思彭澤；故吏逐謝公之屐，寄念東山。爰託五言，因成十律。華林園追陪之宴，而今渺然；浣花潭話舊之遊，於茲在矣。

西山　《一統志》：「西山在南昌府城西章江門外三十里，即散原山也，或作厭原山，道家以為第十二洞天。」　**南浦**　《一統志》：「南浦在南昌府西南廣潤門外，往來艤舟之所，章江至此分流。舊有南浦亭。」　**都蔗**　方氏《通雅》：「甘蔗亦曰諸蔗，一曰都蔗。」　**素馨**　陸賈《南中行記》：「南中百花，惟素馨香特酷烈，彼中女子以綵絲穿花心，繞髻為飾。」王康宇《群芳譜》：「素馨，一名那悉茗花，一名野悉蜜花。須屏架扶起，不克自豎。」　**惠遠**　《蓮社高賢傳》：「慧遠，雁門樓煩賈氏子。見廬山開曠，可以息心，乃立精舍。及佛陀羅至，師即請出禪教諸經，於是禪門戒典出自廬山，幾至百卷。」　**金粟**　計有功《唐詩紀事》：「佛家有金粟影如來。」王中《頭陀寺碑》：「金粟來儀，文殊戾止。」　**麻姑**　顏真卿《麻姑仙壇記》：「按圖經，南城縣有麻姑山，頂有壇，相傳云麻姑於此得道。」《江西通志》：「麻姑山在建昌府城西南十里。」　**玉臺觀**　注見卷一。　**羅漢果**　南豐劉炆曰：「朱子《羅漢果》詩：『若遣山僧煮羅漢，未妨分我一杯湯。』」 **佛桑花** 段成式《酉陽雜俎》:「閩中多佛桑樹，枝葉如桑，惟條上勾，花房如桐花，含長一寸餘，似重臺狀。」《余皇日錄》:「佛桑出閩廣，枝葉類江南槿樹，花類中州芍藥而種柔過之，有深紅、淺紅數種，翦插於土即活。」 **長薄** 《楚辭·招魂》:「路貫廬兮左長薄。」王摩詰《歸嵩山》詩:「清川帶長薄。」 **程鄉酒** 《南史·劉杳傳》:「任昉曰:『酒有千日醉，當是虛言。』杳曰:『桂陽程鄉有千里酒，飲之至家而醒。』」酈道元《水經注》:「耒水出桂陽郴縣南山。縣有淥水，生縣東侯公山西，北流而南屈，注於耒，謂之程鄉溪。郡置酒官，醞於山下，謂之程鄉酒。」 **禹穴書** 見卷三注。 **鎗** 《齊書·何尚之傳》:「何點在法輪寺，竟陵王子良遺點嵇叔夜酒杯、徐景山酒鎗以通意。」竇蘋《酒譜》:「自晉以來，酒器多雲鎗，故《南史》有銀酒鎗。鎗或作鐺，本溫酒器」 **茂先劍** 注見卷六。 **直千金** 郭子章《劍記》:「漢昭帝時，茂陵人獻一寶劍，銘曰：直千金，壽萬歲。」 **鹿走** 注詳卷十二。 **一柱** 注見前。 **虞翻說** 《〈吳志·虞翻傳〉注》:「《江表傳》曰:『策討黃祖，旋軍，欲過取豫章，特請翻，語曰：華子魚自有名字，然非吾敵也。加聞其戰具甚少，若不開門讓城，金鼓一震，不得無所傷害，卿便在前，具宣孤意。翻即奉命見歆，謂歆曰：君自料名聲之在海內，孰與鄙郡故主？歆曰：不及也。翻曰：豫章資糧多少？器仗精否？士民勇果孰與鄙郡？又曰：不如也。翻曰：討逆將軍智略超世，用兵如神，前走劉揚州，君所親見，南定鄙郡，亦君所聞也。今欲守孤城，自料資糧，已知不足，不早為計，悔無及也。今大軍已次椒丘，僕便還去，明日日中迎檄不到者，與君辭矣。歆明旦出城，遣吏迎策。』」《江西通志》:「金聲桓據南昌反。先是萬元吉嘗以書招聲桓，聲桓頗心動，陽繫致書者於獄，夜半釋縛，勞問元吉起居，遣之。及大兵破贛，元吉死，聲桓內不自安，遂反。」 **周迪軍** 《南史·周文育傳》:「廣州刺史蕭勃舉兵踰嶺，詔文育率眾軍討之。時新吳洞主余孝頃舉兵應勃，出豫章，據於石頭。文育使人間行，遺周迪書，約為兄弟，並陳利害。迪得書甚喜，率眾討孝頃。」《豫章書》:「新吳洞主余孝頃屯二萬軍於工塘，連八城，以逼迪。迪懼，請和。不許。樹柵圍之。高州刺史黃法𣰰、寧州刺史周敷合兵救迪，敷自臨川故郡斷江口分兵攻孝頃別城，孝頃棄舟引兵步走，迪追擊擒之，送於建康。」 **亭湖** 《荊州記》:「宮亭湖即彭蠡湖也，一名匯澤。」樂史《寰宇記》:「湖在洪州北，水路三百四十三里。湖西有宮亭神，能分風擘流，上下皆得舉帆。」《一統志》:「鄱陽湖，一名宮亭湖。」 **樵舍** 《一統志》:「樵舍鎮在新建縣西北六十里。」 **桓伊墓** 慎蒙《名勝志》:「江州刺史桓伊墓在城南六里蔡家坊。」《明一統志》:「桓伊墓在南昌府城南門外。」 **徐孺臺** 《水經注》:「贛水北歷南塘，塘之東有徐孺子宅。」《南昌府志》:「徐孺子祠在東湖南小洲上，即孺子宅故址，又名高士亭。」 **藥臼車箱** 《太平廣記》:「許真君，名遜，字敬之。以東晉孝武帝太康二年八月一日於洪州西山，舉家四十二口拔宅上昇而去，惟有石函藥臼各一所，車轂一具，與真君所御錦帳，復自云中墮放〔註9〕故宅。」 **珠簾畫棟** 王勃《滕王閣》詩:「畫棟朝飛南浦雲，珠簾暮捲西山雨。」 **雲卿** 《宋史·隱逸傳》:「蘇雲卿，廣漢人。少與張浚為布衣交。靖康之亂，避地豫章東湖，治圃織屨。濬為相，馳書聘之，遂遁去，莫知所之。」 **瀼溪** 注見卷四。 **采石** 注見前。 **雷塘** 《漢書·江都王傳》:「雷陂即雷塘也。」樂史《寰宇記》:「雷塘，隋煬帝葬處。」吳綺《揚州鼓吹詞序》:「雷塘在城北十五里。」《文集·李太虛壽序》:「先生僑寓維揚。」 **痛甚元規** 《晉書·庾亮傳》:「庾亮，字元規。長子彬。年數歲，雅量過人。蘇峻之亂遇害。」《世說·傷逝》篇:「庾亮兒蘇峻之難遇害，諸葛道明女為庾兒婦，既寡，將改適。與亮書及之，亮答曰:『賢女尚少，固其宜也。感念亡兒，若在初沒。』」 **故園** 王粲《登樓賦》:「雖信美而非吾土兮，曾何足以少留。」 **匡山** 注見卷一。 **章水** 詳卷十注。 **嵇生** 王晫《今世說》:「嵇叔子為李太虛作《閬園賦》數千言，編珠貫玉，地負海涵。」案:嵇叔子名宗孟。詳卷十二注。 **趙子** 未詳。 **大別** 注見卷三。《文集·李太虛壽序》:「先生曾掄文於楚。」 **小園** 倪璠《庾子山集注》:「子山以鄉關之思，發為哀怨之辭，作《小園賦》。」 **北固** 注見卷六。 **香爐** 慧遠《廬山記》:「東南有香爐山，孤峰秀起，遊氣籠其上，則氤氳若香煙。」樂史《寰宇記》:「香爐峰在山西北，其峰尖圓，煙雲聚散，如博山香爐之狀。」 **邗溝** 《明史·地理志》:「江都東有官河，即古邗溝，今運河也。」樂史《寰宇記》:「昔吳王夫差北霸中原，自廣陵城東南築邗城，下掘深溝，謂之邗江，亦曰邗溝。」 **溢浦** 注見卷二。 **龍門** 《後漢書·李膺傳》:「士有被其容接者，謂之登龍門。」 **兔苑** 葛洪《西京雜記》:「梁孝王築兔苑，接引文士。」朱超道詩:「曳裾出兔苑。」 **陶令輿** 注見卷五。 **東山** 《明一統志》:「東山在應天府東南三十里，一名土山。晉謝安舊隱會稽之東山，築此擬之。嘗著屐以遊，與從子玄圍棊，至夜乃還。」 **華林園** 梁簡文帝《與廣信侯書》:「每憶華林勝集，亦叨末位。」 **浣花潭** 樂史《寰宇記》:「杜甫宅在成都西郭外，地屬犀浦，接浣花溪，地名百花潭。」

先生家住處，門泊九江船。彭蠡春來水，匡廬雨後天。芰荷香石浦，粳稻熟湖田。獨坐憑闌久，虛堂且晏眠。

九江 《十道四番志》:「江自鄂陵分派為九，於此合流，謂之九江口。」皇甫冉《送李錄事赴饒州》詩:「江至潯陽九派分。」

〔註9〕「放」，《太平廣記》卷十四作「於」。

其二

有客扶藜過，空山猿鳥知。苔侵蘿徑屐，松覆石床碁。楚米炊菰早，吳羹斫鱠遲。柴門相送罷，重定牡丹期。

菰 《禮記疏》:「以苽米為飯。苽亦作菰。」葛洪《西京雜記》:「米之有菰者，長安人謂為雕胡。」 **斫鱠** 注見卷二。 **牡丹期** 白樂天《代書》詩:「唐昌玉蕊會，崇敬牡丹期。」

其三

性僻耽書畫，蹉跎遍兩京。提攜詩卷重，笑傲客囊輕。小閣尊彝古，高人池館清。平生無長物，端不負虛名。

長物 注見卷三。

其四

興極歌還哭，狂來醉復醒。床頭傾小榼，壁後臥長瓶。月出呼漁艇，花開置幔亭。門前流水急，數點暮山青。

幔亭 《武夷山志》:「武夷君於八月十五日山上置幔亭，化虹橋，通上下，大會鄉人宴飲。」

其五

絕壑非人境，丹砂廢井留。移家依鶴砦，穿水遇龍湫。白石心長在，黃金藥可求。何時棄妻子，還伴葛洪遊。

丹砂井 《西江志》:「彭真人丹井在南昌府城西宗華觀。南宋宣和中濬井，得石匣，內有小金合，貯二丹。」 **砦** 黃公紹《韻會》:「山居以木柵作砦。或作柴。」 **白石** 葛洪《神仙傳》:「白石先生者，中黃丈人弟子也。常煮白石為糧。」 **黃金** 《史記·封禪書》:「黃金可求，不死之藥可得。」 **葛洪** 《晉書·葛洪傳》:「葛洪，字稚川。究覽典籍，尤好神仙導養之法。從祖葛仙公，吳時學道得仙，以其煉丹秘術授弟子鄭隱。洪就隱學焉。自號抱朴子。」《明一統志》:「南昌有葛仙山。按:《豫章志》:『仙本楚人，漢末隱此。或云即葛洪也。山有煉丹臺，臺之左有葛仙菴。』」

其六

我愛東林好，還家學戴顒。經臺憑怪石，麈尾折青松。書卷維摩論，溪山曹洞宗。欲修居士服，持偈問黃龍。

東林　《廬山記》:「東林寺者，晉沙門慧遠之道場也。初，慧遠自樓煩至廬山，結廬以居，曰龍泉精舍。其後刺史桓伊為之請立寺，曰東林。」　**戴顒**　《南史・隱逸傳》:「戴顒，字仲若。屢徵不起。衡陽王義季鎮京口，長史張邵與顒姻通，迎止黃鵠山，山有竹林精舍，林澗甚美。義季亟從之遊，顒服其野服，不改常度。」　**麈尾**　《南史・張機傳》:「後王常幸鍾山開善寺，召從臣坐於寺西南松林下，勑機豎義。時索麈尾未至，後主勑取松枝，手以屬機，曰:『可代麈尾。』」　**維摩**　《翻譯名義》:「維摩羅詰，秦言淨名。」　**曹洞宗**　《景德傳燈錄》:「臨濟宗、溈仰宗、曹洞宗、雲門宗、法眼宗，是謂五宗。」　**居士服**　《南史・虞寄傳》:「寄為居士服，常居東山寺。」陶宗儀《輟耕錄》:「《禮記・玉藻》:『居士錦帶。』《注》:『居士，道藝處士也。』」　**黃龍**　《一統志》:「五代超慧，字誨機。住寧州黃龍寺。初遊嶽麓，遇一僧曰:『東北行，遇洪即止，逢龍可住。』及至黃龍山，有雙峰菴，焉〔註10〕和尚以法付之而去，後禪侶雲集，黃龍一派徧天下。」

其七

倦策登臨減，名山坐臥圖。避人來栗里，投老乞菱湖。舊業存榆柳，新齋待竹梧。亂離知又至，安穩故園無。

坐臥圖　見卷一注。　**栗里**　樂史《寰宇記》:「栗里原在廬山南當澗，有陶公醉石。」《廬山記》:「栗里者，陶淵明先生所居之故里也。其地在虎牙崖之下。」　**乞湖**　《唐書・隱逸傳》:「賀知章，天寶初請為道士，還鄉里，詔許之。又求周宮湖數頃為放生池，有詔賜鏡湖剡川一曲。」東坡《次韻子由使契丹至涿州見寄》詩:「欲問君王乞鏡湖。」

其八

陶令休官去，迎門笑語忙。那知三徑菊，卻怕九秋霜。十具牛誰種，千頭橘未荒。可憐思愛子，付託在滄浪。

十具牛　《晉書・苻堅載記》:「東海公陽與王猛子皮謀反，事泄，堅問反狀。皮曰:『臣父有佐命之勳，而臣不免凍餒，所以圖富也。』堅讓皮曰:『丞相臨終，託卿以十具牛為田，不聞為卿求位。知子莫若父，何斯言之征也。』」《金史・食貨志》:「每耒牛三頭為一具。」「苻堅讓王猛子散騎侍郎皮曰:『丞相臨終託卿以十具牛為田。』」　**千頭橘**　注見前。

〔註10〕「焉」,《吳詩集覽》作「馬」。

其九

青史吾徒事，先朝忝從臣。十年搜典冊，萬卷鎖松筠。好友須分局，奇書肯借人。劫灰心力盡，牢落感風塵。

分局　《後漢書．馬融傳》：「曹伍相保，各有分局。」

其十

早買淮陰棹，仍登江上樓。曉來看北固，何處似南州。王謝池臺盡，齊梁寢樹秋。天涯憂國淚，豈為故鄉流。

淮陰　酈道元《水經注》：「淮水又北經淮陰故城。」許氏《說文》：「在水之南曰陰也。」樂史《寰宇記》：「淮陰本漢故縣，在楚州城西五十里。宋於此置北兗州。隋重置淮陰縣。」

課女

漸長憐渠易，將衰覺子難。晚來燈下立，攜就月中看。弱喜從師慧，貧疑失母寒。亦知談往事，生日在長安。

失母寒　劉向《說苑》：「閔子騫兄弟二人，母死，其父更娶，復有三子。子騫為父御車，失轡，父持其手，衣甚單。父歸，呼其後母兒，持其手，衣甚厚溫。謂其婦曰：『去無留。』子騫前曰：『母在，一子單。母去，四子寒。』」

嘉湖訪同年霍魯齋觀察

官舍鶯聲裏，旌旗拂柳堤。湖開山勢斷，塔迴樹痕齊。世路催青鬢，春風到紫泥。還看鮑司隸，驄馬灞橋西。

霍魯齋　《陝西通志》：「霍達，字魯齋。崇禎辛未進士。歷官至尚書。」《浙江通志》：「分巡嘉湖道霍達，陝西人。順治八年任。」　**紫泥**　注見卷七。　**鮑司隸**　《後漢書．鮑宣傳》：「子永、孫昱，俱為司隸，皆乘驄馬。長安歌曰：鮑氏驄三人，司隸再入公。」〔註 11〕　**灞橋**　《三輔黃圖》：「灞橋在長安東，跨木作橋，漢人送客至此，折柳贈別。」

〔註 11〕按：《後漢書》未見此語。《北堂書鈔》卷六十一：「《列異記》云：『鮑宣子永、孫昱俱為司隸，乘驄馬，京師歌之曰：鮑氏驄三人，司隸再入公。馬雖瘦，行步工。』」

其二

蹤跡知何處，溪山興不孤。閒亭供鳥雀，仙吏得尊鱸。紅荔涪江樹，青楓笠澤圖。須教趙承旨，煙雨補南湖。

涪江荔　注見卷七。　**趙承旨**　夏士良《圖繪寶鑑》：「趙孟頫，字子昂，號松雪，宋宗室。居吳興。官翰林學士承旨。畫法晉唐，頗入神妙。」　**南湖**　注見卷四。

其三

門外銀塘滿，鷗飛入晚衙。公田若下酒，鄉夢杜陵花。水碓筒輸紙，溪船簍貢茶。看雲堪拄笏，幕客莫思家。

若下酒《吳興記》：「湖州吳興縣箬溪南岸曰上箬，北岸曰下箬。其水釀酒尤佳，亦名上若下若。」《十道四番志》：「村人取若下水以釀酒醇美，謂之若下酒。」　**杜陵花**　注見卷四。　**拄笏**　東坡《次韻胡完夫》詩：「朝來拄笏看西山。」餘見卷五。

其四

羽蓋菰城道，春風行部勞。長公山郡簡，小杜水嬉豪。簫鼓催征騎，琴書壓畫舠。獨憐憔悴客，剪燭話同袍。

菰城《明一統志》：「菰城在湖州府城南二十里，楚春申君黃歇立菰城，起樓閣，連延十里。秦並楚，改置烏程縣。」　**行部**　王幼學《綱目集覽》：「行部，巡視部屬也。行，下孟反。」　**長公**《宋史・蘇軾傳》：「元豐中徙知湖州，三月而去，郡人懷之。」　**水嬉**　張君房《麗情集》：「杜牧遊湖州，刺史崔君素悉致諸妓，牧視之，殊不愜意，曰：『願得張水嬉，使州人畢觀，某當閒行寓目，冀或有閱。』刺史如言。至日，兩岸觀者如堵，竟無所得。忽有老嫗引垂髫女子，年十餘歲，牧熟視曰：『此真國色也。』」徐獻忠《吳興掌故集》：「清明日挾彩舟於溪上為競渡之戲，謂宜田蠶。」《荊楚歲時記》以五月五日，吳興止是寒食為此者。崔元亮為牧之張水嬉即此。」

贈郡守李秀州隆吉

偶值溪山勝，相逢太守賢。邀人看水閣，載酒上菱船。鶴料居官俸，魚租宴客錢。今朝風日好，春草五湖煙。

李秀州《嘉興府志》：「知府李國棟，錦州人。順治六年任。」王溥《五代會要》：「江南道秀州，晉天福三年，兩浙錢元瓘奏以杭州嘉興縣置州。」《明一統志》：「嘉興府，吳曰嘉禾，五代曰秀州。」　**鶴料**　張邦基《墨莊漫錄》：「皮日休《新秋即事》詩云：酒坊吏到常先見，鶴俸符來每探支。鶴俸之說，曾丈彥和有《西齋自遣》詩云：

『寧羨一囊供鶴料』，注云：唐幕府官俸謂之俸料。彥和用事，必有所據。」 **魚租** 《元史・余闕傳》：「令民取湖魚而輸魚租。」元微之《酬樂天東南行》詩：「短簷苫稻草，微俸封魚租。」

野望

京江流自急，客思竟何依。白骨新開壘，青山幾合圍。危樓帆雨過，孤塔陣雲歸。日暮悲笳起，寒鴉漠漠飛。

其二

衰病重聞亂，憂危往事空。殘村秋水外，新鬼月明中。樹出千帆霧，江橫一笛風。誰將數年淚，高處哭塗窮。

送張學博孺高之官江北

薄宦非傍郡，孤舟幾日程。詩傳沛子弟，禮問魯諸生。水冽官廚釀，城荒射圃耕。北來車馬道，猶喜簡逢迎。

張孺高 《復社姓氏》：「張誼，字孺高，蘇州人。」《蘇州府志》：「張誼，順治七年府學歲貢生。由如皋訓導陞贛榆教諭。」 **沛子弟** 《史記・高祖紀》：「於是少年豪吏如蕭、曹、樊噲等皆為收沛子弟二三千人。」 **魯諸生** 注見卷四。 **逢迎** 《〈漢書・段會宗傳〉注》：「師古曰：『迎之於道，隨所到而逢之，故曰逢迎也。』」

冬霽

煙盡生寒日，山雲不入城。船移隔縣雪，屋繞半江晴。照眼庭花動，開顏社酒清。渚田飛雁下，近喜有人耕。

松化石自注：金陵任白受所藏。

高士無凡好，常思買一峰。如何三徑石，卻本六朝松。老筆應難畫，名山不易逢。穀城相遇處，肯復受秦封。

松化石 王康宇《群芳譜》：「松化石，松理而石質。」杜綰《雲林石譜》：「婺州永寧縣松林，一夕大風雨，忽化為石，悉皆斷絕。大者二三尺，尚存松脂脈紋，土人運而為坐具。至有小如拳者，亦堪置几案間。」 **六朝松** 王士禛《六朝松石記》：「金陵園林亭榭相望也。六朝園泉古，在瓦官寺東北，其得名以松石。」 **穀城** 《漢書・張良傳》：「良始所見下邳老人與書者，後十三歲從高帝過濟北，果得穀城山下黃石，取而寶祠之。」　**秦封**　應劭《漢官儀》:「秦始皇上封泰山，風雨暴至，休於松下，因封其松為五大夫。」許觀《東觀紀事》:「五大夫蓋秦爵之第九級，如曹參賜爵七大夫，遷爵五大夫是也。後人不解，遂謂松之封大夫者五，故唐人松詩有『不羨五株封』之句，蓋循襲不考之故。」

嘲張南垣老遇雛妓

莫笑韋郎老，還堪弄玉簫。醉來惟捫腹，興極在垂髫。白石供高枕，青樽出細腰。可憐風雨夜，折取最長條。

張南垣　《文集·張南垣傳》:「南垣名漣，華亭人，徙秀州，又為秀州人。少學畫，好寫人像，兼通山水。以其意壘石，故他藝不甚著，其壘石最工，他人莫之及。」　**玉簫**　范攄《雲谿友議》:「四川節度使韋皋少游江夏，止於姜使君之館，有小青衣曰玉簫，常令祇侍。後稍長，因而有情。時韋得季父書，歸覲，遂與言約，少則五載，多則七年取玉簫。至八年春，玉簫遂絕食而殞。後韋鎮蜀，聞之，廣修經緣，以報夙心。有祖山人者，有少翁之術，令齋戒七日，清夜玉簫乃至，謝曰:『承僕射寫經造像之力，旬日便當託生，卻後十三年，再為侍妾，以謝鴻恩。』後韋以隴右之功，鎮蜀不替，東川盧八座送一歌姬，未當破瓜之年，亦以玉簫為號。視之，乃真姜氏之玉簫也。」　**捫腹**　用東坡事。　**垂髫**　計有功《唐詩紀事》:「杜牧遊湖州，閱奇麗，得垂髫者，十餘歲，曰:『此國色也。』」

破山興福寺僧鶴如五十

《一統志》:「興福寺在常熟縣破山。齊郴州刺史，倪德光捨宅為寺。亦名破山禪院。」

聽法穿雲過，傳經泛海來。花深山徑遠，石破講堂開。潭出高人影，泉流古佛苔。長留千歲鶴，聲繞讀書臺。

破山興福寺　盧鎮《琴川志》:「循虞山而北過寶慈寺六里，西北入破山興福寺，寺多古蹟。破山亦虞之別山，因白龍鬬衡山而去，故曰破山。」張大純《采風類記》:「寺在虞山北嶺下，齊始興五年邑人郴州刺史倪德光捨宅建。唐咸通九年，賜額破山興福寺。」　**花深**　常建《破山寺後禪院》詩:「曲徑通幽處，禪房花木深。」　**讀書臺**　《一統志》:「讀書臺在常熟縣治西。相傳梁昭明太子讀書於此。」

園居

傍城營小築，近水插疏籬。岸曲花藏釣，窗高鶴聽棋。移床穿磴遠，喚茗隔溪遲。自領幽居趣，無人到此知。」

梅村詩集箋注　卷第九

長洲吳翌鳳撰　滄浪吟榭校定本

五言律詩

高郵道中

野宿菰蒲晚，荒陂積雨痕。湖長城入岸，塔動樹浮村。漁出沙成路，僧歸月在門。牽船上瓜埭，吹火映籬根。

高郵　《漢書·地理志》:「廣陵國高郵。」祝穆《方輿勝覽》:「郡志：高郵一名秦郵，秦因高郵置郵傳，為高郵亭。」《一統志》:「高郵州在揚州府北一百二十里。」**湖**　《一統志》:「高郵湖一名新開湖，在高郵州西北三里，長闊一白五十里，大長以東之水皆匯此湖，達於運河。湖中突起一洲，可百餘畝。洲去城十里，盛漲不沒。」**瓜埭**　《唐書·地理志》:「開元二十六年，以州北隔江，舟行繞瓜步，回遠六十里，乃於京口埭下直趨渡江，開伊婁河二十五里，渡揚子立埭。」

其二

十里藕塘西，浮圖插碧虛。霜清見江楚，山斷入淮徐。水驛難逢樹，溪橋易換魚。客程愁幾日，已覺久無書。

藕塘　《揚州府志》:「蓮塘浦在興化縣東南，接得勝湖，即六十四蕩間，所謂十里蓮塘是也。」

其三

曾設經年戍，殘民早不堪。柳營當午道，水柵算丁男。雪滿防旗暗，風傳戰鼓酣。淮張空幕府，樓艦隔江南。

午道 《〈史記·楚世家〉注》:「一縱一橫為午道。」 **淮張** 《明史·張士誠傳》:「至正十三年,士誠起兵陷泰州,據高郵。十六年春三月,陷平江,改平江為隆平府,自高郵來徙都之。」餘見卷五。

其四

甓社重來到,人家出遠林。種荷泥補屋,放鴨柳成陰。蝦菜春江酒,煙蓑暮雨砧。曹生留畫水,三十六陂深。自注:高郵有曹生畫水壁,米元章極稱之。其地有三十六陂。

甓社 祝穆《方輿勝覽》:「甓社湖去高郵州城三十里,東南長七十里,南北闊五十里。湖有明珠,夜則其光燭天。」 **畫水** 米芾《畫史》:「高郵寺壁水,乃曹仁熙畫,一筆長丈餘,水勢分激,如崩劃有聲,世所寶惜。」 **三十六陂** 蘇詩:「三十六波春水,白頭想見江南。」金鎮《揚州府志》:「高郵州治南接運河,北連淮水,神居爽起,西成三十六湖,若環若玦。土沃水深,富有魚稻。」齊召南《水道提綱》:「寶應、高郵、邵伯三湖相連,實一巨澤,即古三十六陂水也。」王安石《西太乙宮》詩:「三十六湖春水,白頭愁見江南。」

清江閘

岸束穿流怒,帆遲幾日程。石高三板浸,鼓急萬夫爭。善事監河吏,愁逢橫海兵。自注:時有事,兩粵兵過海上。**我非名利客,歲晚肅宵征。**

清江閘 《明一統志》:「故沙河在淮安府城西北三十里,宋轉運使喬維岳所開,以避山陽灣清河口風濤之患。後蔣之奇又開漕渠,至洪澤入閘。其後淤塞。本朝永樂初,平江伯陳瑄因其舊渠開河置閘,易其名曰清江浦,為水陸之孔道。」 **三板** 《戰國策》:「智伯從韓、魏兵以攻趙,圍晉陽而水之,城之不沈者三板。」 **橫海** 注見卷五。

得廬山願雲師書

按:梅村《贈願雲師·序》:「願雲將遠遊廬嶽,貽書別予。」是在遊廬山以前。此詩則正住廬山時也。後又有《喜願雲自廬山歸》詩。

絕頂誅茅處,蒼崖怪瀑風。書來飛鳥上,僧出亂流中。世事千峰斷,鄉心半偈空。卻將兄弟夢,煙雨問江東。

半偈 《涅槃經》:「天帝釋住菩薩前,只說半偈。」郎士元《秋夜宿靈臺寺》詩:「僧持半偈萬緣空。」

過姜給事如農

侍從知名早，蕭條淮海東。思親當道梗，自注：如農迎母會，膠萊有兵亂。哭弟在途窮。自注：如須避地，沒於吳下。骨肉悲歌裏，君臣信史中。翩翩同榜客，相對作衰翁。

姜給事　見卷五。　道梗　事詳後注。　同榜　梅村與給事俱崇禎辛未陳于泰榜進士。

遠路

遠路猶兵後，寒程況病餘。裝綿妻子線，致藥友人書。晚渡河津馬，晨冰驛舍車。蕭條故園樹，多負向山廬。

過東平故壘

重鎮銅龍第，雄邊珠虎牌。柳穿驍騎箭，花落美人釵。有客謀亡海，無書勸正淮。將軍留戰骨，狼藉雒陽街。

銅龍第　孫廷銓《南征紀略》：「東平伯劉澤清大興土木，造宇淮安，極其壯麗。」　雄邊　《舊唐書・兵志》：「文宗時，吐蕃間釁，命李德裕立雄邊之軍。」　珠虎牌　陽湖楊倫曰：「張憲詩：『吐蕃老帥西南來，虎頭不掛三珠牌。』」　柳穿　《史記・周本紀》：「楚有養由基，善射者也。去柳葉百步而射之，百發而百中之。」　亡海　《晉書・孫恩傳》：「知劉牢之已濟江，曰：『孤不羞走矣。』乃虜男女二十餘萬口，一時逃入海。」案：澤清聞大兵至，棄淮安，為航海計。見卷六注。　正淮　《晉書・文苑傳》：「伏滔為桓溫參軍，從伐袁真，至壽陽，以淮南數叛，著論三篇，名曰《正淮》。」

旅泊書懷

已遇江南雪，須防濟北冰。扁舟寒對酒，獨客夜挑燈。流落書千卷，清羸米半升。徵車何用急，慚愧是無能。

黃河自注：金龍口決河，從北入海。清江宿遷水勢稍緩，皆起新沙。

白浪日崔嵬，魚龍亦壯哉。河聲天上改，地脈水中來。潮落神鴉廟，沙平戲馬臺。滄桑今古事，戰鼓不須哀。

金龍口　《明史・河渠志》：「金龍口在封丘，即大王廟口。」《大清一統志》：「順治九年，河決封丘大王廟口，從長垣趨東昌北入海。」　宿遷　《一統志》：「宿遷縣在徐州府城東一百里。」 **戲馬臺** 樂史《寰宇記》:「戲馬臺在彭城縣南三里，項羽築。宋武帝北征，至彭城，遣長史王虞等立第舍於項羽戲馬臺。」

桃源縣自注：在黃河南，去淮陽八十里。

豈有秦人住，何來浪得名。山中難避地，河上得孤城。桃柳誰曾植，桑麻近可耕。君看問津處，烽火只縱橫。

桃源縣 《明史·地理志》:「桃源縣元曰桃園，洪武初更名。」《明一統志》:「在淮安府城西一百六十里。本唐宿遷縣之桃園鎮，後誤園為源。」

膠州自注：時有兵變。

將已三年憊，兵須六郡豪。一時緣調遣，平昔濫旌旄。後顧憂輜重，前軍敢遁逃。只今宜早擊，都護莫辭勞。

膠州 《明史·地理志》:「萊州府膠州，洪武初以州治膠西縣，省入，北距府二百二十里。」 **兵變**《大清一統志》:「徐大用，奉天人。以參議道分守萊州。順治十年，膠州總兵官海時行奉調南征，大用監其軍。時行嗾兵為逆，逼大用同入海，不從，遂遇害。」《欽定名臣列傳》:「順治十年九月，膠州總兵海時行叛，上命濟席哈珊沙率兵往剿。師未至，時行奔宿州。漕運總督沈文奎與山東總督馬輝合兵剿擊，時行窮蹙，降，伏誅。」 **六郡** 《《漢書·地理志》:「漢興，六郡良家子選給羽林、期門，以材力為官者，將多出焉。」師古曰:「六郡，謂隴西、天水、安定、北地、上郡、西河。」

白洋河自注：在淮安西北。膠州叛兵從此過河，時已收縛。

膠海愁難定，孫恩戰艦多。卻聞挑白馬，此處渡黃河。一戰收豺虎，千軍唱橐駝。淮西兒女笑，溟渤亦安波。

白洋河 《一統志》:「白洋河在桃源縣西六十里。白洋鎮接宿遷縣界，即潼水之下流也。今潤。」 **膠海** 《一統志》:「膠州有古鎮麻灣、守風灣、唐家灣海口。」 **孫恩** 《晉書·孫恩傳》:「孫恩，字靈秀，琅邪人。孫秀之族。世奉五斗米道。恩父泰有祕術，為亂伏誅，恩逃於海，聚合亡命，志欲復讐，諸郡響應，朝廷震恐。劉裕先破之於滬瀆，臨海太守辛敬〔註1〕復討破之，恩窮蹙，乃赴海自沉。」 **白馬** 《括地志》:「黎陽津，一名白馬津，在滑州白馬縣北。」 **唱橐駝** 《唐書·五行

〔註1〕「敬」,《晉書》卷一百《孫恩傳》作「景」。

志》:「神龍以後,民謠曰:『山南烏鵲窠,山北金駱駝。』山南,唐也。烏鵲窠者,居人寡也。金駱駝者,虜獲而重載也。」 **兒女笑**　昌黎《平淮西碑》:「蔡之婦女,迎門笑語。」 **溟渤**　鮑明遠《君子有所思行》:「穿池類溟渤。」注:「二海名。」

過古城謁三義廟自注:去桃源八十里為石崇鎮,下邳所築,非三國時古城也。土人以傳訛立廟,傳奇有桃源結義,耳食附會,幾以為真矣。

廟貌高原古,村巫薦白蘋。河山雖兩地,兄弟只三人。舊俗傳香火,殘碑誤鬼神。普天皆漢土,何必史書真。

古城　《明史·地理志》:「桃源西北有古城巡檢司,東有三義鎮巡檢司。」 **下邳**　《晉書·石崇傳》:「出為征虜將軍,假節,監徐州諸軍事,鎮下邳。」《一統志》:「下邳故城在徐州府邳州東,西南又有一小城,週三百七十步,晉征虜將軍石崇所築。」 **耳食**　《史記·六國年表》:「牽於所聞,不察終始,因舉而笑之,此與以耳食無異。」《增一阿含經》:「一切諸法,由食而存。眼以色為食,耳以聲為食。」

項王廟自注:在宿遷。項王,下相人,即其地也。

救趙非無算,坑秦亦有名。情深存魯沛,氣盛失韓彭。垓下騅難逝,江東劍不成。淒涼思晝錦,遺恨在彭城。

救趙　《史記·項羽紀》:「章邯既破項梁軍,乃渡河擊趙,大破之。當此時,趙歇為王,陳餘為將,張耳為相,皆走入鉅鹿城。章邯令王離、涉間圍鉅鹿。懷王乃以宋義為上將軍,項羽為魯公,為次將,范增為末將,救趙。宋義行至安西,留四十六日不進,羽誅之。乃以羽為上將軍,引兵渡河,皆沈船,破釜甑,燒廬舍,持三日糧糧,以示士卒必死,無一還心。於是至則圍王離,與秦軍遇,九戰,絕其甬道,大破之,殺蘇角,虜王離。涉間不降楚,自燒殺。」 **坑秦**　見卷二注。 **江東**　《史記·項羽紀》:「項王欲東渡烏江。烏江亭長檥船待,謂項王曰:『江東雖小,地方千里,眾數十萬,亦足王也。原大王急渡。』項王笑曰:『天之亡我,我何渡為!且籍與江東子弟渡江而西,今無一人還,縱江東父老憐而王我,我何面目見之?彼雖不言,籍獨無愧於心乎?』乃自刎而死。」 **晝錦**　《漢書·項籍傳》:「韓生說羽都關中,羽懷思東歸,曰」:『富貴不歸故鄉,如衣繡夜行,誰知之者?』」 **彭城**　《史記·項羽紀》:「項王自立為王,王九江〔註2〕,都彭城。」

〔註2〕「江」,《史記》卷七《項羽本紀》作「郡」。

過南旺謁分水龍王廟

鱗甲往來中，靈奇奪禹功。平分泰山雨，兩使濟河風。岸似黃牛斷，流疑白馬通。始知青海上，不必盡朝東。

南旺 《明一統志》:「南旺河在兗州府汶上縣西南三十五里。」 **分水龍王廟** 《一統志》:分水龍王廟在南旺湖上運河西岸。汶水自東而來，由廟前南北分流入運，所謂分水口也。」 **泰山雨** 《公羊傳》:「觸石而出，膚寸而合，不崇朝而徧雨乎天下者，惟泰山爾。」 **濟河** 《一統志》:「今大清河，即濟水故道，自汶上縣北出，至東平州西安山閘，又西北與運河分流。」 **兩使風** 用《神仙傳》宮亭湖事。 **黃牛** 注見卷四。 **白馬** 注見卷五。

送天台何石湖之官臨晉兼簡蒲州道嚴方公

山色界諸盤，河流天際看。孤城當古渡，絕岸入王官。社鼓堯祠近，鄉書禹穴難。若逢嚴夫子，為報故人安。

何石湖 《山西通志》:「臨晉縣知縣何紘度，台州臨海人。進士。順治十一年任。」 **臨晉** 《〈史記·淮陰侯傳〉注》:「臨晉，縣名，在河東之東岸對舊關。」《明一統志》:「臨晉縣在山西平陽府蒲州城東北九十里。秦築壘以臨晉地，因名臨晉。唐天寶中，改臨晉縣。」 **嚴方公** 《山西通志》:「分守蒲州道嚴正矩，湖廣孝感人。進士。順治十年任。」王晫《今世說》:「嚴正矩，字方公，一字絜庵。崇禎癸未進士。歷官戶部左侍郎，致仕。」案:方公係先生丙子所取士。 **諸盤** 《一統志》:「八盤山在蒲州府永濟縣南二十里。」 **河流** 《山西通志》:「臨晉縣，黃河在縣西。」 **王官** 《明一統志》:「王官穀在臨晉縣東南七十里，唐司空圖嘗隱。」司空圖《山居記》:「有谷之名，本以王官廢壘在其側。」 **堯祠** 《元和郡縣志》:「堯廟在平陽府臨汾縣東八里。晉元康中建於沁水東。顯慶間移此。」 **禹穴** 注見卷七。 **嚴夫子** 《漢書·司馬相如傳》:「梁孝王來朝，從游說之士，齊人鄒陽、淮陰枚乘、吳嚴忌夫子之徒。」師古曰:「嚴忌當時尊尚，號曰夫子。」案:方公為梅村所得士，而用嚴夫子，人以為疑，然陸士衡《周孝侯碑銘》曰「皎皎夫子，奇特播名」，則前人已有之矣。

送紀伯紫往太原

不識盧從事，能添幕府雄。河穿高闕塞，山壓晉陽宮。霜磧三關樹，秋原萬馬風。相依劉越石，清嘯戍樓中。

紀伯紫 徐釚《本事詩》:「紀映鍾，字伯紫，一字蘗子，號戇叟，上元人。又自稱鍾山遺老。與方文、林古度齊名。白髮當歌，紅牙聽曲，說青溪舊事，娓娓不倦。」

盧從事　《晉書‧盧諶傳》：「盧諶，字子諒，范陽涿人。清敏有思理。洛陽沒，隨父志北依司空劉琨。為從事。每謂諸子曰：『吾歿之後，但稱晉司空從事中郎爾。』」　**高闕塞**　《史記‧匈奴傳》：「趙武靈王自代并陰山至高闕為塞。」馮智舒《綱目質實》：「高闕塞在大同府城西北四百二十里。」《水經》：「河水東逕高闕南。」酈道元《注》：「陰山下有長城。長城之際，連山刺天，其山中斷，望若闕焉，故有高闕之名也。」　**晉陽宮**　《魏書‧地形志》：「武定初，齊獻武王置晉陽宮。」《元和郡縣志》：「晉陽宮在并州城內。」　**三關**　《明一統志》：「倒馬、紫荊、偏頭為三關。」　**清嘯**　《晉書‧劉琨傳》：「劉琨，字越石。在晉陽，嘗為胡騎所困，窘迫無計，琨乃乘月登樓清嘯，賊聞之，皆淒然長歎。中夜奏胡笳，賊又流涕歔欷。向曉復吹之，賊並棄圍而走。」

其二

羨殺狂書記，翩翩負令名。軍知長揖貴，客傲敝裘輕。酒肆傳呼醉，毬場倒屣迎。須看雁門守，不及洛陽生。

長揖　《漢書‧汲黯傳》：「大將軍青既益尊，姊為皇后，然黯與亢禮。或說黯曰：『天子欲令群臣下大將軍，大將軍尊貴，誠重，君不可以不拜。』黯曰：『夫以大將軍有揖客，反不重邪？』」　**敝裘**　《呂氏春秋》：「巫馬期短褐衣敝裘，而往觀化於單父。」　**倒屣**　《魏志‧王粲傳》：「中郎將蔡邕聞粲在門，倒屣迎之。」　**雁門守**　《後漢書‧王符傳》：「度遼將軍皇甫規解官歸安定，鄉人有以貨得雁門太守者，亦去職還家，書刺謁規，規臥不迎。既入而問：『卿前在雁門，食雁美乎？』有頃，又白王符在門，規素聞符名，乃驚遽而起，衣不及帶，屣履出迎，援符手而還，與同坐，極歡。時人為之語曰：『徒見二千石，不如一縫掖。』」　**洛陽生**　未詳。

其三

客舍同三子，春風去住愁。那知為此別，五月又并州。榆莢催征騎，榴花落御溝。知君分手意，端不為封侯。自注：三子，韓聖秋、胡彥遠及伯紫也。時彥遠已先行。

韓聖秋　王士禎《感舊集》補傳：「韓詩，字聖秋，號固菴，陝西涇陽籍，三原人。官兵部職方司郎中。」　**胡彥遠**　《文集‧送彥遠南歸序》：「彥遠於長安，每酒酣，詫客曰：『吾家在武林之河渚。吾父子葺茅屋以居，杜門著書，不見兵革。顧以貧故，無以贍老親，不得已走京師，從故人索河北一書，今將涉漳河，過邢臺，泝淮而南，歸吾所居河渚，誓不復出矣。』」餘詳卷二。

其四

佐府偏多暇，從容岸幘時。詩成千騎待，檄就百城知。從獵貪呼妓，行邊快賭棋。歸將出塞曲，唱與五陵兒。

岸幘　王幼學《綱目集覽》：「《晉記注》：『露幘曰岸。光武岸幘見馬援。杜甫詩：白幘岸江皋。曾鞏詩：隤然岸巾幘。箋云：頹其巾也，以示懶散。』」《世說》篇：「謝奕在桓溫座，岸幘嘯詠。」

送友人往真定

五月常山去，滹沱雨過清。賣漿無舊隱，挾瑟有新聲。曳履叢臺客，投戈熊耳兵。如逢趙公子，須重魯連生。

真定　《漢書・地理志》：「真定國，武帝元鼎四年置縣。真定，故東垣，高帝十一年更名。」　**常山**　注見卷六。　**滹沱**　注見卷六。　**賣漿**　《史記・信陵君傳》：「公子聞趙有處士毛公藏於博徒，薛公藏於賣漿家。公子欲見兩人，兩人自匿，不肯見公子。」《明一統志》：「賣漿臺在真定府棗強縣北。俗傳姜太公未達時嘗賣漿於此。」　**挾瑟**　《漢書・楊惲傳》：「婦趙女也，雅善鼓瑟。」沈約《古意詩》：「挾瑟叢臺下，徙倚愛容光。」　**叢臺客**　《漢書・鄒陽傳》：「夫全趙之時，武力鼎士袨服叢臺之下者一旦成市。」師古曰：「叢臺，趙王之臺也。在邯鄲。」　**熊耳兵**　《後漢書・劉盆子傳》：「樊崇乃將盆子肉袒降。積甲宜陽城西，與熊耳山齊。」《注》：「酈道元《水經注》曰：『洛水之北有熊耳山，雙峰競舉，狀如熊耳，在宜陽西也。』」　**重魯連**　按：宜陽，今屬河南府，疑借用。《史記・魯仲連傳》：「於是平原君欲封魯連，魯連不受。平原君乃置灑，酒酣起前，以千金為魯連壽。」

送純祜兄浙中藩幕

散吏仍為客，輕帆好過家。但逢新種柳，莫話久看花。黃閣交須舊，青山道未賒。獨嗟兄弟遠，辛苦滯京華。

純祜　《蘇州府志》：「吳國傑，字純祜，太倉州人。崇禎癸未進士。國朝選浙江布政司照磨，升永嘉令，遷確山知縣。」　**散吏**　《後漢書・胡廣傳》：「隨輩入郡為散吏。」　**黃閣**　《南史・蕭摩訶傳》：「舊制，三公黃閣，廳事置鴟尾。」少陵《將赴成都草堂途中寄嚴鄭公》詩：「生理祗憑黃閣老。」

其二

一第添憔悴，似君遭遇稀。杜門先業廢，乞祿壯心違，歌管移山棹，湖光上客衣。浪遊裝苟足，叩我故園扉。

其三

亦有湖山興，棲遲減宦情。官非遷吏傲，客豈故侯輕。粉壁僧僚畫，煙堤妓舫聲。從容趨府罷，斗酒聽流鶯。

宦情　《晉書・阮裕傳》：「吾少無宦情。」　**遷吏**　胡曾《謝賜錢啟》：「悉用豎儒，皆除遷吏。」郭璞《遊仙詩》：「漆園有傲吏。」　**故侯**　注見卷二。　**斗酒**　《高隱外書》：「戴顒春日攜雙柑斗酒，人問何之，答曰：『往聽黃鸝聲。』」

其四

忽忽思陳事，全家客剡中。江山連暮雨，身世隔殘虹。高館燃官燭，清猿叫曉風。一竿秋色裏，蹤跡愧漁翁。

剡中　《漢書・地理志》：「會稽郡剡縣。」太白《秋下荊門》詩：「自愛名山入剡中。」

曹秋岳龔芝麓分韻贈趙友沂得江州書三首

策馬高原去，煙鴻仰視雙。疏鐘穿落木，殘日動寒江。浪跡愁偏劇，孤懷俠未降。舊交相見罷，沽酒話南窗。

趙友沂　趙而忭，字友沂，長沙人，寄籍江都。都憲開心子。官內閣中書舍人。**俠未降**　黟縣朱霈曰：「韓詩：『劉生俠氣老未除。』」

其二

誰識三公子，蕭條下澤車。門高輕仕宦，才大狎樵漁。黃葉窮幽興，青山出異書。不須身貴早，千騎上頭居。

三公　謂洞門都憲。　**下澤車**　《後漢書・馬援傳》：「乘下澤車。」《注》：「行澤者欲短轂，短轂則利。」　**上頭居**　《古樂府・陌上桑》：「東方千餘騎，夫壻居上頭。」

其三

已歸仍是客，不遇卻難留。更作異鄉別，倍添游子愁。風霜違北土，兵甲阻西州。一雁低飛急，關河萬里秋。

病中別孚令弟

昨歲衝寒別，蕭條北固樓。關山重落木，風雪又歸舟。地僻城鴉亂，天長塞雁愁。客程良不易，何日到揚州。

孚令　吳偉光，字孚令，太倉州學生。《文集·壽錢臣扆序》：「吾季弟孚令。」　北固樓　注見卷六。

其二

秋盡霜鐘急，歸帆畏改風。家貧殘雪裏，門閉亂山中。客睡愁難熟，鄉書喜漸通。長年沽市酒，宿火夜推篷。

其三

十日長安住，何曾把酒尊。病憐兄彊飯，窮代女營婚。別我還歸去，憐渠始出門。往來幾半載，辛苦不須論。

其四

消息憑誰寄，羈愁祇自哀。逾時游子信，到日老人開。久病吾猶在，長途汝卻回。白頭驚起問，新喜出京來。

其五

早達成何濟，遭時信眇疑當作「尠」。歡。客遊三月病，世路一生難。憂患中年集，形容老輩看。相逢俱壯盛，五十未為官。

中年　《世說·言語篇》：「謝太傅語王右軍曰：『中年傷於哀樂，與親友別，輒作數日惡。』」　形容　少陵《冬至》詩：「江上形容吾獨老。」

其六

此意無人識，惟應父子知。老猶經世亂，健反覺兒衰。萬事愁何益，浮名悔已遲。北來三十口，盡室更依誰。

其七

似我真成誤，歸從汝仲兄。教兒勤識字，事母學躬耕。州郡羞干請，門庭簡送迎。古人親在日，絕意在虛名。

其八

老母營齋誦，家貧只此心。飯僧餘白氎，裝佛少黃金。骨肉情難盡，關山思不禁。楞嚴經讀罷，無語淚痕深。

白氎　高似孫《緯略》：「杜詩：『細軟青絲履，光明白疊巾。』王昌齡詩：『手巾花疊淨，香帔稻畦成。』案：《漢書》所謂苔布，注曰：白疊也。《吳書・外國傳》：『諸簿國，用安子草織作白疊花布。』王昌齡所用者，此也。《南史》曰：『高昌國有草，實如繭，中絲為細纑，名曰白疊安子，國取以為布，甚為輭白。』其言甚明也。」《首楞嚴經》：「樺皮貝葉素紙白氎，書寫此咒於香囊。」　**黃金**　《後漢書・天竺國傳》：「明帝夢金人長丈餘，頭有光明，以問群臣，或曰西方有神，名曰佛，其形丈六而黃金色。」　**楞嚴**　《宋史・藝文志》：「《首楞嚴經》十卷。」《翻譯名義》：「《首楞嚴經》言一切究竟而得堅固定名為佛性。又翻為金剛藏，諸菩薩證此定，故名。」

其九

寡妹無家苦，拋離又一年。老親頻念此，別語倍潸然。性弱孤難立，門衰產易捐。猶留兄弟在，中外幾人憐。

中外　《世說・賞譽篇》：「謝胡兒作《何堪傳》，不識堪何似人，諮謝公。謝公曰：『堪，烈之子，阮千里姨弟兄，潘安仁中外。安仁詩所謂『子親伊姑，我父惟舅』。」

其十

稚子稱奇俊，迎門笑語忙。挽鬚憐尚幼，摩頂喜堪狂。小輩推能慧，新年料已長。吾家三萬卷，付託在兒郎。

挽須　少陵《北征》詩：「問事競挽鬚，誰能即嗔喝。」　**摩頂**　《陳書・徐陵傳》：「陵年數歲，釋寶誌摩其頂曰：『天上石麒麟也。』」

再寄三弟

拙宦真無計，歸謀數口資。海田人戰後，山稻雨來時。官稅催應早，鄉租送易遲。荷鋤西舍叟，憐我問歸期。

拙宦　潘岳《閑居賦序》：「岳嘗讀《汲黯傳》至司馬安四至九卿，而良史書之，以巧宦之目，未嘗不慨然廢書而歎曰：『嗟乎！巧誠有之，拙亦宜然。』」

其二

五畝山園勝，春來客喚茶。籬荒謀補竹，溪冷課栽花。石迸牆根動，松欹屋腳斜。東莊租苟足，修葺好歸家。

補竹 《歸去來兮》：「園將蕪，胡不歸？」是此詩注腳。少陵《舍弟觀歸草堂檢校詩》：「東籬竹影薄，臘月更須栽。」

再送王元照

行止頻難定，裝輕忽戒塗。望人離樹立，徵棹入雲呼。野色平沙雁，朝光斷岸蘆。此中蕭瑟意，非爾不能圖。

送孫令修遊真定

窮達非吾事，霜林萬象凋。北風吹大道，別酒置河橋。急雪回征雁，低雲壓怒雕。曾為燕趙客，寥落在今朝。

孫令修 見卷八。

送周子俶張青琱往河南學使者幕

不第仍難去，棲遲幕府遊。幾人推記室，自古在中州。置酒龍門夜，論文虎觀秋。得依張壯武，揮麈盡風流。

張青琱 王士禛《感舊集》補傳：「張宸，字青琱，江南華亭人。官中書舍人，遷部郎。」 **記室** 《後漢書·百官志》：「記室令使主上章表報書記。」陶鑑《續事始》：「漢制，諸王三公及大將軍幕府皆有記室，掌章表書記文檄。」 **中州** 《史記·天官書》：「衡殷中州河、濟之間。」 **龍門** 《邵氏聞見錄》：「謝希深、歐陽永叔官洛陽時，同遊嵩山，自穎陽歸，莫抵龍門香山，雪作，忽於煙靄中有策馬渡伊水來者，既至，乃錢相送廚傳歌妓至，吏傳公言：『山行良勞，當少留龍門賞雪，無遽歸也。』」 **虎觀** 《後漢書·章帝紀》：「詔諸儒會白虎觀，講議五經同異。」 **張壯武** 《晉書·張華傳》：「進封壯武侯。」程箋：「案：公詞有《送張編修督學河南》，詩張壯武殆謂其人。」

其二

少室多奇士，君尋到幾峰。山深惟杖策，雲盡卻聞鐘。文字真詮近，鬚眉道氣濃。相貽書一卷，歸敕葛陂龍。自注：子俶好道。

少室 注見卷四。 **道氣** 李義山《獻從叔舍人》詩：「許掾全家道氣濃。」 **敕** 《〈爾雅·釋詁〉注》：「敕者，相約敕也，亦為勞苦。」 **葛陂龍** 注見卷六。

其三

二陸來江左，三張入雒中。賦誇梁苑雪，歌起鄴颱風。傖父休輕笑，吳儂雅自雄。短衣頻貰酒，射獵過城東。

二陸三張　《晉書．張載張協張亢傳》：「二陸入洛，三張減價」又，《張亢傳》：「時人謂載、協、亢為三張，陸機、雲為二陸。」　**梁苑雪**　謝惠連《雪賦》：「梁王不說，遊於兔園。俄而微霰零，密雪下。王乃歌北風於衛詩，詠南山於周雅。授簡命於司馬大夫，曰：『抽子秘思，騁子好辭，侔色揣稱，為寡人賦之。』」　**鄴颱風**　鄭愔《銅雀臺》詩：「風起鄴臺寒。」詳見卷十七。　**傖父**　孫盛《晉陽秋》：「吳人以中州人為傖父。」

其四

誰失中原計，經過廢壘高。秋風向廣武，夜雨宿成皋。此地關河險，曾傳將士勞。當時軍祭酒，何不用吾曹。

廣武　《〈史記．項羽紀〉注》：「於滎陽築兩城相對，曰廣武。」《元和郡縣志》：「廣武山，在滎澤縣西二十里，一名三皇山。東廣武、西廣武二城各在一山頭，相去二百餘步。漢高祖與項羽俱臨廣武而軍。今東城有高壇，是項羽坐太公於上以示漢軍處。」　**成皋**　《史記．留侯世家》：「洛陽東有成皋，西有殽函。」《一統志》：「成皋故城在汜水縣西北。」　**軍祭酒**　魏武帝表：「軍祭酒郭嘉，自從征伐，十有一年。每有大謀，臨敵制變，臣策未決，嘉輒成之。平定天下，謀功為高。」案：《〈史記．荀卿傳〉注》：「禮，食必祭先，飲酒亦然，必以席中之尊者一人當祭耳。後遂以為官名。」

其五

極目銅駝陌，宮牆噪晚鴉。北邙空有骨，南渡更無家。青史憐如意，蒼生遇永嘉。傷心譚往事，愁見雒陽花。

銅駝陌　《御覽》：「陸機《洛陽記》曰：『洛陽有銅駝街，漢鑄銅駝三枚，在宮西四會道相對。俗語曰：金馬門外集眾賢，銅駝陌上集少年。』」　**北邙**　《續漢書．郡國志》：「河南尹雒陽縣北芒山，一作邙。」餘見卷五注。程《箋》：「北邙句指福王常洵。南渡句指世子由崧也。」　**如意**　注見卷四。謂福王常洵。　**永嘉**　《通鑑》：「永嘉五年，天下大亂，惟江東差安，中國士民多南渡江。」。

其六

河流天地盡，白日待銷沉。不謂斯文喪，終存萬古心。典墳留太學，鍾鼓起華林。清雒安瀾後，遺編定可尋。

斯文喪　先生《綏寇紀略》：「周自定王以來，世守恭德，而加之以文。自大內秘本所未有者，西亭、竹居悉丹鉛讎勘。十五年三月，賊復進圍。食盡，人相食。九月十五，河流驟決。士女化為沙蟲，廟社淪於陷阱，十王之典章物采、故家之禮樂詩書，無不昏墊洪流，堙沈息壤矣。」　**太學**　《後漢書・蔡邕傳》：「奏求正定六經文字，靈帝許之，邕乃自書冊於碑，使工鐫刻，立石於太學門外。」　**華林**　干寶《晉紀》：「太始四年二月，上幸芳林園，與群臣燕，賦詩觀志。」案：芳林園即華林園。齊王芳即位，改為華林。　**清雒**　潘岳《籍田賦》：「清雒濁渠，引流激水。」《水經》：「雒水出京兆上雒縣讙舉山。」

送湘陰沈旭輪謫判深州

謫宦經年待，蹉跎忝此州。猶然領從事，未得比諸侯。旅食沾微祿，官塗託浪遊。卻嫌持手板，廳壁姓名留。

沈旭輪　《蘇州府志》：「沈以曦，字旭輪，湖廣臨湘人。崇禎庚辰進士。由長洲令遷蘇州府推官。」案：沈係先生丙子所取士。　**深州**　《明一統志》：「深州在真定府城東二百五十里，本漢之下博地。隋開皇中置深州。」　**謫宦**　《深州志》：「沈以曦，順治十一年由蘇州府推官謫任深州州判，陞博興知縣。」　**從事**　應劭《漢官儀》：「州別駕，秩百石，同諸郡從事。」　**手板**　《隋書・禮儀志》：「百官朝服公服，皆執手板。」《唐輿服雜事》：「古者貴賤皆執笏，後代惟八座尚書執笏，白筆綴手版頭。餘但執手版，不執筆，示非記事官也。」《白帖》：「刺史六條曰州別駕、治中部見刺史，持板拜，刺史答拜。」　**廳壁**　獨孤及《江州刺史廳壁記》：「秦以後，國化為郡，史官廢職，簡牘寖滅，記事者但用名氏歲月書於公堂，而《春秋》、《檮杌》存乎屋壁，其來舊矣。」

其二

月出瀟湘水，思家正渺然。不知西去信，可上北來船。故舊憐除目，妻孥笑俸錢。免教烽火隔，飄泊楚江邊。

除目　沈括《夢溪筆談》：「除拜官職，謂除其舊籍，不然也。除，猶易也，以新易舊曰除，如新舊歲之除謂之歲除。《易》：『除戎器，戒不虞。』以新易敝，所以備不虞也。階謂之除者，自下而上，亦更易之義。」姚合詩：「一日看除目。」

其三

此亦堪為政，無因笑傲輕。爾能高治行，世止薄科名。煙井流移復，春苗斥鹵耕。古來稱一尉，何必尚專城。

斥鹵　《史記・平準書》:「海濱廣潟，厥田斥鹵。」《說文》:「鹵，鹹地。東方謂之斥，西方謂之鹵。」　一尉　《唐書・員半千傳》:「授武陟尉，歲旱，半千發倉廩以給饑人，刺史郭齊宗大驚，因而按之。時薛元超為存撫使，謂齊宗曰:『公有百姓不能救，使惠歸一尉，豈不愧哉！』」

其四

豈不貪高臥，其如世路非。故園先業在，多難幾時歸。遇事愁官長，逢人羨布衣。君看洞庭雁，日夜向南飛。

官長　杜詩:「醉則騎馬歸，頗遭官長罵。」

送王子彥歸南

得失歸時輩，如君總不然。共知三徑志，早定十年前。身業先疇廢，家風素德傳。蕭條書一卷，重上故鄉船。

素德　《晉書・王承傳》:「素德清規，足傳於汗簡矣。」

其二

一第雖無意，名場技有餘。解頤匡鼎說，運腕率更書。材已遭時棄，官猶辱詔除。白頭才一命，需次復何如。自注:子彥已謁選得官，需次未授。

匡鼎說　《漢書・匡衡傳》:「衡善說《詩》，諸儒為之語曰:『無說《詩》，匡鼎來。匡說《詩》，解人頤。』」服虔曰:「鼎猶言當也，言匡且來也。」應劭曰:「鼎，方也。」張晏曰:「衡少時字鼎，長乃易字稚圭。世所傳衡與貢禹書，上言衡敬報，下言匡鼎白，知是字也。」　率更書　《唐書・歐陽詢傳》:「初效王羲之書，後險勁過之，因自名其體。尺牘所傳，人以為法。貞觀初，歷太子率更令。」　詔除　《後漢書・馬融傳》:「融滯東觀，十年不得調。自劾歸。太后怒，謂融羞薄詔除。」

其三

錯受塵途誤，棲棲蚤半生。中年存舊業，雅志畢躬耕。憂患妨高臥，衰遲累遠行。與君嗟失路，不獨為無成。

塵途　荀悅《申鑒》:「衣裳服者不昧於塵途，愛也。」

其四

客裏逢中表，登臨酒一杯。好將身計拙，留使後人材。燈火鄉園近，風塵笑語開。相攜孫入抱，解喚阿翁來。自注：子彥近得孫，余之外孫也。

代州

萬里無征戍，三關卻晏然。河來非漢境，雪積自堯年。將老空屯臥，僧高絕漠還。中原偏戰鬥，此地不為邊。

代州 《明一統志》：「代州在太原府城東北三百五十里，故雁門郡地。隋初，郡廢，置代州。」 絕漠 《漢書．衛青傳》：「軍絕幕。」《注》：「幕，漫也。」程大昌《北邊備對》：「幕者，漠也，言沙磧廣莫，望之漠漠然也。」

送穆苑先南還

遍欲商身計，相逢話始真。幸留殘歲伴，忍作獨歸人。年逼愁中老，家安夢裏貧。與君謀共隱，為報故園春。

相逢 程《箋》：「苑先時省公於京師。」

其二

驟見疑還喜，堪當我半歸。路從今日近，信果向來稀。同事交方散，殘編道已非。老親看慰甚，坐久更沾衣。

其三

舍弟今年別，臨分恰杪秋。苦將前日淚，重向故人流。海國愁安枕，鄉田喜薄收。相期裁數紙，春雨便歸舟。

舍弟 謂孚令。 數紙 杜詩：「老妻書數紙，應悉未歸情。」

其四

庭樹書來長，空階落葉黃。酒乘今夜月，夢繞一林霜。客過探松塢，童饑偃石床。因君謝猿鶴，開我北山堂。

猿鶴 孔稚圭《北山移文》：「蕙帳空兮夜鶴怨，山人去兮曉猿驚。」

送何蓉庵出守贛州

想見征途便，還家正早秋。江聲連賜第，帆影上浮丘。兒女貪成長，親朋感去留。無將故鄉夢，不及石城頭。

何蓉庵　《贛州府志》:「知府何應璜，字宗玉，桐城人。官生。順治十三年任。」案:蓉庵乃文端公如寵號芝嶽之子，太史何采號省齋之父。　**贛州**　祝穆《方輿勝覽》:「紹興二十三年，校書郎董德元言虔州為虎頭州，非佳名也。天下舉安，獨此郡有小驚意，其名有以召之。既而廷臣建議，亦謂虔有虔殺之義，請去其不令之名，遂改名贛州，取章、貢二水合流之義。」　**石城**　文端予告後居金陵。

其二

郡閣登臨迴，江湖已解兵。百灘爭二水，一嶺背孤城。石落蛟還鬥，天晴雁自橫。新來賢太守，官柳戰場生。

解兵　《江西通志》:「順治乙未，海氛方熾，劇賊曾拱辰據興國之梅窖坑，受孫可望偽檄，剽略吉、贛二郡，巡撫佟國器遣將重兵圍剿，經年乃滅。」　**百灘**　嘉興楊謙曰:「自贛州至萬安，中有三百灘。孟襄陽詩所謂『贛石三百里』是也。然《陳書》云:『贛水本二十四灘，武帝發虔州，水暴張，高數丈，三百里巨石皆沒，止存十八灘耳，故世稱十八灘。』」　**二水**　歐陽忞《輿地廣記》:「贛水東源出雩都，曰湖漢水；西源出南野，曰彭水。二水皆北流，合於贛縣，總為豫章水，北流入大江。後人因贛字，以湖漢水為貢水，彭水為章水，劉澄之遂以為章、貢合流，因以名縣，蓋失之矣。然趙清獻《登章貢臺》詩:『章貢東西派，並流作贛川』，則相承已久，非始於劉澄之也。」　**一嶺**　《一統志》:「賀蘭山在贛州府治西南隅，舊名文筆山，頂即鬱孤臺。其左綿亙為白家嶺。」

其三

三載為郎久，棲遲共一貧。師恩衰境負，友道客途真。世德推醇謹，鄉心入隱淪。蕭條何水部，未肯受風塵。

師恩　案:先生以崇禎四年成進士，文端蓋座主也。　**何水部**　《南史·何遜傳》:「天監中，兼尚書水部郎。」韓翃《寄徐州鄭使君》詩:「才子舊稱何水部。」

其四

弱息憐還幼，扶持有大家。高門雖宦跡，遠嫁況天涯。小字裁魚素，長亭響鹿車。白頭雙淚在，相送日將斜。

弱息　先生有女嫁蓉庵之子，故云。　**魚素**　《古詩》:「呼童烹鯉魚，中有尺素書。」　**鹿車**　《後漢書·列女傳》:「鮑宣妻桓少君悉歸侍御服飾，著短布裳，與宣共挽鹿車還鄉里。」

猨

得食驚心裏，逢人屢顧中。側身探老樹，長臂引秋風。傲弄忘形便，羈棲抵掌工。忽如思父子，回叫故山空。

猨 陸佃《埤雅》：「猨性靜緩，故猨從爰。爰，緩也。」《本草附錄》：「猨善援引，故謂之猨。」 **長臂** 董仲舒《春秋繁露》：「猨似猴而大，長前臂，所以壽八百，好引其氣也。」 **傲弄** 《漢書・東方朔傳》：「自公卿在位，朔皆傲弄，無所為屈。」 **父子** 左思《吳都賦》：「猿父哀吟，獐子長嘯。」

橐駝

獨任三軍苦，安西萬里行。鑄銅疑鶴頸，和角廢驢鳴。山負祁連重，泉知鄯善清。可憐終後載，汗血擅功名。

橐駝 注見卷六。 **安西** 《唐書・地理志》：「洮州臨洮郡下有府，一曰安西。」 **鑄銅** 《洛陽記》：「漢鑄銅駝二枚，在宮西，四會道頭夾路相對。」 **祁連** 注見卷五。 **鄯善** 《漢書・西域傳》：「鄯善國多橐駝。」張華《博物志》：「燉煌西渡流沙往外國流沙千餘里，中無水，有伏流處，人不能知。皆乘橐駝。橐駝知水脈，過其處，停不行，以足踏地，人於所踏處掘之，得水。」

象

神象何年至，傳聞自戰場。齒能齊玉德，性不受金創。白足跏趺坐，黃門拜舞行。越人歸駕馭，未許鼻亭狂。

金創 《埤雅》：「服馴巨象，以小斧刀斲之，其金創見星月即合。」 **白足** 注見卷七。 **黃門** 徐堅《初學記》：「《晉諸公贊》曰：『晉時，南越致馴象於皋澤中養之，為作車，黃門鼓吹數十人令越人騎之。』」 **拜舞** 《萬歲曆》：「成帝咸康六年，臨邑王獻象一，知跪拜，御者使之則從。」劉恂《嶺表錄異》：「蠻王請漢使於百花樓前，設舞象樂，動則優人引一象入，以金羈絡首，錦襜垂身，隨拍踏動，皆合節奏。」 **越人** 王充《論衡》：「夫十圍之牛，為牧豎所驅；數仞之象，為越僮所鉤。」 **鼻亭** 《漢書・昌邑王傳》：「舜封象於有鼻。」師古曰：「有鼻在零陵，今鼻亭是也。」《山堂肆考》：「象封有庳，故世稱鼻亭公。」

牛

瑩角偏轅快，奔蹄伏軛窮。賣刀耕隴上，執靮犒軍中。遊刃庖丁技，扶犁田父功。君王思繭栗，座右置豳風。自注：時頒戒殺牛文。

瑩角　庾子山詩：「瑩角非難馭。」倪璠注：「瑩角謂馭車之牛也。《世說》曰：『王君夫有牛，名八百里駮，常瑩其角。』」　**偏轅**　《晉書・石崇傳》：「牛本不遲，良由御者逐不及，反制之，若聽其偏轅則駛矣。」　**賣刀**　《漢書・龔遂傳》：「為渤海太守，民有帶持刀劍者，令賣劍買牛，賣刀買犢。」　**犒軍**　《左傳・僖三十三年》：「以乘韋先牛十二犒師。」　**遊刃**　《莊子・養生主》篇：「庖丁為文惠君解牛。曰：『臣之刃十九年矣，所解數千牛矣，而刀刃若新發於硎。彼節者有間，而刀刃者無厚，以無厚入有間，恢恢乎其於遊刃必有餘地矣。』」　**繭栗**　《〈漢書・郊祀志〉注》：「犢角如繭栗，言小也。」

蒲萄

百斛明珠富，清陰翠幕張。曉懸愁欲墜，露滴愛先嘗。色映金盤果，香流玉碗漿。不勞蔥嶺使，常得進君王。

蔥嶺使　《漢書・西域傳》：「西則限以蔥嶺，而張騫始開西域之跡。」張華《博物志》：「張騫使西域，得葡萄、苜蓿種歸。」

石榴

五月華林晏，榴花入眼來。百株當戶牖，萬火照樓臺。絳帳垂羅袖，紅房出粉腮。江南逢巧笑，齲齒向人開。自注：江南石榴多裂，北方獨否。

石榴　張華《博物志》：「張騫使西域，得塗林安石國榴種以歸，故名安石榴。」**齲齒**　《〈後漢書・梁翼傳〉注》：「齲齒笑者若齒痛。」

蘋婆

漢苑收名果，如君滿玉盤。幾年沙海使，移入上林看。對酒花仍豔，經霜實未殘。茂陵消渴甚，飽食勝加餐。

蘋婆　環中迂叟《象教皮編》：「蘋婆，相思果也。」《本草》：「柰，一名蘋婆。」**漢苑**　葛洪《西京雜記》：「漢初修上林苑，群臣各獻名果，有白柰、綠柰、綠花紫色。」　**上林**　葛洪《西京雜記》：「上林苑紫柰大如升，核紫花青，其汁如漆，著衣不可浣，名脂香柰。此皆異種也。」　**消渴**　《史記・司馬相如傳》：「相如嘗有消渴疾。」劉熙《釋名》：「消瀫。瀫，渴也。腎氣不周於胸，胃中津潤消瀫，故欲得水也。」

文官果

近世誰來尚，何因擅此名。小心冰骨細，虛體綠袍輕。味以經嘗淡，香從入手清。時珍誇眾口，殽核大縱橫。

文官果　謝肇淛《五雜俎》:「北地有文官果，形如螺，味甚甘，類滇之馬金囊，或云即是也。金囊又誤為檳榔，遂以文官果為馬檳榔，不知文官果樹生，馬金囊蔓生也。」吳縣陳元基曰:「《周魯類纂》:『唐德宗出狩，有以是果獻者，遂官其人，故名。』」李時珍《釋名》:「即來禽也。」

冰

清濁看都淨，長安喚買冰。見來消易待，欲問價偏增。潔自盤中顯，涼因酒後勝。若求調燮理，坐上去青蠅。

消易待　王定保《摭言》:「袁參上姚崇書曰：昔蒯人為商賈，賣冰於市，客苦熱者將買之，蒯人自以得時，欲邀數倍之利。客怒而去，俄而其冰亦散。」　**價偏增**　《止戈集》:「長安冰至夏月，其價等金璧。惟白少傅詩名甚重，論筐取之，不償價。」　**青蠅**　《呂氏春秋》:「以狸致鼠，以冰致蠅。」

南苑春蒐應制

詔閱期門旅，鐃歌起上林。風雲開步伍，草木壯登臨。天子三驅禮，將軍百戰心。割鮮親宴罷，告語主恩深。

南苑　雷禮《大政記》:「南苑方一百六十里，苑中有按鷹臺，臺旁有三海子，皆元之舊也。自永樂定都以來，歲時蒐獵於此。」　**期門**　《漢書．百官公卿表》:「期門掌執兵送從。武帝建元三年初置。平帝元始元年更名虎賁郎。」班固《西都賦》:「期門佽飛，列刃鑽鍭。」注:「武帝與北地良家子期諸殿門，故有期門之號。」　**鐃歌**　釋智匠《古今樂錄》:「漢鼓吹鐃歌十八曲。」宋濂《鐃歌鼓吹序》:「短簫鐃歌，黃帝、岐伯所作，所以建威揚德，風勵敵士也。」　**三驅**　《易》「王用三驅」《疏》:「三驅之禮，三面著人驅禽也，禽惟有背己向己趣己，故左右及於後皆有驅之。」朱子《本義》:「天子不合圍，故開一面之網，用三驅也。」

送田鬣淵孝廉南還

客路論投分，三年便已深。每尋蕭寺約，共話故園心。遠水明浮棹，疏村響急砧。灞亭橋畔柳，恰為兩人陰。

田鬣淵　孫鋐《詩盛初編》:「田茂遇，字鬣淵，華亭人。順治丁酉舉人。」《文集・田鬑淵詩序》：「田子試南宮，既不第，有勸之歸者。田子曰：『吾鄉里，抑鬱無所得，姑留邸中，一交天下長者。』於是宛平王公、柏鄉魏公、合肥龔公、真定梁公皆與之遊，一時三四公之門，無出田子右者。」

其二

窮老無相識，如君得數過。祇貪懷抱盡，其奈別離多。晝靜堪攤卷，江寬足放歌。勝遊佳絕處，回首隔關河。

其三

拂袖非長策，蹉跎為老親。還家仍在客，不仕卻依人。勝識酬知己，奇懷答鬼神。鏡湖千丈月，莫染雒陽塵。

勝識　《漢書・景帝紀》：「朕既不敏，弗能勝識。」師古曰：「勝識盡知之。」**鏡湖**　任昉《述異記》：「軒轅鑄鏡湖邊。或云黃帝獲寶鏡於此，故名鏡湖。」施宿《會稽志》：「鏡湖在會稽縣東二里，故南湖也。」《通典》云：「東漢永和五年，太守馬臻始築塘立湖，週三百十里，溉田九千餘頃，人獲其利。王逸少有云：『山陰路上行，如在鏡中游。』鏡湖之得名以此。」

其四

浪跡存吾道，風流獨有君。群公雖走幣，狂客自論文。樽酒堪呼月，雙峰看出雲。可憐滄海上，宋玉正參軍。

偶見

挾彈打文鵝，翻身馬注坡。輕鞭過易水，大雪滿滹沱。錦帽垂青鼠，銀罌出紫駝。少時從出塞，十五便橫戈。

送詹司理之官濟南自注：詹，楚人，余所得士。

匹馬指營丘，風清肅爽鳩。齊言盈萬戶，楚客長諸侯。梅發江關信，松高日觀秋。故人慚鮑叔，相送話東遊。

詹司理　《湖廣通志》：「崇禎九年丙子鄉試第二名詹謹之，字仲庸，黃岡人。濟南府推官。」《史記・循吏傳》：「李離者，晉文公之理也。」張守節《正義》：「理，獄官也。」　**濟南**　《元和郡縣志》：「漢分齊郡，立濟南國，後為郡。晉永嘉之後，移理歷城，即今濟南理也。」于欽《齊乘》：「漢濟南國，元魏改為齊州。天寶中改濟南郡。」　**營丘**　《禮記》:「太公封於營丘。」《爾雅・釋地》:「水出其左營丘。」郭璞《注》:「今齊之營丘，淄水過其南及東。」酈道元《水經注》:「今臨淄城中有丘，在小城內，周回三百步，高九丈，北降丈五，淄水出其前，故有營丘之名。」**爽鳩**　《周禮》:「爽鳩氏，司寇也。」鄭康成《注》:「爽鳩，鷹也。鷙，故為司寇，主盜賊。」　**齊言**　《漢書・高五王傳》:「諸民能齊言者皆予齊。」　**日觀**　《尸子》:「泰山上有三峰，東曰日觀，雞鳴時見日出。」

幼女

抱去才周晬，應難記別時。信來偏早慧，似解識京師。書到遲回問，人前含吐詞。可憐汝母病，臨絕話相思。

周晬　孟元老《東京夢華錄》:「生子百日置會，謂之百晬。至來歲生日，謂之周晬。羅列盤盞於地，盛果木、飲食、官誥、筆、硯、算、科等經、卷、針線應用之物，觀其所先取者，以為徵兆，謂之試晬。」

送程太史翼蒼謫姑蘇學博

道重何妨謫，官輕卻便歸。程門晴雪迴，吳市暮山微。舊俗絃歌在，前賢文字非。即今崇政殿，寥落侍臣衣。

程翼蒼　王士禎《感舊集》補傳:「程邑，字幼洪，號翼蒼，上元籍，休寧人。順治壬辰進士，改庶吉士，以不諳國書，出為蘇州府教授，陞國子監助教。」　**程門雪**　《朱子語錄》:「游、楊二子見伊川，伊川瞑目而坐，二子侍。既覺，曰:『尚在此乎？且休矣。』出門，門外雪深一尺。」　**崇政殿**　《宋史・道學傳》:「程子，字正叔。召為秘書省校書郎。既入，見擢崇政殿說書。」

送郭宮贊次庵謫宦山西

薄宦知何恨，秋風刷羽毛。因沾太行雪，憶賜未央袍。問俗壺關老，籌邊馬邑豪。爭傳郭有道，名姓壓詞曹。

郭次庵　《山西通志》:「陽和兵備道郭一鶚，河南洛陽人。順治己丑進士。順治十三年任。」　**壺關老**　《漢書・戾太子傳》:「壺關三老茂上書。」師古曰:「壺關，上黨之縣也。」《〈後漢書・袁紹傳〉注》:「潞州上黨縣有壺口山，因其險而置關。」**馬邑豪**　注見卷六。　**郭有道**　《續漢書・郭泰傳》:「郭泰，字林宗，太原介休人。李元禮一見稱之曰:『吾見士多矣，未有如郭林宗者也。』初以有道君子徵，以疾辭。」

送純祜兄之官確山

五十猶卑宦，棲棲在此行。官從鵝炙貴，客向馬蹄輕。風俗高持論，山川喜罷兵。清時人物重，縣小足知名。

鵝炙　注詳卷十八。

其二

絕有明湖勝，青山屬蔡州。曾為釣臺客，今作朗陵侯。定訪袁安臥，須從叔度遊。政閒人吏散，廳壁掃丹丘。

明湖　《明一統志》：「明湖源出信陽州西北天目山，南流入淮。」　**蔡州**　《一統志》：「汝寧府，唐曰蔡州。」又：「朗陵山在確山縣。」　**袁安臥**　《後漢書．袁安傳》：「字邵公，汝南汝陽人也。」《注》：「時大雪積地丈餘，洛陽令自出案行。至安門，無有行路，謂安已死。令人除雪，見安僵臥。問何以不出，曰：『大雪人皆臥，不宜干人。』」　**叔度**　《後漢書．黃憲傳》：「黃憲，字叔度，汝南慎陽人也。世貧賤，父為牛醫。同郡戴良才高倨傲，見憲歸，罔然若有失。其母問曰：『汝復從牛醫兒來邪？』」

其三

懸瓠城西路，關山雪夜刀。至今勞戰伐，何日剪蓬蒿。地瘠軍租少，官輕客將豪。相逢蔡父老，閒說漢功曹。

懸瓠城　《舊唐書．裴度傳》：「李愬襲蔡州，以兵絕朗山道。行七十里，夜半至懸瓠城。」樂史《寰宇記》：「蔡州，《禹貢》豫州地。《地形志》云：『謂之懸瓠城，亦名懸壺城。』又，注《水經》云：『汝水周城，形如懸瓠，因取名焉。』」　**雪夜刀**　《唐書．李愬傳》：「夜半至懸瓠城，雪甚，城旁皆鵞鶩池，愬令擊之，以亂軍聲。黎明，雪止，愬入駐元濟外宅。蔡吏驚曰：『城陷矣！』」　**客將豪**　《大清一統志》：「順治十年冬，大兵征楚，牧馬汝寧。勢且入，城內百姓驚恐。知汝陽縣許應鯤往力爭，以受侮，自經，兵將亦遂拔營去。」　**功曹**　《後漢書．范滂傳》：「汝南太守宗資請為功曹。」？

其四

落日龍陂望，西風動黍禾。歸人淮右近，名士汝南多。河上孤城迥，天中萬馬過。一官凋瘵後，兄弟意如何。

龍陂　《明一統志》：「龍陂在汝寧府城西南三十里，即費長房投杖化龍處。」　**天中**　《一統志》：「天中山在汝陽縣北三十里。」方氏《通雅》：「汝陽之天中山，天之中也。輿地以河南為中，而汝寧又居河南之中，故曰天中。測景植圭，莫準於此。」

梅村詩集箋注　卷第十

長洲吳翌鳳撰　滄浪吟榭校定本

五言律詩

過中峰禮蒼公塔

下馬支公塔，經聲萬壑松。影留吟處石，智出定時鐘。尚記山中約，誰傳海外逢。平生詩力健，翹足在何峰。

支公塔　崔曙《宿大通和尚塔院》詩：「支公已寂滅，塔影山上古。」無名氏《蒼雪塔銘》：「塔在中峰寺後二百步。」〔註 1〕　**山中約**　袁郊《甘澤謠》：「李源與圓澤為忘年交，約遊蜀州。自荊州上峽，見婦人錦襠，負罌而汲。圓澤曰：『是某託身之所。更後十二年，杭州天竺寺外與君相見。』是夕，圓澤亡。後十二年，源詣餘杭，赴其所，約有牧豎歌曰：『三生石上舊精魂，賞月吟風不要論。慚愧情人遠相訪，此身雖異性常存。』乃圓澤也。」　**海外逢**　用達摩事。見卷一注。　**詩力健**　《梅村詩話》：「蒼公詩清深蒼老，沉著痛快，當為詩中第一，不獨僧中第一也。當其得意，軒昂抵掌，慷慨擊案，自謂生平於此證入不二法門。禪門詩學，總一參悟。」　**翹足**　吳縣石韞玉曰：「《景德傳燈錄》：『長鬚禪師參石頭，石頭乃翹一足，師便為禮拜。』」

其二

明月心常湛，寒泉性不枯。鳥啼香積散，花落影堂孤。道在寧來去，名高定有無。淒涼看筆冢，遺墨滿江湖。

〔註 1〕按：出錢謙益《中峰蒼雪法師塔銘》，載《牧齋有學集》卷一。

香積 王摩詰《過盧四員外宅看飯僧》詩：「乞飯從香積。」《維摩經》：「維摩居士遣八菩薩往眾香國禮佛，言願得世尊所食之餘，於是香積如來以眾香缽盛飯與之。」**道在** 《莊子．知北遊》篇：「東郭子問於莊子曰：『所謂道惡乎在？』莊子曰：『無所不在。』」 **來去** 鳩摩羅什《十喻詩》：「若能映斯照，萬象無來去。」 **筆冢** 張懷瓘《書斷》：「僧智永積年學書，有禿筆十甕，每甕皆數石。後取筆頭瘞之，號為退筆冢，自製銘誌。」武康高文照曰：「蒼雪《焚筆詩》：『土冢不封毛盡禿，踵門限斷字原無。欲來風雨千章埽，望去蒼茫一管枯。』」

其三

慧業誰能繼，宗風絕可哀。昔人存馬癖，近代薄詩才。鹿走譚經苑，鴉飛說法臺。空懸竹如意，落日講堂開。

慧業 《南史．謝靈運傳》：「會稽太守孔顗事佛精懇，而為靈運所輕，嘗曰：『得道應須慧業文人，生天當在靈運前，成佛當在靈運後。』」《法苑珠林》：「昏波易逝，慧業難基。」 **馬癖** 《晉書．王濟傳》：「杜預嘗謂濟有馬癖。」《世說．言語篇》：「支道林嘗養馬數匹。或言道人畜馬不韻，支曰：『貧道重其神駿。』」 **詩才** 王士禛《漁洋詩話》：「釋子詩以滇南蒼雪為第一。如『一夜花開湖上路，半春家在雪中山』，『亂流落葉聲兼下，聽徹寒扉不上關』，皆警句。其弟子秋皋亦有句云：『鳥啼殘雪樹，人語夕陽山。』」王禕《遊記》：「昔佛馱耶舍梵僧也，名在東林十八高賢中，嘗至蓮社，舉鐵如意示慧遠，不悟，拂衣去。」

其四

故國流沙近，黃金窣堵坡。胡僧眉拄地，梵夾口懸河。傳法青蓮湧，還家白馬馱。他年乘願到，應認舊山河。自注：蒼公，滇人。

流沙 注見卷六。 **窣堵坡** 《釋氏要覽》：「梵云窣堵波，此言塔也。」《新婆娑論》：「是上座觀肉，是菩薩肉，共取香薪焚燒其肉，收其餘骨，起窣堵波，禮拜供養，如事佛塔。」 **胡僧** 太白《贈胡僧詩序》：「有胡僧不知幾百歲，眉長數寸。」**梵夾** 《通鑑》：「唐懿宗於禁中設講席，自唱經，手錄梵夾。」胡身之《注》：「梵夾，貝葉經也。以板夾之，謂之梵夾。」 **懸河** 《晉書．郭象傳》：「王弼每云：『聽郭象語，如懸河瀉水而不竭。』」 **青蓮湧** 《晉書．佛圖澄傳》：「取缽盛水，燒香咒之，須臾缽中湧青蓮花。」 **白馬馱** 注見卷一。 **乘願** 王縉《大證禪師碑》：「或宿植德本，乘願復來；或意生人間，用宏開示。」

過王庵看梅感興

練川城南三十里為王庵，學憲王先生著書地也。有梅萬株，不減鄧尉。余以春日過其廢圃，學憲所著數種，其版籍尚存。

地僻幽人賞，名高拙宦居。客來唯老樹，花發為殘書。斜日空林鳥，微風曲沼魚。平生貪著述，零落意何如。

練川　《一統志》:「練祁塘亦名練川，在太倉州嘉定縣南。自縣治中分，東曰東練祁，西曰西練祁。」　**王學憲**　《嘉定縣志》:「王圻，字元翰，上海籍。嘉靖乙丑進士。歷官湖廣提學僉事，終陝西布政使參議。家居，園中有歲寒亭，是其著書處。」朱彝尊《明詩綜》:「洪州拜分陝之命，即請告終養。既歸松江之濱，種梅萬樹，目曰梅花源。仰屋著書，門溷皆安研席。撰有《續文獻通考》、《諡法通考》、《兩浙鹽志》、《海防志》、《三吳水利考》、《稗史彙編》，亦留心有用之學者。」　**鄧尉**　《一統志》:「鄧尉山多梅樹，花開，一望如雪。行數十里，香風不絕。」餘詳卷十五。

獨往王庵看梅沈雨公攜尊道值余已遄返賦此為笑

屢負尋山約，偶然來此間。多君攜酒至，愧我放船還。雙屐成孤往，千林就一閒。誰知種花叟，鎮日不開關。

送致言上人

獨下千峰去，蒼溪出樹腰。雲生穿磴屐，月滿過江瓢。一飯從村寺，前身夢石橋。經行無定著，惆悵故山遙。

致言　朱彝尊《明詩綜》:「宏句，字致言，歙人。雪嶠弟子。」

過韓蘄王墓

訪古思天塹，江聲戰鼓中。全家知轉鬥，健婦笑臨戎。汗馬歸諸將，疲驢念兩宮。淒涼岳少保，宿草起秋風。

韓蘄王墓　《宋史·韓世忠傳》:「韓世忠，字良臣，延安人。歷領南、武安、寧國節度使。紹興十年四月，擢樞密使。尋罷為醴泉觀使。二十一年八月卒。孝宗朝追封蘄王，諡忠武。」《蘇州府志》:「韓蘄王墓在吳縣靈巖山西麓。」　**戰鼓**　《宋史·韓世忠傳》:「金既得建康，由廣德破臨安，世忠謀截金人，歸師，以前軍駐青龍鎮，中軍駐江灣，後軍駐海口。金兵至，則世忠已屯焦山寺，兀朮約日大戰，梁夫人親執桴鼓，至數十合，金兵終不得渡，請盡歸所掠。假道，不許。請獻名馬，又不許。相持黃天蕩四十八日。時兀朮在世忠上游，潛於夜鑿渠三十里，乘小舟截江遁去。」羅大經《鶴林玉露》:「韓蘄王之夫人梁氏，京口倡也。嘗五更入府，伺侯賀朔。忽於廟柱下見一虎蹲臥，驚駭，急走出。已而人至者眾，復往觀之，乃一卒也。因蹴之起，問其姓名，為韓世忠，心異之。告其母，約為夫婦。蘄王後立殊功，為中興名將，遂封梁國夫人。蘄王嘗邀兀朮黃天蕩，幾成擒矣。一夕鑿河遁去，夫人奏疏言世忠失機縱賊，乞加罪責，舉朝為之動色。其明智英偉如此。」　**疲驢**　周密《齊東野語》:「韓忠武王以元樞就第，杜門謝客，絕口不言兵，自號清涼居士。時乘小驢，攜酒，從一二奚童，縱酒西湖以自樂，澹然若未有權位者。平時將佐罕見其面。」　**岳少保**　《杭州府志》:「鄂國武穆王岳飛墓在錢塘縣棲霞嶺。初，瘞於九曲叢祠。孝宗時，改葬是處。墓木皆南向。」

其二

行在倉黃日，提兵過故鄉。傳聞同父老，流涕說君王。石馬心猶壯，雲臺跡已荒。一抔堪灑酒，殘日下平岡。

行在　《宋史・地理志》:「行在所，臨安府也。建炎三年，高宗自建康如杭州，升為府。」蔡邕《獨斷》:「天子以四海為家，故謂所在曰行在所。」　**提兵**　《宋史・韓世忠傳》:「建炎三年，帝由鎮江幸錢塘，苗傅與劉正彥相結，逼帝傳位太子，改元明受。會世忠自鹽城由海道將赴行在，至常熟，得張浚書，以酒酹地，曰:『誓不與此賊共戴天。』至平江，見浚，慟哭曰:『今日之事，世忠願與張俊任之，公無憂也。』即帥兵赴闕。傅、正彥擁精兵，夜開湧金門以走，將南趨閩中。世忠獲送行在誅之。帝手書忠勇二字，揭旗以賜世忠。」案:世忠，延安人。此云過故鄉，未詳。　**石馬**　《唐書・秦瓊傳》:「太宗詔有司琢石為人馬，立墓前，以旌戰功。」注見卷二。

其三

詔起祁連冢，豐碑有賜亭。掛弓關塞月，埋劍羽林星。百戰黃龍艦，三江白石銘。趙家金椀出，山鬼哭冬青。

豐碑　《正德姑蘇志》:「紹興二十一年，王薨，賻祭極優渥，使徐伸護喪，縣合執役。御題神道碑曰中興佐命定國元勳之碑，碑高十餘丈。敕趙雄為文，萬餘字。初，勒文而未立龜趺，留木瀆。嘉定間，敕葬趙師睪，有司磨韓碑應用。後始豎此碑，為樓三成覆之。今碑尚存，而額在百步外，鄉人以為龍，揭去之也。」　**掛弓**　少陵《投贈哥舒開府翰》詩:「天山早掛弓。」　**羽林星**　《漢書・天文志》:「北宮虛危，其南有眾星曰羽林、天軍，軍西有壘壘。」應劭曰:「天有羽林，大將軍之星也。」　**黃龍艦**　《隋書・楊素傳》:「造大艦，名曰五牙，容戰士八百人;次曰黃龍，置兵百人。陳將戚欣以青龍百餘艘守狼尾灘，素親率黃龍數千艘銜枚而下，悉擄其眾。」 **金椀出** 杜珪《紀聞》：「至正中，西僧楊連真伽利宋諸陵寶物，因倡妖言惑主，盡發欑宮之在會稽者，斷殘支體，攫珠襦玉匣，焚其胔，棄草莽間。復斷理宗頂骨為飲器。」李材《解酲語》：「諸髡所得寶物，徽宗陵走花鳥玉筆廂、銅涼撥繡管；高宗陵珍珠戲馬鞍，係嶺南劉鋹進大祖者；光宗陵交加百齒梳、香骨案；理宗陵伏虎枕、穿雲琴，以金貓晴為徽，龍肝石為軫，唐宮故物也；度宗陵五色藤盤、影魚、黃瓊扇柄。其餘寶物，不可枚舉。」少陵《諸將》詩：「早時金盌出人間。」 **冬青** 陶宗儀《輟耕錄》：「唐玨，字玉潛，會稽山陰人。戊寅十二月十有二日，有總江南浮屠者曰楊連真伽，帥徒役頓蕭山，發趙氏諸陵寢。唐時聞之痛憤，亟貨家具，邀里中少年收遺骸，共瘞之。又於宋常朝殿前掘冬青樹一株，植於兩函土堆之上。有夢中詩四首。其一云：『一壞自築珠丘土，雙匣親傳竺國經。只有春風知此意，年年杜宇哭冬青。』」

其四

丘壟今蕪沒，江山竟寂寥。松風吹北固，碑雨洗南朝。細路牛羊上，荒岡草木凋。肯容樵豎擾，遺恨在金焦。

遺恨 《宋史・韓世忠傳》：「世忠軍已先屯焦山寺，謂敵至必登金山廟，觀我虛實，乃遣兵百人伏廟中，百人伏岸滸，約聞鼓聲，岸兵先入，廟兵合擊之。金人果五騎闖入，廟兵喜，先鼓而出，僅得二人，逸其三。中有絳袍玉帶既墜而復馳者，詰之，乃兀朮也。」

宿沈文長山館

一徑草堂偏，湖光四壁天。焙茶松灶火，浴繭竹籬泉。玉鼠仙人洞，銀鱸釣客船。前村呼種樹，偶語石橋邊。

玉鼠 高啟詩：「煙霞閉深洞，絕壁飛玉鼠。」

其二

遇山思便住，此地信堪留。謀食因溪碓，齋心在石樓。漁舟帆六面，橘井樹千頭。長共鴟夷子，翩然結伴遊。

齋心 《莊子・人間世》篇：「顏同曰：『敢問心齋？』仲尼曰：『若志，無聽之以耳而聽之以心，無聽之以心而聽之以氣。聽止於耳，心止於符。氣也者，虛其而待物者也。唯道集虛。虛者，心齋也。』」 **石樓** 《元和郡縣志》：「林屋洞有五門，東有石樓，樓下兩石，扣之清越，所謂神鉦。」 **帆六面** 太湖中漁舟絕大者懸六篷。

福源寺自注：去毛公壇三里為攢雲嶺，有福源泉寺，以泉名。羅漢松係梁朝舊物。

千尺攢雲嶺，金銀佛寺開。鹿仙吹笛過，龍女換珠來。泉繞譚經苑，松依說法臺。蕭梁留古樹，風雨不凡材。

福源寺 注見卷三。 **金銀佛寺** 少陵《龍門》詩：「金銀佛寺開。」洪覺範曰：「佛地有金色世界、銀色世界。」 **古樹** 《蘇州府志》：「梁朝松在洞庭西山福源寺。」

包山寺贈古如和尚

古木包山寺，蒼然曉氣平。石毛仙蛻冷，自注：近毛公壇。**雲影佛衣輕。咒鉢蛟人聽，彈棋鶴子驚。相逢茶早熟，匡坐說無生。**

包山寺 《蘇州府志》：「包山禪寺在吳縣西南一百二十里。」蔡昇《震澤編》：「在毛公壇東南二里。」王世貞《遊洞庭山記》：「包山寺，故鮑靚所居。或曰寺為山所包，故名。」朱彝尊《包山寺題名》：「包山寺相傳建自梁大同年。」 **古如** 無名氏《固如禪師塔銘》：「禪師通明，字固如，崑山周氏子。受法於華山汰如禪師。居包山十餘年，貝葉棲架，微塵滿床。素交禪侶，不過三數人。」〔註2〕 **仙蛻** 張君房《靈〔註3〕笈七籤》：「夫尸解者，尸形之化也，本真之鍊蛻也。」毛公，注見卷三。 **佛衣** 《景德傳燈錄》：「初，達摩奉佛衣來，得道者付以為真印。至大鑑，乃置其衣而無傳焉。」《翻譯名義》：「屈眴，此云大細布，緝木棉花心織成，其色青黑，即達摩所傳袈裟。」 **蛟人** 任昉《述異記》：「南海中有鮫人，水居如魚。」 **匡坐** 《韓詩外傳》：「原憲匡坐而絃歌。」 **無生** 注見卷三。

過圻村

萬壑響鳴蟬，湖光樹杪懸。雲鬟神女廟，雪乳隱君泉。山籠櫻桃重，溪船菱芡鮮。相攜從此住，松老不知年。

圻村 徐崧《百城煙水》：「圻村在西洞庭。」翁澍《具區志》：「聖姑廟在洞庭山。晉王彪二女相繼卒，民以為靈而祀之。《紀聞》引唐人記洞庭山聖姑廟云：吳志姑，姓李氏，有道術，能履水行。其夫殺之。自死至唐中葉，幾七百餘年，顏貌如生，儼然側臥。遠近所禱者，心至則能到廟。心若不至，風回其船，無得達者。今每一日沐浴，為除爪甲傳粉，形質柔弱，只如熟睡，蓋得道者歟？」 **隱君泉** 潘之恒《太湖泉記》：「隱君泉在馬跡山。」

〔註 2〕按：見錢謙益《牧齋有學集》卷三十六。
〔註 3〕「靈」，當作「云」，見卷八十五。

湖中懷友

渺渺晴波晚，青青芳草時。遠帆看似定，獨樹去何遲。花落劉根廟，雲生柳毅祠。香蓴正可擷，欲寄起相思。

劉根 注見卷三。 **柳毅** 注詳卷十。

七夕即事

羽扇西王母，雲輧薛夜來。針神天上落，槎客日邊回。鵲渚星橋迴，羊車水殿開。祇今漢武帝，新起集靈臺。

西王母 注見卷三。 **薛夜來** 注見卷四。 **針神** 王嘉《拾遺記》：「靈芸妙於女工，不用燈燭，製立成，宮中號為鍼神。」 **槎客** 張華《博物志》：「近有人居海渚者，年年八月有浮槎去來，不失期。人有奇志，乘槎而去。十餘月，至一處，有城郭狀。宮中有織婦。見一丈夫牽牛，渚次飲之。因問此是何處，答曰：『訪嚴君平則知之。』因還至蜀，問君平。曰：『某年某月，有客星犯牽牛宿。』計其年月，正是此人到天河時也。」 **鵲渚** 《淮南子》：「烏鵲填河成橋而渡織女。」 **星橋** 王子安《七夕賦》：「褰羽飾於星橋。」 **羊車** 注見卷三。 **集靈臺** 《三輔黃圖》：「集靈臺在華陰縣界，漢武帝所造。」

其二

今夜天孫錦，重將聘雒神。黃金裝鈿合，寶馬立文茵。刻石昆明水，停梭結綺春。沉香亭畔語，不數戚夫人。

雒神 注詳卷十一。 **鈿合** 注見卷四。 **刻石** 曹毘《志怪》：「長安昆明池作二石人，東西相望，象牽牛織女。」 **結綺** 見卷八注。 **亭畔語** 陳鴻《長恨歌傳》：「昔天寶十載，侍輦避暑驪山宮。秋七月，牽牛織女相見之夕，因仰天感牛女事，密相誓心，願世世為夫婦。言畢，各執手嗚咽。此獨君王知之耳。」李白《清平調》：「沉香亭北倚闌干。」 **戚夫人** 見卷四注。

其三

仙醞陳瓜果，天衣曝綺羅。高臺吹玉笛，複道入銀河。曼倩詼諧笑，延年婉轉歌。江南新樂府，齊唱夜如何。

陳瓜果 宗懍《荊楚歲時記》：「七月七日，牽牛織女會天河。人家婦女結綵樓，穿七孔針以乞巧。」 **曝衣** 葛洪《西京雜記》：「太液池西有武帝曝衣樓。七月七日，宮女出后衣曝之。」 **曼倩** 注見卷三。 **延年** 注見卷一。

其四

花萼高樓迴，岐王共輦遊。淮南丹未熟，緱嶺樹先秋。詔罷驪山宴，恩深漢渚愁。傷心長枕被，無意候牽牛。

花萼 《唐書・讓皇帝傳》：「初，帝五子列第東都積善坊，號五王宅。先天後，盡以隆慶舊邸為興慶宮，而賜讓皇及薛王第於勝業坊，申、岐二王居安興坊，環列宮側。天子於宮西南置樓署，曰花萼相輝之機。帝時時登之，聞諸王作樂，亟召升樓，與同榻坐。」 **淮南** 《漢書・淮南王安傳》：「有中篇八卷，言神仙黃白之事，亦二十餘萬言。」 **緱嶺** 劉向《列仙傳》：「王子喬者，周靈王太子晉也。告桓良曰：『告吾家，七月七日待我緱氏山巔。』至時，果乘白鶴駐山頭。」 **驪山** 程大昌《雍錄》：「驪山，周為驪戎國，即藍田山也。」樂史《寰宇記》：「驪山在昭應縣東南二里，溫泉出其下。」《三秦記》：「始皇作閣道，在驪山，八十里，人行橋上，車行橋下，今石柱猶存。」 **長枕被** 《唐書・讓皇帝傳》：「玄宗為太子，嘗製大衾長枕，與諸王共之。」

大根菜

幾葉青青古，穿泥弗染痕。誰人愛高潔，留汝歷涼溫。輪囷形難老，芳辛味獨存。古來磐石重，不必取深根。

大根菜 長洲張邦弼曰：「周魯《類纂》：『亦名根子菜，根似蔓菁而大。』」

趵突泉

似瀑懸何處，飛來絕壑風。伏流根窈渺，跳沫拂虛空。石破奔泉上，雲埋廢井通。錯疑人力巧，天地桔槔中。

趵突泉 曾鞏《齊州二堂記》：「歷城之西五十里，有泉湧出，高或致數尺，其旁之人名之曰趵突之泉。」《明一統志》：「趵突泉，在濟南府城西，一名瀑流，源出山西王屋山下，伏流至河南濟源縣湧出，過黃河，溢為滎，西北至黃山渴馬崖，伏流五十里，至城西出為此泉。或以糠驗之，信然。會諸泉入城，匯為大明河，流為小清河。濟南名泉七十二，瀑流為上，金線、珍珠次之，其餘皆不能與三泉伴矣。」

其二

不信乘空起，憑闌直濺衣。池平難作勢，石隱定藏機。曲水金人立，凌波玉女歸。神魚鱗甲動，咫尺白雲飛。

曲水 《晉書・束皙傳》：「武帝問三月曲水何義，束曰：『秦昭王以三月三日置酒於河，見金人捧水心劍曰：令君制有西夏及霸諸侯。乃因其處立為曲水。』」

贈新泰令楊仲延其地為羊叔子故里

置邑徂徠下，雙槐夾訟堂。殘民弓作社，遺碣石為莊。野繭齊紈美，春泉魯酒香。歸來羊太傅，不用泣襄陽。

新泰　《明一統志》：「新泰縣在濟南府泰安州東南一百八十里。」　**楊仲延**　孫鋐《詩盛初編》：「楊繼芳，字仲延，直隸南和人。順治間選貢生。」《文集・楊仲延詩集序》：「南和楊仲延為新泰令。越四年，擢守江南之和州。」　**羊叔子故里**　程庭《停驂隨筆》：「泰安州新泰縣花園鎮西北六十里，地名羊流店，土人云羊叔子故里也。」《一統志》：「今俗訛為楊柳店。」　**徂徠**　酈道元《水經注》：「徂徠山在兗州梁父、奉高、博成三界。」《元和郡縣志》：「徂徠山亦曰尤來山，在充州乾封縣。」　**弓社**　《宋史・蘇軾傳》：「契丹久和，邊兵不可用，惟沿邊弓箭社與寇為鄰，以戰社自衛，猶號精銳。」《泰安州志》：「羊祜城為祜封邑，城西有村曰羊社。」　**石碣**　《集覽》：「程穆衡曰：『其地今名崔家莊，有石碣。』」　**野繭**　孫廷《銓山蠶說》：「野蠶成繭，昔為上瑞，今東齊山谷在在有之，與家蠶等彌山徧谷，一望蠶叢。」　**魯酒**　《莊子・胠篋》篇：「魯酒薄而邯鄲圍」。　**泣襄陽**　《晉書・羊祜傳》：「每風景必造峴山，慨然太息。祜卒，襄陽百姓於峴山祜平生遊憩之所建碑立廟，歲時饗祭。望其碑者，莫不流涕。杜預因名曰墮淚碑。」

靈巖觀設戒

湖山留霸跡，花鳥供經臺。不信黃池會，今看白社開。枯潭龍洗出，妙塔雁歸來。此地關興廢，須資法將才。

靈巖觀　范成大《吳郡志》：「靈巖山即古石鼓山，一名硯石山。」朱長文《吳郡圖經續記》：「硯石山在吳縣西二十一里，西有石鼓，亦名石鼓山。吳人於此置館娃宮。以山巇村，其山出石，可以為硯，故名硯石山。」　**設戒**　徐炬《事物原始》：「唐懿宗時，置戒壇以度僧尼。後世設戒始此。」　**黃池**　《左傳・哀十三年》：「公會單平公、晉定公、吳夫差於黃池。」　**白社**　《蓮社高賢傳》：「謝靈運至廬山，一見遠公，肅然心服，乃即寺築臺，翻《涅槃經》。鑿池植白蓮，時遠公諸賢同脩淨土之業，因號白蓮社。」　**法將**　歙縣方正澍曰：「黃山谷詩：不負法昌老禪師。」

遙別故友

絕域重分路，知君萬里餘。馬頭辭主淚，雁足覆巢書。草沒還家夢，霜飛過磧車。齊諧他日事，應記北溟魚。

雁足書 《漢書·蘇武傳》:「常惠教使者謂單于言天子射上林中,得雁,足有繫帛書,言武等尚在某澤中。」 **齊諧** 注見卷三。 **北溟魚** 《莊子·逍遙遊》篇:「北溟有魚,其名為鯤。」

其二

雪深難見日,海盡再逢關。野鼠多同穴,神魚似斷山。只應呼草地,都不類人間。勉謝從行者,他年有個還。

秋夜不寐

秋多入眾音,不寐夜沉沉。浩劫安危計,浮生久暫心。鄰雞殘夢斷,窗雨一燈深。薄冷披衣起,晨烏已滿林。

七夕感事

南飛烏鵲夜,北顧鸛鵝軍。圍壁鉦傳火,巢車劍拄雲。江從嚴鼓斷,風向祭牙分。眼見孫曹事,他年著異聞。

烏鵲 魏武帝《短歌行》:「月明星稀,烏鵲南飛。繞樹三匝,無枝可依。」 **北顧** 注見卷六。 **鸛鵝軍** 《左傳·昭二十一年》:「晉荀吳與華氏戰於赭丘,鄭翩願為鸛,其御願為鵝。」《注》:「鸛、鵝皆陣名。」東坡詩:「詩壇欲斂鸛鵝軍。」 **巢車** 《左傳·成十六年》:「楚子登巢車以望晉軍。」《注》:「巢車,車上有櫓。」

喜願雲師從廬山歸併序

願師住雲居十年而歸,出其匡廬詩,道五老、石門、九奇、三疊諸勝,飛泉怪瀑,不可思議,而尤以御碑亭雲海為第一觀,竟似住鏡光、白銀二種世界,不知滄桑浮塵為何等事矣。願公贈予五十初度詩,其落句曰:「半百定將前諾踐,敢期對坐聽松聲。」蓋責予前約。會時方喪亂,衰病無家,顧以高堂垂白,不能隨師以去也,乃為此詩答之。

勝絕觀心處,天風萬壑聲。石門千鏡入,雲海一身輕。出世悲時事,忘情念友生。亂離兄弟恨,辜負十年盟。

雲居 《明一統志》:「雲居山在南康府建昌縣西南三十里,其山紆曲峻極,上常出雲,故名。」 **五老** 注見卷八。 **石門** 酈道元《水經注》:「廬山之北有石門水,水出嶺端,有雙石高竦,其狀若門,謂之石門。水導雙石之中,懸流飛瀑,近三百步許,散漫數十步上,望之連天,若曳飛練於霄中也。」周景式《石門澗記》:「石門澗在文殊寺南。石門者，中有二石相望，並峙如門也。澗水源於長沖，漾於擲筆之前，與九奇之水會，而注於白龍潭，西至於石門出峽，與上霄之水合，而北流播於陶家埠，匯於鶴問寨，入於龍開河。」　**九奇**　《一統志》：「五老峰之東北為九疊雲屏，其下為九疊谷。」元李泂《遊廬山記》：「攀援側足，歷九奇峰，謂之九疊雲屏，而泉出其後。」　**三疊**　張世南《遊宦紀聞》：「谷簾三疊，廬阜最勝，惟三疊於紹興辛亥歲始為世人所見。宣和初，有徐上老棄官，修淨業，祝髮在圓通，當時已觀此泉，圖於勝果寺之壁。」吳闡思《匡廬紀遊》：「五老之陰，眾水會而成溪，長數十里，繞九疊雲屏而東注，溪盡絕壁，千丈瀑布迅注，凡三疊，始下玉川門。由一線天登嶺，折而南，峰回崖曲，三疊不全見。近麻姑崖，有狐松倚壑，抱松擲身，憑虛下眺，始見匹練三折，掛於青壁，玉簾讓其高，黃崖遜其幽，匡廬瀑布此為第一。」《廬山疏》：「三疊泉者，亦謂之三級泉，亦霜之水簾泉。泉下注磐石，三折而後至地也。在五老峰背。」　**御碑亭**　王念《遊天池寺記》：「去寺里許，至御碑亭，碑蓋太姐為周顛仙立也。碑石俱駁落，獨峙一峰，高出眾表。」林後《遊天池寺記》：「聖祖龍飛，周顛仙言多奇中，後會徐道人、天眼尊者，遣赤腳僧進藥和詩，上感脩寺觀，製碑，錫以象教銅鐘諸器。寺西有亭以祀四仙，又作亭以貯御碑。」　**雲海**　李夢陽《遊廬山記》：「至御碑亭，晴晝秋高，下視四海，環雲有如屯絮。」

贈錢受明

獨喜營時譽，疏通邁等倫。地從諸父重，性似外家貧。裘馬無他好，詩書別有神。古來傳孝謹，非必守前人。

錢受明　錢縛，字受明，太倉州學生。《文集・錢臣扆壽序》：「吾季弟孚令以女女承扆之子受明。」　**諸父**　《文集・錢臣扆壽序》：「臣扆之長兄都諫曼修與余同年舉進士。」《鎮洋縣志》：「錢增，字裒卿，號曼修。崇禎辛未進士，授行人，擢兵科給事中，轉刑科都給事中，乞終養歸。順治九年，撫按交章薦，以母老辭。」　**孝謹**　《史記・萬石君傳》：「諸子皆以馴行孝謹，官至二千石。」

受明得子柬賀

長因故人子，往事憶流連。曾忝充閭會，俄逢拜袞年。諸甥今甫爾，入抱卻依然。吾老猶堪待，公卿隻眼前。

充閭　《晉書・賈充傳》：「賈充，字公閭。父逵，晚生充，言後當有充閭之慶，故以為名字焉。」注：古今貴顯者，賀客充門閭，故以是期之。　**拜袞**　《南史・彭城王義康傳》：「袁淑嘗詣義康，義康問其年，答曰：『鄧仲華拜袞之年。』」《後漢書・

鄧禹傳》：「鄧禹，字仲華。拜大司徒，年甫二十有四。」 **公卿** 東坡《賀人生子》詩：「無災無難到公卿。」〔註 4〕

宿徐元歎落木庵

自注：元歎棄家，住故鄣山中。亂後歸天池丙舍。落木庵，竟陵譚友夏所題也。

落木萬山心，蕭條無古今。棄家歸去晚，別業住來深。客過松間飯，僧留石上琴。早成茅屋計，枉向白雲尋。

徐元歎 王士禛《感舊集》補傳：「徐波，字元歎，號頑庵，江南吳縣人。」 **落木庵** 張大純《采風類記》：「落木庵在天池山中，為徐元歎丙舍，竟陵譚友夏題額。後靈巖繼起和尚捐貲刻元歎詩，庵因歸靈巖。」王士禛《池北偶談》：「吳中詩老徐元歎，康熙初，年七十餘，尚在，居天池落木庵。嘗為《落木庵記》云：『崇禎癸酉，與竟陵譚友夏在其弟服膺署中，曉起盥漱，見余白髮盈梳，曰：子從此別，計必住山，請擇嘉名以名其居。服膺出幅紙請作擘窠大字，友夏為書落木菴。』今三字揭諸庵門。松栝數株，撐風蔽日，玄冬霜夜，蕭蕭而下。雙童帚，掃除不給。齋廚爨煙，皆從此出。事之前定如此。」 **故鄣** 《一統志》：「故鄣故城在湖州府安吉縣西北。」 **譚友夏** 朱彝尊《明詩綜》：「譚元春，字友夏，湖廣竟陵人。天啟丁卯鄉試第。」 **茅屋** 南城吳照曰：「少陵《秦州雜詩》：『何時一茅屋，送老白雲邊。』」

送王子惟夏以牽染北行

晚歲論時輩，空群汝擅能。祇疑櫟陽逮，猶是濟南征。名字供人借，文章召鬼憎。阿戎才地在，到此亦何憑。

牽染 《後漢書・楊倫傳》：「其所牽染將相大臣百有餘人。」案：惟夏北行不知所緣何事。《集覽》謂係奏銷案。細味詩意，了不相似。且奏銷之獄，南不下數百人，未聞被逮入京也。 **空群** 昌黎《送溫處士序》：「伯樂一過冀北之野，而馬群遂空。」 **櫟陽逮** 《史記・項羽紀》：「項梁嘗有櫟陽逮。」《注》：「謂有罪相連及，為櫟陽縣所逮錄也。」《漢書・地理志》：「馮翊縣櫟陽。」如淳曰：「櫟音藥。」 **濟南征** 《漢書・儒林傳》：「伏生者，濟南人也。故為秦博士。孝文時，求能治《尚書》者，天下無有。聞伏生治之，欲召伏生，年九十餘，老不能事，於是詔太常使掌故晁錯往受之。」《周書・蕭大圜傳》：「如蒙北叟之放，實勝濟南之征。」 **阿戎** 《晉書・王渾傳》：「渾子戎年十五，阮籍謂渾曰：『濬沖清爽，非卿倫也。與卿言，不如與阿戎語。』」

〔註 4〕按：蘇軾詩題原作《洗兒戲作》。

其二

二十輕當世，愁君門戶難。比來狂大減，翻致禍無端。落木鄉關遠，疲驢道路寒。敝衣王謝物，請勿笑南冠。

王謝物　《南史·陳顯達傳》：「麈尾樱拂，是王謝家物。」

其三

客睡愁頻起，霜天貫索明。此中多將相，何事一書生。末俗高門賤，清時訟繫輕。為文投獄吏，歸去就躬耕。

貫索　《隋書·天文志》：「貫索九星，賤人之牢也。九星皆明，天下獄煩。」**訟繫**　《漢書·惠帝紀》：「有罪當盜械者皆頌繫。」如淳曰：「盜，逃也。恐其逃亡，故著械也。頌者，容也。言見寬容，但處曹吏舍，不入狴牢也。」師古曰：「頌與容同。」

其四

但可寬幽縶，從教察孝廉。昔人能薦達，名士出髡鉗。世局胥靡夢，生涯季主占。定聞收杜篤，寧止放江淹。

察孝廉　《漢書·武帝紀》：「舉孝廉，所以化風俗也。不舉孝，不奉詔，當以不敬論。不察廉，不勝任也，當免。」　**薦達**　《後漢書·劉平傳》：「數薦達名士。」**髡鉗**　《漢書·刑法志》：「當黥者，髡鉗為城旦舂。」　**胥靡**　《書》：「說築傅巖之野。」《傳》：「傅氏之巖，虞虢之界，通道所經，有澗水壞道，使胥靡刑人築此道。說賢而隱，代胥靡築之以供食。」《疏》：「胥，相也。靡，隨也。古者相隨坐輕刑之名。」《〈漢書·楚元王傳〉注》：「聯繫使相隨而服役，故謂之胥靡，猶今之役囚徒以鎖連綴耳。」案：靡，上聲。　**季主**　《史記·日者傳》：「司馬季主者，楚人也。卜於長安東市。」　**收杜篤**　《後漢書·文苑傳》：「杜篤，字季雅。客居美陽，數從令請託，不諧，頗相恨。令怒，收篤送京師。會大司馬吳漢薨，光武詔諸儒誄。篤於獄中為誄，辭最高，帝美之，賜帛免刑。仕至郡文學。」　**放江淹**　《南史·江淹傳》：「宋建平王景素好士，淹隨景素在南兗州。廬陵令郭彥文得罪，辭連淹，言淹受金，淹被繫獄。自獄中上書，景素覽之，即便出之。」

虎丘中秋新霽

萬籟廣場合，道人心地平。天留今夜月，雨洗去年兵。歌管星河動，禪燈風露清。淒涼闔閭墓，斷壑起松聲。

洗兵　劉向《說苑》:「武王伐紂，風霾而乘以大雨，散宜生曰:『此妖也。』武王曰:『非也。天洗兵也。』」　**闔閭墓**　注見卷七。

哭亡女

喪亂才生汝，全家竄道邊。畏啼思便棄，得免意加憐。兒女關餘劫，干戈逼小年。興亡天下事，追感倍淒然。

小年　《莊子·逍遙遊》篇:「朝菌不知晦朔，蟪蛄不知春秋，此小年也。」

其二

一慟憐渠幼，他鄉失母時。止因身未殞，每恨見無期。白骨投懷抱，黃泉訴別離。相依三尺土，腸斷孝娥碑。

三尺土　太白《答王十二寒夜獨酌有懷》詩:「君不見裴尚書，土墳三尺蓬蒿居。」**孝娥碑**　《後漢書·列女傳》:「孝女曹娥者，會稽上虞人也。父旴溺死，不得屍骸。娥年十四，乃沿江號哭，晝夜不絕聲。旬有七日，遂投江而死。至元嘉元年，縣長度尚改葬娥於江南，旁為立祠焉。」

其三

扶病常聞亂，漂零實可憂。危時難共濟，短算亦良謀。訣絕頻攜手，傷心但舉頭。昨宵還勸我，不必淚長流。

中秋看月有感

今年京口月，猶得杖藜看。暫息干戈易，重經少壯難。江聲連戍鼓，人影出漁竿。晚悟盈虧理，愁君白玉盤。

白玉盤　太白《古朗月行》:「小時不識月，呼作白玉盤。」

支硎山齋聽雨明日早晴更宿法螺精舍

秋山所宿處，指點白雲生。故作中宵雨，倍添今日晴。一峰當止觀，萬象逼孤清。更上上方去，松風吹玉笙。

支硎山　張大純《采風類記》:「支硎山本名報恩山，上有報恩寺，在吳縣西南二十五里，以晉支遁嘗居此，有石磅礴平仄，泉流其上，如磨刃然，故名。」　**法螺精舍**　《蘇州府志》:「法螺菴在寒山上，有二楞堂，為中峰。下院勢如旋螺，境絕幽秀。」　**止觀**　《集覽》:「《金陵語錄》:『定慧為菩薩，止觀為佛。』」　**上方**

《維摩詰經》：「汝往上方界，分度四十二恒河沙佛土。」郎士元《秋夜宿靈臺寺》詩：「月在上方諸品靜。」　**松風**　《南史・陶弘景傳》：「築三層樓，弘景處其上，弟子居其中，賓客至其下，惟聽吹笙而已。特愛松風，庭院皆植松，每聞其響，欣然為樂。」

憩趙凡夫所鑿石

石骨何年斲，蒼然萬態收。直從文字變，豈止斧斤搜。亂瀑垂痕古，枯松結體遒。即今苔蘚剝，一一類銀鉤。

趙凡夫　朱彝尊《明詩綜》：「趙宧光，字凡夫，吳人。有《寒山雜著》。」尤侗《艮齋雜說》：「吳人語云：城裏歇家王百穀，山中驛吏趙凡夫。相傳百穀家居，申少師子告歸里，車騎填門，賓客牆進，兩家巷陌各不相下。凡夫卜築寒山，搜剔泉石，又得陸卿子為妻，靈均為了，貴遊麇至，幾同朝市。兩君可稱處士之特矣。」案：凡夫，吳之橫涇人。陸卿子，尚寶卿師道女，多才藻，工繪事。

趙凡夫山居為祠堂今改為報恩寺

高人心力盡，石在道長存。古佛同居住，名山即子孫。飛泉穿樹腹，奇字入雲根。夜半藤蘿月，鐘聲冷墓門。

山居　徐崧《百城煙水》：「寒山別業在支硎山南。萬曆間，雲間高士趙凡夫葬父含光於此，遂偕元配陸卿子家焉。自闢丘壑，鑿山琢石，如洞天仙源。前為小宛堂，茗椀几榻，超然塵表。磐陀、空谷、化城、法螺諸庵，皆其別墅也。而千尺雪尤為諸景之最。子靈均，一傳無後，改為精藍，人猶稱趙墳云。」

靈巖繼起和尚應曹村金相國請住虎丘祖席

應物心無繫，觀空老辯才。道隨諸佛住，山是相公開。日出嚴齋鼓，天清護講臺。居然歌舞地，人為放參來。

繼起　注見卷八。　**金相國**　《蘇州府志》：「金之俊，字彥章，一字豈凡，吳江之曹村人。後徙郡城。萬曆己未進士。本朝晉大學士，歷加太傅，謚文通。」　**辯才**　《首楞嚴經》：「富樓那彌多羅尼子白佛言：『世尊知我有大辯才，以音聲輪教我發揚。』」《華嚴經・賢首品第十二之二》：「若能知法永不滅，則得辯才無礙法。若得辯才無礙法，則得開眼無邊法。」　**放參**　《緇藏百丈清規》：「僧堂止靜謂坐禪，開靜謂放參也。」

王增城子彥罷官哭子留滯不歸近傳口信不得一字詩以歎之

老徇妻孥意，辭家苦萬端。關心惟少子，失計在微官。客夢烏衣巷，鄉愁白石灘。可憐消息到，猶作兩人看。

增城　《明一統志》:「增城縣在廣州府城東一百九十里。」

其二

庾嶺應逢雁，章江莫寄魚。遙知雙淚盡，不遣一行書。家在無歸趣，途窮失所如。故鄉宜早去，臨發乃長歔。

庾嶺　張勃《吳錄》:「南野縣有大庾山，其路險峻，螺轉而上，踰九磴。」《南康記》:「大庾嶺，漢名臺嶺。嶺有石，平如臺，形如廩。或曰漢有庾勝者，梅鋗之將隸，番君使分兵守臺嶺，築城嶺下，因名庾嶺。」張無垢《橫浦集》:「初，嶺東廢，路人苦峻極。開元四年，張九齡相其山谷之宜，革其阪險之故。宋嘉祐間，蔡挺提刑江西，其弟抗漕廣東，乃商度工用，陶土甃徑，北路廣八尺，長一百九丈；南路廣一丈二尺，長三百十五丈。復夾道種松，以休行旅，遂成車馬之途。」《一統志》:「庾嶺在江西南安府大庾縣，與廣東南雄府分界，又名梅嶺。」　章江　注見卷九。　長歔《魏書．司徒公順傳》:「仰面看屋，長歔而不言。」

寄懷陳直方

漢法三冬繫，秦關萬里流。可憐諸子壯，不料闔門收。要路冤誰救，寬恩病獨留。羈棲騎瘦馬，風雪阻他州。

陳直方　《文集·亡女權厝誌》:「我之仲女禮成，歸于相國子孝廉容永，字直方。相國以事，全家徙遼左。直方右目眇。於律，廢疾者贖。居兩月，竟與諸兄弟同遣云。」秀水王復曰:「直方，順治甲午舉人。」

其二

百口風波大，三生夢寐真。膏粱虛早歲，辛苦得前身。索米芒鞋雪，傭書布帽塵。不知公府掾，可識路傍人。

三生　陳季方《見聞錄》:「陳直方嘗言知四世事。初為蜀通判，子苦嫡母嚴，商於外。母死，乃得歸。再世為王孫。三世為京師竹林寺僧。一日放參，有婦女過，偶目之，遂墜落至此。今雖為宰相子，後世愈下矣。」

其三

萬事偶相值，愁中且遣家。江山俄轉戰，妻子又天涯。客酒消殘漏，軍書過落花。出門翻自笑，安穩只龍沙。

遣家　《文集·亡女權厝誌》：「相國之被徙也，用流人法，惟子婦不在遣中。相國命將幼穉歸，寓書於余。女歸省余東滄。未幾，海寇警急，京江陷，北信不至，州人一日數驚。女積憂成疾，返而就醫郡城。余憐其無依，父子常共守。」

其四

時世高門懼，似君誠又稀。何辜憂並坐，即免忍先歸。苦語思持滿，勞生羨息機。向來兄弟輩，裘馬自輕肥。

輕肥　《文集·亡女權厝誌》：「陳氏家方隆盛，時子弟厚自封殖。即難作，而室中裝為在南者分持去。相國母夫人於武林聞之，曰：『四郎無私財，如妻子何！』」

詠月

長夜清輝發，愁來分外明。徘徊新戰骨，經過舊臺城。秋色知何處，江心似不平。可堪吹急管，重起故鄉情。

臺城　注詳卷十一。

訪商倩郊居有贈

花影瘦籬根，江平客在門。曉吟寒入市，晚食雨歸村。管記看山爽，傭書宿火痕。西京游俠傳，乃父姓名存。

管記　《集覽》：「《謝靈運詩序》：『阮瑀管記室之任。』」　**游俠傳**　《史記·自序》：「救人於厄，振人不贍，仁者有乎？不既信，不倍言，義者有取焉。作《遊俠列傳》。」

假寐得月

滅燭貪涼夜，窗陰夢不成。雲從閉目過，月向舉頭生。樹黑添深影，溪長耐獨行。故人多萬里，相望祗盈盈。

三峰秋曉

曉色近諸天，霜空萬象懸。雞鳴松頂日，僧語石房煙。清磬秀群木，幽花香一泉。欲參黃檗義，便向此中傳。

三峰 《蘇州府志》:「三峰清涼禪院在常熟北門外數里，前臨烏目澗。」張大純《采風類記》:「三峰舊名山峰，林巒暗峙，與中峰相望。」 黃檗 《景德傳燈錄》:「洪州江西隆興寺黃檗禪師，名希運，閩人。初於福州黃檗山出家，往江西參百丈海禪師，契悟心要。相國裴休鎮宛陵，建大州院，請師說法，還以黃檗名其寺。休既心契，集師所說法語，類之成帙，題曰《黃檗心要》，人大藏流行。」

偕顧伊人晚從維摩踰嶺宿破山寺

樹老不言處，秋深無事中。雲根僧過白，霜信客來紅。樵語隔林火，茶煙小院風。杳然松下路，人影石橋東。

顧伊人 曾傳燦《過日集》:「顧湄，字伊人，江南太倉州人。」《文集・顧母陳孺人壽序》:「余及門顧伊人居州之雙鳳里，其先君麟士長於毛、鄭之學，稽經輯傳，自名一家，海內所稱織簾先生也。余嘗訪伊人於其里，茅齋三楹，衡門兩版，庭階潔治，地無纖塵。散步至後圃，見嘉樹文石，則曰：此吾父在日，某先生所嘗過而憩焉者也。丹黃遺帙，插架如新。薜壁舊題，漫漶可識。噫嘻！麟士可謂有子矣。」 維摩 徐崧《百城煙水》:「維摩寺在常熟縣西八里虞山上。」 破山寺 注見卷八。

維摩楓林絕勝則公獨閉關結足出新詩見示

遇賞只枯坐，秋林自著霜。道心黃葉澹，勝事白雲忘。澗水通茶灶，山花對石床。靜中幽思足，為我出詩囊。

則公 《集覽》:「程穆衡曰:『則公名華通，太倉人。靈隱具德弟子。』」

夜發破山寺別鶴如上人

得來松下宿，初月澹相親。山近住難定，僧高別更真。暗泉隨去馬，急葉捲歸人。過盡碧雲處，我心慚隱淪。

苦雨

響苦滴殘更，愁中耳倍明。生涯貪舊業，天意誤躬耕。乞火泥連屋，輸租潦滿城。誰家歌舞宴，徹曉不聞聲。

茸城客樓大風曉寒吟眺以示友聖九日玉符諸子

偶作扁舟興，偏逢旅夜窮。鴉啼殘夢樹，客話曉樓風。月落三江外，城荒萬馬中。空持一尊酒，歌哭與誰同。

茸城　注見卷五。　**玉符**　蔣景祁《瑤華集》：「楊瑄，字玉符，江南華亭人。康熙丙辰進士，官翰林院編修。」

遇宋子建話故友有感

對酒徐君劍，披襟宋玉秋。蕭條當晚歲，生死隔炎洲。萬里書難到，三山夢可求。自注：子建學仙。**傷心南去雁，老淚只交流。**

宋子建　王士禛《感舊集》補傳：「宋存標，字子建，號秋士，江南華亭人。貢生。」《文集・宋直方詩序》：「子建以明經高隱著書。嘗擬選唐人詩數百家，未就而卒。」　**故友**　案：謂子建之兄尚木也。尚木名徵璧。　**徐君劍**　注見卷五。　**披襟**　宋玉《風賦》：「楚襄王遊於蘭臺之宮，宋玉、景差侍。有風颯然而至，王乃披襟而當之，曰：『快哉此風！』」　**炎洲**　《文集・宋尚木詩序》：「君累不得志於計偕，凡六上，始收。不幸遂遭末造，優生傷亂，逾十年始出。既已簪筆侍從，又不獲已。從事於戎馬鉦鼓之間，主者差其勞勩，奏授一郡，崎嶇嶺海，噢咻其遺民，刻廉自苦，七年不得調。」

樓聞晚角

霜角麗譙聞，天邊橫海軍。旗翻當落木，馬動切寒雲。風急城烏亂，江昏野燒分。何年鼙鼓息，倚枕向斜曛。

麗譙　《莊子・徐无鬼》篇：「盛鶴列於麗譙之間。」郭象曰：「高樓也。」徐度《卻埽編》：「師古曰：『譙門，謂門上為高樓以望耳。樓一名譙，故謂美麗之樓曰麗譙。』」　**橫海**　注見卷五。

送錢子璧赴大名

一騎衝寒雪，孤城叫晚鴉。參軍雄鎮地，上客相公家。酒盡河聲合，燈殘劍影斜。信陵方下士，旅思莫興嗟。

錢子璧　蔣景祁《瑤華集》：「錢穀，字子璧，華亭人。」　**大名**　《明一統志》：「大名府，戰國屬魏、衛二國，漢曰魏郡，唐曰天雄軍，宋曰大名。」　**相公**　案：成基命，字靖之，直隸大名人。明崇禎中東閣大學士。子克鞏，崇禎進士。國朝歷官秘書院大學士，即青壇相國也。《集覽》：「大名成光，字仲謙，青壇相國子也。有《送錢子璧師南歸》詩。此云相公，蓋指青壇也。」　**下士**　《史記・信陵君傳》：「魏公子無忌者，封為信陵君。為人仁而下士。」

過諸乾一細林山館

興極期偏誤，名山識旅愁。橋痕穿谷口，亭影壓溪頭。霞爛丹山鼎，松鳴白石樓。居然華燭夜，先為一峰留。

諸乾一　董蒼水云：「細林主人諸勿庵，為人落落高曠，一有晉人風致，性好山水。其撰述甚富。」餘見卷七。　丹山、白石　謂彭仙人、陳徵君。並見卷七注。

神山夜宿贈諸乾一

高士能調鶴，仙人得臥龍。穿雲三徑杖，聽月五更鐘。管樂名堪亞，彭佺道自濃。獨來天際住，嘯詠赤城松。

管樂　注見卷一。　彭佺　彭祖、偓佺，古得道者。

題〔註5〕徐文在西佘山莊

已棄藍田第，還來灞水濱。煙開孤樹迥，霜淨一峰真。路曲山迎杖，廊空月就人。始知蕭相計，留此待沉淪。

西佘山　注見卷五。長洲沈清瑞曰：「集中《九峰草堂歌》自注云：『徐文貞公階有別業在西佘』，則文在乃文貞之裔也。」　蕭相計　《史記·蕭相國世家》：「十二年，黥布反，上自將擊之，數使使問相國何為。客有說相國曰：『夫君位為相國，功第一，可復加哉？然君初入關中，得百姓心，十餘年矣，皆附君，常復孳孳得民和。上所以為數問君者，畏君傾動關中。君胡不多買田地，賤貰貸以自污，上心乃安。』於是相國從其計，上乃大悅。」

細林夜集送別倩扶女郎

遠翠入嚬眉，輕寒袖半垂。花生神女廟，月落影娥池。深竹微風度，晴沙細履移。回看下山路，紅燭為誰遲。

夜集　《集覽》：「毛奇齡《西河詞話》：『雲間諸進士嗣郢、董孝廉俞諸君嘗於重陽後作神山之會，即彭仙人棲神處也。時婁東吳學士偉業在座，連覓女郎倩扶，不得。夜分，滬上張宏軒刺史錫懌來赴，投刺後，學士命以己車迎入。使者傳覆，需兩車，人頗迓之。及至，則挾一衣冠少年，光豔暗射，若薄雲籠月，人各卻步，且不敢詢姓氏。及移燭視之，那倩扶也，一座譁然。蓋是時倩扶已與宏軒定情久矣。宏軒有詞紀事，其序曰：時維九月，節屆登高。思逸士於龍山，遇佳人於鶴浦。銜杯浹日，判袂

〔註5〕「題」，四庫本《梅村集》作「過」。

經旬。免簡頻濡，鴻箋數寄。堪笑黏泥之絮，翻憐逐水之萍。品其高韻，談於黃花；感此微辭，意每傷於綠葉。』」　**倩扶**　張庚《畫徵錄》：「倩扶，華亭妓女。善畫花鳥，多寫意。工詩。」　**神女廟**　祝穆《方輿勝覽》：「神女廟在巫山縣治西北三百五十步，有陽臺。」　**影娥池**　葛洪《西京雜記》：「漢武於望鶴臺西起俯月臺，臺下穿影娥池。每登臺眺，月影入池中，因名影娥池。」

天馬山過鐵崖墓有感

天馬龍為友，雲山鳥自飛。定愁黃紙召，獨羨白衣歸。長卷心同苦，狂歌調已非。悲來吹鐵笛，莫笑和人稀。

天馬山　詳卷十五。　**鐵崖墓**　注見卷七。　**龍為友**《漢書·禮樂志》：「《西極天馬歌》：今安匹龍為友。」　**白衣歸**《明史·楊維楨傳》：「洪武二年，太祖召諸儒纂集禮樂書，以維楨前朝老文學，遣翰林詹同奉幣詣門，維楨謝曰：『豈有老婦將就木而再理嫁者耶？』明年，復遣有司敦促，賜安車詣闕，廷留百有一十日，即乞骸骨，上成其志，仍給安車還山。宋濂贈之詩曰：『不受君王五色詔，白衣宣至白衣還。』蓋高之也。」　**鐵笛**《明史·楊維楨傳》：「酒酣以往，筆墨橫飛，或戴華陽巾，披羽衣，坐船屋上，吹鐵笛，作《梅花弄》；或呼侍兒，歌白雪之詞，自倚鳳簫和之，賓客皆蹁躚起舞，以為神仙中人。」

陳徵君西佘山祠

通隱居成市，風流白石仙。地高卿相上，身遠亂離前。客記茶龕夜，僧追筆冢年。故人重下拜，酹酒向江天。

通隱《世說注》：「晉安帝紀曰戴逵好鼓琴，善屬文，尤樂遊宴，多與高門風流者遊，談者許其通隱。」《文集·脩太白山人墓記》：「後百餘年，雲間白石山人者出，當海內無事，積薪厝火，中外晏安，山人得於其間交王公，營聲譽，自比於陶弘景、戴安道為通隱。未幾，椓人復竊國柄，黨戠兵戠紛糾於不可解。」　**居成市**《南史·沈麟士傳》：「隱居餘不溪差山，講經教授，從遊士數十百人，各營屋宇，依止其側，時為之語曰：『差山中，有賢士，開門教授居成市。』」　**筆冢**　注見前。

橫雲

青嶂千金鑿，丹樓百尺高。空山開化跡，異代接賢豪。自注：李氏園亭廢後近為諸乾一改築。**身世供危眺，妻孥付濁醪。雙眸雲背豁，飛鳥敢吾逃。**

橫雲　詳卷十五。　**丹樓**《世說·言語》篇：「顧長康目江陵城樓曰：『遙望層城，丹樓如震。』」　**飛鳥逃**　《元史・忙哥撒兒傳》：「善射如此，飛鳥且不能逃，而況人乎！」少陵《望嶽》詩：「決眥入飛鳥。」

送聖符弟之任蘄水丞

隨牒為人佐，全家漢水東。放衙廳壁冷，趨府戟門雄。屈宋風塵下，江山醒醉中。丈夫從薄祿，莫作故園窮。

聖符　《蘇州府志》：「吳世睿，字聖符，太倉州人。選貢生。官蘄水縣丞。」《文集・德藻稿序》：「與兄聖符俱有聲於藝苑。」《集覽》：「吳翊《樂園集》：『余從祖聖符官歿蘄黃制府，於公護邺甚厚。』」　**蘄水**　《明一統志》：「蘄水縣在黃州府城東南一百十里，本漢江夏郡蘄春縣地。梁析置蘄水縣。」　**隨牒**　注見卷七。　**漢水**　《黃氏日抄》：「漢水二源。一出秦州天水縣，謂之西漢水，至恭州巴中縣入江。一出大安軍之三泉縣，謂之東漢水，至漢陽軍入江。」　**屈宋**　《唐書・杜審言傳》：「吾文章當得屈、宋作衙官。」

其二

四十未專城，除書負姓名。才高方薦達，地僻鮮逢迎。夏簟琴床淨，春泉茗碗清。公餘臨墨沼，洗筆劃圖成。自注：蘄有陸羽泉、右軍洗筆池。聖符善畫。

陸羽泉　《一統志》：「蘄水縣東鳳山之陰、蘭溪之陽有泉出石罅，為蘭溪。其在寺庭，為陸羽烹茶之泉。」　**洗筆池**　《明一統志》：「洗筆泉在蘄水縣郭門外，世傳王羲之洗筆放此。」

其三

西上今吾弟，分攜北固樓。最高搔白首，何處望黃州。故舊忻無恙，煙波感昔遊。蘄春有香草，相寄慰離愁。自注：兼柬畢協公侍御。

畢協公　《湖廣通志》：「崇幀十年丁丑進士畢十臣，蘄水人。御史。」案：十臣，梅村丙子所取士也。

其四

訪俗曾經亂，車過大澤鄉。殘民談勝廣，舊國記江黃。廿載流移復，三湘轉運長。正逢休息後，溫詔重循良。

勝廣　《史記・陳涉世家》：「陳勝者，陽城人也，字涉。吳廣者，陽夏人也，字叔。二世元年，發閭左適戍漁陽九百人屯大澤鄉。勝、廣當行，為屯長。失期，當斬。勝乃自立為將軍，廣為都尉，攻大澤鄉，收而攻蘄，下之。」徐廣曰：「大澤鄉在沛郡蘄縣。」方氏《通雅》：「沛之蘄，非江夏之蘄也。苞水入淮，逕蘄縣。蘄縣，漢屬沛郡。洨水、潼水、蘄水皆注於淮。陳涉起兵於蘄大澤，即此也。江夏有蘄春縣，有蘄水，出五欒中。晉改蘄陽縣。即今之蘄州也。」　**江黃**　《左傳・僖十二年》：「齊人、宋公、江人、黃人盟於貫。」《漢書・賈捐之傳》：「殷周地，東不盡江、黃。」方氏《通雅》：「春秋之江、黃，非今黃州、九江也。江國在汝南安陽縣，安陽故城在蔡州新息縣西。黃國在汝南弋陽縣，今光州定城縣。《水經注》：『黃水入淮曰黃口，有黃城。』」
三湘　樂史《寰宇記》：「湘潭、湘鄉、湘陰，謂之三湘。」

暑夜舟過溪橋示顧伊人

深岸聽微風，江清不寐中。舟行人影動，橋語月明空。寺樹侵門黑，漁燈颭水紅。誰家更吹笛，歸思澱湖東。

澱湖　注見卷五。

佘山遇姚翁出所畫花鳥見贈

七十忘機叟，空山羨獨行。只今來白石，當日住青城。一斗開顏笑，千花洗筆成。那知牙齒落，忽發浩歌聲。

青城　《福地記》：「中國名山以青城、峩眉為五嶽佐理。」《玉匱經》：「青城山為第五大洞寶仙九室之天。」

贈青溪蔡羽明

家傍山城住，前賢定可追。一經傳漢相，八法繼秦碑。仙是麻姑降，才非唐舉知。逃名因賣藥，不愧鹿門期。

漢相　《漢書・韋賢傳》：「韋賢，字長孺，魯國鄒人也。兼通《禮》、《尚書》，以《詩》教授。代蔡義為丞相。少子玄成，復以明經歷仕至丞相。鄒魯諺曰：『遺子黃金滿籯，不如一經。』」　**八法**　王氏《法書苑》：「八法，蔡邕所造。點為側，橫為勒，堅為努，挑為趯，左上為策，左下為掠，右上為啄，右下為磔。古人用筆之術，多於永字取法，以八法之勢能通一切勢也。」　**麻姑**　葛洪《神仙傳》：「王方平降蔡經家，使人召麻姑。」　**唐舉**　《史記・蔡澤傳》：「蔡澤遊學，干諸侯不遇，而從唐舉相。舉熟觀而笑曰：『吾聞聖人不相，殆先生乎！』澤知唐舉戲之也。」　**賣藥**　注見卷七。　**鹿門**　見卷八注。

橘

莫設西山戍，蕭條是橘官。自注：時洞庭初增兵將。**果從今歲少，樹為去年寒。**自注：昨冬大寒，橘大半枯死。**一絹輸將苦，千頭剪伐殘。茂陵消渴甚，只向上林看。**

橘官 《異物志》：「漢武時，交阯有橘官長一人，秩二百石，主貢御橘。」 **一絹、千頭** 注見卷八。 **消渴** 注見卷九。

蛤蜊

彊飯無良法，全憑適口湯。食經高此族，酒客得誰方。水斷車螯味，廚空牡蠣房。江南沈昭略，苦嗜不能嘗。

蛤蜊 《類篇》：「蛤蜊，海蚌也。」 **車螯** 《本草》：「車螯亦名蜃，大蛤也。其殼甚厚，可製器。亦能吐氣成樓臺。」梁元帝《謝賚蛤蜊車螯啟》：「車螯，味高食品，名陳物志。蛤蜊，聲重前論，見珍若士。」 **牡蠣** 劉恂《嶺表錄異》：「蠔即牡蠣也，初生海邊，如拳石。四面漸長，高一二丈者，巉巖如山。」昌黎詩：「蠔相黏為山，百十各自生。」注：「殼如石，亦曰蠣房。」 **沈昭略** 《南史・王融傳》：「遇沈昭略，未相識。昭略屢顧盼，謂主人曰：『是何年少？』融殊不平，謂曰：『僕生於扶桑，入於暘穀，照耀天下，誰云不知，而卿此問？』昭略曰：『不知許事，且食蛤蜊。』融曰：『物以群分，方以類聚。君長東隅，居然應嗜此族。』」

膾殘

棄擲誠何細，夫差信老饕。微茫經匕箸，變化入波濤。風俗銀盤薦，江湖玉饌高。六千殘卒在，脫網總秋毫。

膾殘 張華《博物志》：「吳王江行食鱠，有餘，棄之中流，化為魚。今魚中有名吳王鱠，長數寸，大者如箸，猶有鱠形。」 **老饕** 東坡《老饕賦》：「蓋聚物之夭美，以養吾之老饕。」 **六千** 《史記・越世家》：「乃發習流二千、教士四萬人、君子六千人伐吳。」

石首

採鮮諸狹少，打鼓伐藏冰。五月三江去，千金一網能。尾黃荷葉蓋，腮赤柳條勝。笑殺兒童語，烹來可飯僧。

石首 徐堅《初學記》：「石首魚頭中有石如棊子，服之可下積淋。」《雅俗稽言》：「石首魚，一名黃魚，一名洋山魚，蓋洋山所出也。能鳴。網師以長竹筒插水聽之，聞其鳴則下網，每獲至千頭。」　**伐冰**　《松江府志》：「石首俗呼黃魚，每夏初，賈人駕巨舟，群百人呼噪出洋。先於蘇州冰廠市冰以待，謂之冰鮮。」　**飯僧**　周亮工《書影》：「浙憎以佛經有『南海有魚，其名石首。比丘有疾，食肉四兩』之語，遂恣啖之，然皆無賴掛褡僧所為。稍持戒律者不至藉經言為口實也。」

燕窩

海燕無家苦，爭銜白小魚。卻供人採食，未卜汝安居。味入金齏美，巢營玉壘虛。大官求遠物，早獻上林書。

燕窩　《湖海搜奇》：「海燕銜小魚營巢，故名燕窩。」周亮工《閩小記》：「燕窩蓋海燕所築，銜之飛渡海中，翮力修則置海面，浮之若杯身，坐其中。久之，復銜以飛。多為海風吹泊山隩，海人得之以貨。」　**白小**　少陵《白小》詩：「白小群分命，天然二寸魚。」　**金齏**　陽湖劉嗣館曰：「《南部煙花記》：『南人魚鱠細縷，金橙拌之，號為金齏玉鱠。』」

海參

預使燂湯洗，遲才入鼎鐺。禁猶寬北海，饌可佐南烹。自注：產登萊海中，故無禁。**莫辨蟲魚族，休疑草木名。但將滋味補，勿藥養餘生。**

南烹　注見卷六。

比目

比目誠何恨，滄波作伴遊。幸逃網罟厄，可免別離愁。小市時珍改，殘書土物收。若逢封禪詔，定向海邊求。自注：得東海比目魚始可封禪，見《管子》。

比目　《爾雅．釋地》：「東方有比目魚，不比則不行，其名謂之鰈。」郭璞《注》：「狀如牛脾，紫色，鱗細一眼，南人謂之鞋屜魚，江淮謂之拖沙魚，亦謂之箬葉魚。」《宋書．符瑞志》：「比目魚，王者德及幽隱則見。」朱勝非《紺珠集》：「鄭康成《尚書中候》云：『比目魚一名東鰈。』」　**封禪**　《史記．封禪書》：「管子曰古之封禪者，東海致比目之魚，西海致比翼之鳥。」

鮝

舊俗魚鹽賤，貧家入饌輕。自慚非食肉，每飯望休兵。餘骨羶何附，長餐臭有情。腐儒嗟口腹，屬饜負升平。

鮝　徐堅《初學記》:「石首魚蕘而食之，名為鮝。」《吳地記》:「闔閭逐東夷入海，得金色魚，食之，歸而思之，問有餘，所司云：並曝乾。王索之，其味美，因書美下著魚，是為鯗。」字今從鮝，非也。　**羶**　《莊子・徐无鬼》篇:「羊肉不慕蟻蟻慕羊肉，羊肉羶也。舜有羶行，百姓悅之，故三徙成都，至鄧之虛，而十有萬家。」**饜饜**　《左傳・十八年》:「以小人之腹為君子之心，屬饜而已。」

過吳江有感

落日松陵道，堤長欲抱城。塔盤湖勢動，橋引月痕生。市靜人逃賦，江寬客避兵。廿年交舊散，把酒歎浮名。

吳江　《五代史・職方考》:「吳江縣梁開平三年錢鏐置。」《蘇州府志》:「在府南四十里。」　**松陵**　陳沂《南畿志》:「吳江本吳縣之松陵鎮，後析置吳江縣。」　**堤**　《一統志》:「長堤在吳江縣東，宋慶曆二年以松江風濤，漕運多敗舟，遂起松陵長堤，界於江湖之間。明萬曆十三年重築，長八十里。」　**塔**　《蘇州府志》:「寧境華嚴講寺在吳江縣東門外。宋元祐四年，邑人姚得瑄建，方塔七成。」　**橋**　陶宗儀《輟耕錄》:「吳江長橋七十二洞。」詳十八卷注。

莫釐峰

始信一生誤，未來天際看。亂峰經數轉，遠水忽千盤。獨立久方定，孤懷驟已寬。亦知歸徑晚，老續此遊難。

莫釐峰　《一統志》:「東山在吳縣西南太湖中。《史記正義》謂之莫釐山。」《吳縣志》:「相傳隋莫釐將軍居此，故名。」

送沈友聖漢川哭友詩並序

漢川顧西巘侍御，與雲間沈山人友聖為布衣交。使吳，深自折節，友聖長揖就坐，箕踞狂嘯，無所不敢當。所居田坳蓬蔚，衡門兩版，侍御出郊枉訪，停車話舊，一郡皆驚。西巘亡，友聖徒步三千里哭之，糧盡道寒，直前不顧。予與友聖交厚，侍御亦以友聖之故厚予。嘗三人虎丘夜飲，其鄭重之意，形諸圖畫，見於歌詩。漢川之行，惜予不能從也，爰作詩寓其悲焉。

顧西巘　見卷七。　**漢川**　《一統志》:「漢川縣在漢陽府西北一百二十里，漢沙羨、安陸縣地。宋初為漢川，屬漢陽軍。」

士有一知己，無須更不平。世翻嫌鮑叔，人竊罵侯生。置飲忘形踞，停驂廢禮迎。柴門車轍在，感舊淚縱橫。

一知己　《虞翻別傳》：「使天下一人知己者，足以不恨。」　**罵侯生**　《史記·信陵君傳》：「公子從車騎，虛左，自迎侯生。侯生攝敝衣冠，直上載公子上坐，不讓。公子執轡愈恭。時魏將相宗室賓客滿堂，待公子舉酒。市人皆觀公子執轡。從騎皆竊罵侯生。」

其二

得信俄狂走，千山一哭中。棄家芒屩雪，為位草亭風。兩水江聲合，三聲友道空。祗留黃鶴夢，相見話詩翁。

兩水　謂漢、沔水。　**黃鶴**　注見卷三。

其三

貧賤誰曾託，相逢許此身。論文青眼客，漬酒白衣人。丘壟松楸冷，江山薤露新。一杯傾漢水，不肯負春申。

誰託《孔叢子》：「宮佗見子順曰：『佗困貧賤，將欲自託富貴之門，何向而可？』」**許身**　《史記·聶政傳》：「老母在，政未敢以身許人也。」　**青眼**　注見卷五。　**漬酒**　《後漢書·徐稺傳》：「稺嘗為太尉黃瓊所辟。及瓊卒，稺乃負糧，徒步到江夏赴之，設雞酒薄祭，哭畢而去，不告姓名。」《注》：「稺於家炙雞一隻，以一兩綿絮漬酒中，暴乾以裹雞，徑到所起冢外，以水漬絮，使有酒氣。白茅為藉，以雞置前，釃酒畢便去，不見喪主。」　**薤露**　崔豹《古今注》：「《薤露》、《蒿里》，並哀歌也，本出田橫門人，言人命奄忽，如薤上露易晞滅也。」高承《事物紀原》：「漢武帝時，李延年為《薤露曲》，送王公貴人。」　**春申**　《史記·春申君傳》：「春申君者，楚人也，名歇，姓黃氏，客三千餘人。」

其四

徒步愁糧盡，傷心是各天。雲埋大別樹，雪暗小孤船。死友今朝見，狂名到處傳。范張千里約，重補入晴川。

大別、小孤　並見卷二。　**范張**　《後漢書·范式傳》：「范式，字巨卿，山陽人。與汝南張劭為友。劭字元伯。元伯臨盡，歎曰：恨不見吾死友。尋卒，式忽夢見元伯，玄冕，垂纓，屣履，而呼曰：『巨卿，吾以某日死，當以爾時葬，永歸黃泉。子未忘我，豈能相及？』式素車白馬，往會其喪。其母望見，曰：『必范巨卿也。』式送執紼，引柩，修墳樹，然後乃去。」　**晴川**　注見卷七。

秦留仙寄暢園三詠自注：同姜西溟、嚴蓀友、顧伊人作。

秦留仙　《江南通志》：「秦松齡，字留仙，號對巖，無錫人。順治乙未進士，入翰林，以奏銷案罣誤歸。康熙己未召試博學鴻辭，官諭德。」　**寄暢園**　《江南通志》：「寄暢園在無錫縣慧山寺左。明正德中，秦端敏公金置。舊名鳳谷行窩，屢加增葺，易今名。聖祖南巡，臨幸，賜額二：一曰松風水月，一曰山色溪光。諭德秦松齡立石。」　**姜西溟**　《欽定國朝詩別裁集》：「姜宸英，字西溟，浙江慈谿人。康熙丁丑進士第三人，官翰林院編修。」　**嚴蓀友**　王士禛《感舊集》補傳：「嚴繩，字蓀友，無錫人。康熙己未以布衣召試博學鴻辭，授翰林院檢討，遷中允。」

山池塔影

黛色常疑雨，溪堂正早秋。亂山來眾響，倒景漾中流。似有一帆至，何因半塔留。眼前通妙理，斜日在峰頭。

惠井支泉

石斷源何處，涓涓樹底生。遇風流乍急，入夜響尤清。枕可穿雲聽，茶頻帶月烹。只因愁水遞，到此暫逃名。

惠泉　注見卷七。　**水遞**　丁用晦《芝田錄》：「李德裕取惠山泉，自常州至京置遞，號水遞。」

宛轉橋

斜月掛銀河，虹橋樂事多。花欹當曲檻，石礙折層波。客子沉吟去，佳人窈窕過。玉簫知此意，宛轉採蓮歌。

慧山酒樓遇蔣翁

桑苧誰來繼，名泉屬賣漿。價應誇下若，味豈過程鄉。故老空山裏，高樓大道旁。我同何水部，漫說撥醅香。

慧山　陸羽《惠山記》：「惠山，古華山也。」顧歡《吳地志》：「華山在吳城西北一百里。」釋寶唱《名僧傳》：「沙門顯宗元徽中入吳，憩華山精舍，《老子枕中記》所謂吳西神山也。」　**桑苧**　陸文學《自序》：「羽自號桑苧翁，嗜茶，著《茶經》三卷。」　**賣漿**　注見卷九。案：惠泉可以釀酒，故云。**下若、程鄉**　並見卷八。　**何水部**

注見卷七。　**撥醅**　樂天《醉吟先生傳》：「吟罷自哂，揭甕撥醅。」又：「飲數杯，兀然而醉。」

家園次罷官吳興有感

世路嗟誰穩，棲遲可奈何。官隨殘夢短，客比亂山多。閉閣凝香坐，行廚載酒過。卻聽漁唱響，落日有風波。

園次　《揚州府志》：「吳綺，字園次，江都人。順治九年拔貢，授中書舍人。歷兵部郎中，出知湖州府。既罷歸，貧無田宅，購廢圃以居。」王晫《今世說》：「園次官湖州守，為治簡靜，放衙散帙，蕭然雒誦。繩床棐几，燈火青熒，吏人從屏戶窺之，不辨其為二千石也。喜與賓客遊，四方名士過從無虛日，卒以此罷官。」　**吳興**　《明一統志》：「湖州府，吳曰吳興。」　**凝香**　韋蘇州《郡齋雨中與諸文士讌集》詩：「燕寢凝清香。」

其二

勝事難忘處，陰晴檻外峰。高臺爭見水，曲塢自栽松。失志花還放，離程鶴未從。白雲長澹澹，猶做到時容。

高臺　謂愛山臺。詳卷十五。

其三

枉殉千金諾，空酬一飯恩。只今求國士，誰與報王孫。強悶裁詩卷，長歌向酒尊。古人高急難，歎息在夷門。

千金諾　《史記．季布傳》：「曹丘生曰：『楚諺云：得黃金百斤，不如得季布一諾。』」　**一飯恩**　《史記．范睢傳》：「一飯之恩必償。」　**國士**　《史記．淮陰侯傳》：「蕭何曰：『至如信者，國士無雙。』」　**王孫**　《史記．淮陰侯傳》：「漂母曰：『吾哀王孫而進食，豈望報乎？』」　**夷門**　用侯嬴事。詳卷十三。

其四

劇郡非吾好，蕭條去國身。幾年稱傲吏，此日作詩人。京洛虛名誤，江湖懶病真。一官知已愧，所得是長貧。

作詩人　陳維崧《三芝集序》：「園次之守湖州也，擒治豪猾，不受請託，要人不喜也。因其招接四方名流，遊讌日多，因以是中之。既罷官，僦居吳門，刻其詩文，曰《林蕙堂》。又詮次其三子之詩，曰《三芝集》。」

許九日顧伊人和元人齋中雜詠詩成持示戲效其體

焦桐

流落中郎怨，薰風意乍開。響因知己出，歌為逐臣哀。一曲尊前奉，千金爨下材。漢家忘厝火，絕調過江來。

齋中雜詠 元楊載《東陽十題》尚有《敗裘》、《敝鐘》二首。 **焦桐** 《後漢書．蔡邕傳》：「吳人有燒桐以爨者，邕聞火烈之聲，知其良木，因請而裁為琴，果有美音，而其尾猶焦，故時人名曰焦尾琴焉。」 **厝火** 《漢書．賈誼傳》：「夫抱火厝之積薪之下而寢其上，火未及然，因謂之安。方今之勢，何以異此！」

蠹簡

飽食終何用，難全不朽名。秦灰招鼠盜，魯壁竄鯫生。刀筆偏無害，神仙豈易成。卻留殘闕處，付與豎儒爭。

秦灰 《史記．秦始皇紀》：「敢有藏《詩》、《書》、百家語者，悉詣守尉雜燒之。」 **魯壁** 《漢書．魯恭王傳》：「恭王壞孔子舊宅以廣其宮，於壁中得古文經傳。」 **鯫生** 《史記．項羽本紀》：「鯫生說我。」服虔曰：「鯫，小人貌。」瓚曰：「《楚漢春秋》：『鯫，姓也。』」 **刀筆** 《史記．蕭相國世家》：「於秦時為刀筆吏。」 **無害** 《史記．蕭相國世家》：「以文無害，為沛主掾吏。」《注》：「《漢書音義》曰：『文無害，主文無所枉害也。律有無害都吏，如今言公平史〔註6〕。一曰無害者，如言無比，陳留閒語也。』」 **神仙** 段成式《酉陽雜俎》：「何諷嘗於書中得一髮捲，規四寸許，如環無端，莫知其何物。後與方士言之，曰：『此名脈望。蠹魚三食神仙字則化此。夜持向天，從規中望星，星使立降，可求丹度世。』」

殘畫

原自無多筆，年深色便凋。茶煙衝雨過，竹粉遇風飄。童懶犀從墮，兒頑墨誤描。六朝金粉地，落木更蕭蕭。

舊劍

此豈封侯日，摩挲憶往年。恩仇當酒後，關塞即燈前。解去將誰贈，輸來弗值錢。不逢張壯武，辜負寶刀篇。

張壯武 用豐城劍事。見卷八注。

〔註6〕「史」，《史記集解》卷五十三原作「吏」。

破硯

一擲南唐恨，拋殘剩石頭。江山形半截，寶玉氣全收。洗墨池成玦，窺書月仰鉤。記曾疏闕失，望斷紫雲愁。

南唐　《史略》：「徐知誥受吳禪，建國於金陵，是為南唐。」李之彥《硯譜》：「南唐李後主得青石硯，墨池中有黃石如彈丸，水常滿，終日用之不耗。陶穀見而異之。硯大，不可持，乃取石彈丸去。後主索之良苦。陶曰：『要當碎之。』石破，中有小魚跳地上，即死。自是硯無復潤澤。」　紫雲　李長吉《青花紫石硯歌》：「端州石工巧如神，踏天磨刀割紫雲。」

廢檠

憶曾同不寐，棄置亦何心。喜伴疏窗冷，愁添老屋深。書將鄰火映，夢共佛燈沉。莫歎蘭膏燼，應無黠鼠侵。

鄰火　《漢書・匡衡傳》：「衡貧，時無油，鑿壁引鄰舍燭光誦讀。」

塵鏡

舉目風塵暗，全遮皓魄輝。休嗟青鏡改，憐我白頭非。秦女妝猶在，陳宮淚怎揮。不知徐孺子，負局幾時歸。

陳宮　用樂昌公主事。詳卷十八注。　負局　《世說補》：「徐孺子嘗事江夏黃公。後黃公亡歿，孺子往會葬，無資以自致，齎磨鏡具自隨，所在取直，然後得前。」劉禹錫《磨鏡篇》：「門前負局翁，為我一拂拭。」

斷碑

妙跡多完闕，天然反失真。銷亡關世代，洗刷見精神。拓處懸崖險，裝來斷墨新。正從毫髮辨，半字亦先秦。

過東山朱氏畫樓有感並序

東洞庭，以山後為尤勝。有碧山里朱君，築樓教其家姬歌舞。君每歸自湖中，不半里，令從者擫船屋作鐵笛數弄，家人聞之皆出。樓西有赤欄干累丈餘，諸姬十二人，豔妝凝睇，指點歸舟於煙波杳靄間。既至，即洞簫鈿鼓，諧笑並作，見者初不類人世也。君以布衣畜伎，晚而有指索其所愛者，以是不樂遣去，無何竟卒。余偶以春日過其里，雖簾幕凝香，而湖山晴美。樓頭有紅杏一株，傍簷欲笑。客為余言君生平愛花，病困猶扶而瀝酒，再拜致別。諸伎中有紫云者，為感其意，至今守志不嫁。嗟乎！由此足以得君之為人矣。為題五言詩於壁上。

東洞庭　《蘇州府志》:「莫釐山以其在洞庭山東，俗稱東洞庭山，去洞庭山十八里。」　朱君　吳縣嚴榮曰:「翁澍《具區志》:『朱必掄，字珩璧。居洞庭東山，家有縹緲樓。』」

盡說凝眸望，東風徙倚身。如何踏歌處，不見看花人。舊曲拋紅豆，新愁長白蘋。傷心關盼盼，又是一年春。

關盼盼　見卷六注。

葉君允文偕兩叔及余兄弟遊寒山深處

投足疑無地，逢泉細聽來。松顛湖影動，峰背夕陽開。客過攜山榼，僧歸掃石臺。狂呼聲撼木，麋鹿莫驚猜。

寒山　《蘇州府志》:「莫釐山又南為寒山，亦各韓山。」

查灣西望

屢折才成望，山窗插石根。濕雲低染徑，老樹半侵門。漁直看疑岸，沙橫欲抱村。湖光猶在眼，燈火動黃昏。

查灣　張大純《采風類記》:「查灣在莫釐山南。」

拜王文恪公墓

舊德豐碑冷，湖天敞寂寥。動名高故相，經術重前朝。致主惟堯舜，憂時在豎刁。百年人世改，野唱起漁樵。

王文恪　《明史・王鏊傳》:「王鏊，字濟之，吳縣人。成化十年鄉試。明年會試，俱第一。廷試第三。正德元年，進戶部尚書、文淵閣大學士，加少傅。四年，乞歸家居。十四年，廷臣交薦，不起。卒，贈太傅，謚文恪。」《明一統志》:「王鏊墓在東洞庭山之梁家山。」　經術　《明史・王鏊傳》:「鏊博學有識鑒，文章爾雅，議論明暢。少善制舉義，後數典試，程文魁一代。取士尚經術，險詭者一切屏去弘、正間，文體為之一變。」　豎刁　《左傳・僖二年》:「齊寺人貂始漏師於多魚。」《注》:「寺人，內閹官豎貂也。」案:《舊唐書・李訓傳》作「豎刁」。《明史・王鏊傳》:「弘治初，遷侍講學士，充講官。中貴李廣導帝遊西苑，鏊講文王不敢盤於游畋，反覆規切，帝為動容。講罷，謂廣曰:『講官指若曹耳。』正德元年，與韓文諸大臣請誅劉瑾等八黨。俄瑾入司禮監，大學士謝遷、劉健相繼去，內閣止李東陽一人。瑾欲引焦芳，廷議獨推鏊，瑾迫公論，命與芳同入內閣。瑾銜尚書韓文，必欲殺之，又欲以他事中健遷，鏊前後力救得免。時中外大權悉歸瑾，鏊初開誠與言，間聽納。而芳專媕阿，瑾橫彌甚，禍流縉紳。鏊不能救，力求去，許之。」

胥王廟

伍相丹青像，鬚眉見老臣。三江籌楚越，一劍答君親。雲壑埋忠憤，風濤訴苦辛。平生家國恨，偏遇故鄉人。

胥王廟 《蘇州府志》:「吳相伍大夫廟在胥口胥山上。子胥死後，吳人於此立祠，俗稱胥王廟。」 **三江** 《國語》:「子胥諫曰:『夫吳之與越也，仇讎敵戰之國也，三江環之。』」 **一劍** 《史記·吳世家》:「吳王賜子胥屬鏤之劍以死。」 **故鄉人** 《集覽》:「謂文種也。」《吳越春秋注》引《呂氏春秋》高誘解曰:「大夫種，姓文氏，字會，楚之鄒人。」是與子胥俱楚產。然子胥忠於吳而種忠於越，是子胥自有家國之恨，與種不同，故云「偏遇故鄉人」。

查灣過友人飯

碧螺峰下去，宛轉得山家。橘市人沽釀，桑村客焙茶。溪橋逢樹轉，石路逐灘斜。莫負籃輿興，夭桃已著花。

查灣 注見前。 **碧螺峰** 張大純《采風類記》:「碧螺峰在莫釐山南。」

寒山晚眺

驟入初疑誤，沿源興不窮。穿林人漸小，攬葛道微通。湖出千松杪，鐘生萬壑中。晚來山月吐，遙指斷巖東。

翠峰寺遇友

臥疾峰腰寺，攲危腳步勞。松聲侵殿冷，花勢擁樓高。薄俗詩書賤，空山將吏豪。自注：時有戍將居寺中。不堪從置酒，白髮自蕭騷。

翠峰寺 《蘇州府志》:「翠峰禪寺在莫釐山之陰。唐將軍席溫捨宅建。」

登寒山高處策杖行崖谷中

側視峰形轉，空蒼萬象陰。斷巖湖數尺，絕澗樹千尋。日透玲瓏影，煙生窈靄心。忽逢天際廣，始覺所來深。

沙嶺

亂峰當面立，反憩得平丘。坐臥此云適，歌呼不自由。支頤蒼鹿過，坦腹白雲留。笑指鳥飛處，有人來上頭。

沙嶺 《蘇州府志》：「莫釐山一支自西而南為白沙嶺。」程《箋》：「一名長沙山。」

飯石峰

半空鳴杵臼，狼藉甑山傍。莫救黔黎餓，誰開白帝倉。養芝香作粒，煮石露為漿。飯顆相逢瘦，詩翁詎飽嘗。

飯石峰 《蘇州府志》：「寒山之西岸有仙人石，又南為飯石峰，山岡前後往往得細石如米粒，雲開山禪師所施飯也。」 **甑山** 《正德姑蘇志》：「陽抱山西北竹青塘又北曰雞籠山，又北曰甑山。山巔有七竅如瓦甑，故名。」 **白帝倉** 《後漢書・公孫述傳》：「成都郭外有秦時舊倉，述改名白帝倉。」 **飯顆** 孟棨《本事詩》：「李白才逸氣高，嘗戲杜甫云：『飯顆山頭逢杜甫，頭戴笠子日卓午。借問別來太瘦生，總為從前作詩苦。』蓋譏其拘束也。」

柳毅井自注：其地即橘社。

仙井鹿盧音，原泉瀉橘林。寒添玉女恨，清見柳郎心。短綆書難到，雙魚信豈沉。波瀾長不起，千尺為情深。

柳毅井 蔡昇《震澤編》：「柳毅泉在郁家湖口，井甚淺，可俯掬也，而水旱不盈不涸。《蘇州志》云：『柳毅泉在太湖濱，大風撓之不濁，大旱不耗，所以為美。』」 **橘林** 張大純《采風類記》：「柳毅井在洞庭橘社。洞庭龍君女託毅寄書曰：『洞庭之陰有大橘焉，曰橘社。擊樹三，當有應者。』即此。今橘社樹尚在，故名其地為社。下去吳縣西一百十里。」 **玉女恨** 《洞庭靈姻傳》：「唐儀鳳中，柳毅應舉不第，過涇陽，見一婦牧羊，泣曰：『妾，洞庭君女也。嫁涇川君次子，而夫為婢僕所惑，日以厭薄。君將還吳，以尺書託寄。』」 **柳郎心** 《洞庭靈姻傳》：「毅還家，訪於洞庭，取書寄之。洞庭君欲以女妻毅，毅曰：『殺人之夫而娶其妻，一不可也。』後毅再娶盧氏，貌酷類龍女。既產一子，乃謂毅曰：『予即洞庭君女。涇川之辱，君能救之。向所以不言者，知君無好色之心。今所以言者，知君有愛子之義。』」 **波瀾** 孟郊《貞女操》：「波瀾誓不起，妾心古井水。」 **千尺** 太白《贈汪倫》：「桃水潭水深千尺。」

雞山自注：夫差養鬥雞處。

飲啄丹山小，長鳴澤畔雲。錦冠虛恃氣，金距耿超群。斂翅雌猶守，專場勝未分。西施眠正熟，啼報越來軍。

雞山　徐崧《百城煙水》：「雞山在武山東南吳王養鬭雞於此，上有雞山廟。」**恃氣**　《列子・黃帝篇》：「紀渻子為周宣王養鬭雞，十日而問之，曰：『雞可鬭乎？』曰：『未也，方虛憍而恃氣。』」**金距**　《左傳・昭二十五年》：「季氏之雞鬭。季氏介其雞，郈氏為之金距。」《注》：「金距，施金芒於雞距也。」**守雌**　《老子》：「知其雄，守其雌，為天下谿。」**專場**　應瑒《鬥雞篇》：「專場驅眾敵。」

廄里自注：在武山吳王養馬處。

夫差芻秣地，遺跡五湖傳。柳葉青絲鞚，桃花赤汗韉。自注：武山桃花為東洞庭一勝。降王羞執轡，豔妾笑垂鞭。老驥哀鳴甚，西風死骨捐。

廄里　盧熊《蘇州府志》：「廄里在東洞庭武山之東。昔吳王牧馬處。今為渡湖陸行孔道。」**降王執轡**　《國語》：「越王其身親為夫差前馬。」

仙掌樓留別眾友

杯酒鏡湖平，持來送客行。可憐高會處，偏起故園情。煙鳥窗中滅，風帆樹杪生。遙看沙渡口，明日是離程。

仙掌樓　吳暻陽《錦溪小集》：「仙掌樓，洞庭東山劉氏之產。」

登東山雨花臺

白雲去何處，我步入雲根。一水圍山閣，千花夾寺門。日翻深谷景，煙抹遠天痕。變滅分晴晦，悠然道已存。

雨花臺　徐崧《百城煙水》：「雨花臺在東洞庭葉巷北二里，一名雨花庵。」

留洞庭二十日歸自水東小港

漸覺湖天改，扁舟曲曲行。野橋誰繫姓，村樹亦知名。晚市魚蝦賤，煙汀菰米生。偶逢空闊處，重起舊灘聲。

菰米　《蘇州府志》：「茭白即菰也。惟吳縣梅灣村一種，四月生，名呂公茭。茭中生米，可作飯，即菰米飯也。」

武山自注：本名虎山。夫差於其地養虎。李唐諱虎為武，至今仍之。

霸略誇擒縱，君王置虎牢。至今從震澤，疑是射成皋。土俗無機阱，山風少怒號。千秋遺患處，誰始剪蓬蒿。

武山　徐崧《百城煙水》：「武山與東山只隔一溪，有渡水橋接。相傳吳王養虎於此，稱虎峰。唐諱虎為武。上有寶雲庵。」　**虎牢**　《穆天子傳》：「有虎在乎葭中。天子將至，七萃之士為奔。戎生捕虎而獻之，天子命之為押而畜之東虞，是為虎牢。」　**成皋**　《漢書・地理志》：「河南郡縣。成皋，故虎牢。」　**遺患**　《史記・項羽紀》：「此所謂養虎自遺患也。」

題郁靜巖齋前壘石

就石補奇雲，潭幽亂石文。貞堅應有性，高下亦惟君。鳥雀因人亂，松杉我獨聞。苔階含古色，落落自同群。

郁靜巖　《文集・郁氏家譜序》：「余外家郁氏為吳中名姓，其後人靜巖名滋，篤行君子也。」

梅村詩集箋注　卷第十一

長洲吳翌鳳撰　滄浪吟榭校定本

七言律詩

梅村

枳籬茅舍掩蒼苔，乞竹分花手自栽。不好詣人貪客過，慣遲作答愛書來。閒窗聽雨攤詩卷，獨樹看雲上嘯臺。桑落酒香盧橘美，釣船斜繫草堂開。

梅村　注見卷三。　**嘯臺**　東晉江微《陳留志》：「阮嗣宗善嘯，聲與琴諧。陳留有阮公嘯臺。」樂史《寰宇記》：「阮籍亭在尉氏縣東南二十步。籍每追名賢，攜酌長嘯於此。」　**桑落酒**　劉績《霏雪錄》：「河東桑落坊有井，每至桑落時，取水釀酒，甚美，故名桑落酒。」**盧橘**　司馬相如《上林賦》：「盧橘夏熟。」《注》：「枇杷也。」《漢書注》：「應劭曰：『伊君〔註1〕書曰：箕山之東，青鳥之所，有盧橘，常夏熟。』」

王煙客招往西田同黃二攝六王大子彥及家舅氏朱昭芑李爾公賓侯兄弟賞菊

九秋風物令公香，自注：文肅嗜菊。此其遺愛。三徑滋培處士莊。花似賜緋兼賜紫，人曾衣白對衣黃。未堪醉酒師彭澤，欲借餐英問首陽。轉眼東籬有何意，莊嚴金色是空王。

〔註1〕「君」，顏師古注《漢書》卷五十七上《司馬相如列傳》作「尹」。

西田 注見卷一。 **黃攝六** 《鎮洋縣志》:「黃翼聖,字攝六。」見卷八。 **朱昭芑** 朱彝尊《明詩綜》:「朱明鎬,字昭芑,太倉州儒學生。」 **李爾公賓侯** 《復社姓氏》:「李可衛,字爾公,蘇州人。」《蘇州府志》:「順治十二年進士李開鄴,字賓侯,改名可汧,歷官湖廣提學。」程《箋》:「二李,煙客妻姪也。」 **令公香** 李頎《寄綦毋潛》詩:「風流三接令公香。」 **文肅** 《明史·王錫爵傳》:「王錫爵,字元馭,蘇州太倉人。嘉靖四十一年舉會試第一,廷試第二。萬曆十二年,拜禮部尚書,兼文淵閣大學士。二十二年乞休,改吏部尚書,進建極殿。三十八年卒於家,贈太保,謚文肅。」 **賜緋賜紫** 高承《事物紀原》:「唐明皇與貴妃采戲,將北,惟重四可轉,上連呼之,骰子轉成重四,上悅,賜四緋。」徐炬《事物原始》:「則天朝僧法郎等賜紫袈裟。僧之賜紫自則天始。」 **衣白衣黃** 《唐書·李泌傳》:「肅宗即位靈武,物色求訪,會泌亦自至,欲授以官,固辭,願以客從,入議國事,出陪輿輦。眾指曰:『著黃者,聖人。著白者,山人也。』」案:詩中衣字宜從去聲。此作平聲用。 **醉酒** 《南史·陶潛傳》:「九月九日,出宅邊叢菊中坐,會王弘送酒至,即便就酌,醉而後歸。」 **餐英** 《離騷經》:「夕餐秋菊之落英。」 **金色** 注見卷九。 **空王** 注見卷七。

其二

不扶自直疏還密,已折仍開瘦更妍。最愛蕭齋臨素壁,好因高燭耀華鈿。坐來豔質同杯泛,老去孤根僅瓦全。自注:蒔者以瓦束土。苦向鄰家怨移植,寄人籬下受人憐。

不扶自直 《史記·三王世家》:「管子曰:『蓬生麻中,不扶自直。』」 **孤根** 東坡《甘菊》詩:「孤根倚長松。」 **瓦全** 《北齊書·元景安傳》:「天保時,元帝宗室親近者多被誅戮,疏宗如景安之徒,議欲請姓高氏。景皓曰:『豈得棄去本宗逐他姓?大丈大寧可玉碎,不為瓦全。』」 **籬下** 《齊書·張融傳》:「融自序云:大丈夫當刪《詩》、《書》,定《禮》、《樂》,何足因循,寄人籬下?」

和王太常西田雜興韻

一臥溪雲相見稀,繫船枯柳叩斜扉。橋通小市魚蝦賤,水繞孤村煙火微。到處琴書攜自近,騾來賓客看人圍。畫將松雪花溪卷,補入西田老衲衣。

松雪 《元史·趙孟頫傳》:「自號松雪道人」。程箋:「花溪在蘇州閶門內範莊前,即文正公故宅。趙文敏曾作《花溪圖》。」

其二

積雨空庭鳥雀稀，泉聲入竹冷巖扉。芒鞋藤杖將迎少，蟹舍魚莊生事微。病酒客攜茶荈到，罷棋人簇畫圖圍。日斜清簟追涼好，移榻梧陰見解衣。

茶荈　陸羽《茶經》:「一曰茶，二曰檟，三曰蔎，四曰茗，五曰荈。」魏王《草木志》:「茶葉似梔，可煮為飲。其老葉謂之荈，嫩葉謂之茗。」

其三

苦竹黃蘆宿火稀，渡頭人歇望歸扉。偶添小閣林巒秀，漸見歸帆煙靄微。蔬圃草深鳧雁亂，水亭橋沒芰荷圍。夜涼捲幔深更話，已禦秋來白袷衣。

其四

竹塢花潭過客稀，灌畦才罷掩松扉。道人石上支頤久，漁父磯頭欸乃微。潮沒秋田孤鷺遠，閣含山雨斷虹圍。亭皋木落黃州夢，江海翩躚一羽衣。

支頤　《莊子・漁父》篇:「右手持頤。」昌黎《題大秀禪師房》詩:「暫拳一手支頤臥。」　**欸乃**　元結《欸乃曲序》:「大曆初，結為道州刺史，以軍事詣都使。還州，逢春水，舟行不得進，作《欸乃曲》，聽舟子唱之，以取適於道路耳。」柳宗元詩:「欸乃一聲山水綠。」　**黃州夢**　東坡《後赤壁賦》:「夢一道士，羽衣蹁躚。」

其五

亂後歸來桑柘稀，牽船補屋就柴扉。遊魚自見江湖闊，野雀何知身體微。聽說詩書田父喜，偶譚城市醉人圍。昨朝換去機頭布，已見新縫短後衣。

身體微　儲光羲《野田黃雀行》:「嘖嘖野田雀，不知軀體微。」　**短後衣**　《莊子・說劍》篇:「曼胡之纓，短後之衣。」

其六

勝情今日似君稀，鷺立灘頭隱釣扉。屋置茶僚圖陸羽，軒開畫壁祀探微。蕭齋散帙知耽癖，高座談經早解圍。手植松枝當麈尾，雲林居士水田衣。

鷺立 韋莊《題盤豆驛水館後軒》詩：「雌頭鷺占清波立。」 **陸羽** 《唐書·隱逸傳》：「陸羽，字鴻漸，復州竟陵人。不知所生。或言有僧得諸水濱。既長，以《易》自筮，得《蹇》之《漸》，曰：『鴻漸于陸，其羽可用為儀。』乃以陸為氏，名而字之。隱苕溪，嗜茶，善品泉。始創煎茶法。著《茶經》三卷。」 **探微** 張祜《毀浮圖年逢東林寺舊》詩：「畫壁陸探微。」餘見卷七。 **解圍** 《晉書·列女傳》：「王凝之妻謝道韞聞獻之與客談議，辭理不勝。道韞遣婢白獻之曰：『請與小郎解圍。』乃施青紗障自蔽，申理前論，客不能屈。」 **松枝麈尾** 注見卷八。 **雲林** 《明史·隱逸傳》：「倪瓚自號雲林居士。」 **水田衣** 楊慎《藝林伐山》：「袈裟一名水田衣。」摩詰《過盧四員外宅看飯僧》詩：「裁衣學水田。」吳江楊復吉曰：「《善覺要覽》：佛住王舍城，經行見稻田畦畔，語阿難曰：『諸佛衣相是。從今依此作衣相。』記：田畦貯衣，生長嘉苗。法衣之田，潤以四利之水，增其三善之苗，以養法身，自惠命也。」

其七

相逢道舊故交稀，偶過鄰翁話掩扉。陶氏先疇思士行，謝家遺緒羨弘微。城中賜第書千卷，祠下豐碑柳十圍。今日亂離牢落甚，秋風禾黍淚沾衣。

士行 《名賢表》：「陶侃，字士行，潛之祖也。」 **弘微** 《南史·謝密傳》：「謝密，字弘微。童幼時精神端審，時然後言。叔父混見而異之，曰：『此兒深中夙敏，方成佳器。有子如此，足矣。』混亡，混妻東鄉君以家事委之。九年而室宇修整，倉廩充盈，田疇墾闢，有加於舊。東鄉君歎曰：『僕射生平重此一子，可謂知人。僕射為不亡矣。』」 **賜第** 《漢書·高帝紀》：「為列侯食邑者皆佩之印，賜大第宅。」孟康曰：「有甲乙次第，故曰第也。」 **祠** 張采《太倉州志》：「王文肅公祠在儒學東南，俗呼馬路西，萬曆三十八年建。」 **柳十圍** 《晉書·桓溫傳》：「溫北伐，經金城，見少為琅琊時所種柳，皆已十圍，慨然曰：『樹猶如此，人何以堪。』」

其八

春曉臺前春思稀，故園蘿薜繞山扉。僮耕十畝桑麻熟，僧住一龕鍾磬微。題就詩篇才滿壁，種來松栝已成圍。而今卻向西田老，換石栽花典敝衣。

春曉臺 《集覽》：「春曉臺在樂郊園中。」

壽王子彥五十

二十登車侈壯遊，軟塵京雒紫驊騮。九成宮體銀鉤就，自注：善歐體。**萬卷樓居玉軸收。**自注：家有樓，名萬卷。**縱解捋蒱非漫戲，即看餔歠亦風流。**自注：善啖。**筍輿芒屩春山路，故舊相逢總白頭。**

軟塵　東坡《從駕景靈宮》詩：「軟紅猶戀屬車塵。」自注：前輩戲語：西湖風月，不如東華軟紅塵土。　**九成宮**　朱長文《墨池編》：「《九成宮醴泉銘》，唐率更令歐陽詢正書。」　**銀鉤**　注見卷六。　**萬卷樓**　周裳《元覽閣集·王氏萬卷樓記》：「萬卷樓者，王敬美奉常所建也，在其第之東。其孫子彥葺而理之，復其舊，而制度有加焉。中置曲木櫥十有四，周而列之。凡以帙記者，數千計。書分四部，部之餘列為類，並其家集，以至晉、唐而下，法書名帖，無不具也。惟時與公頡頏者，于鱗建白雪樓，下瞰華不注。嘗有客自北來，詢其樓，則棟椽不存，而萬卷之在此者無恙。」　**玉軸**　包衡《清賞錄》：「米海嶽《書史》云：『隋、唐藏書皆金題玉躞，錦贉繡褫，金題押頭也。玉躞，軸心也。贉，卷首貼綾，人謂之玉池。標外加竹界而打擫其覆首，曰標褫。』」　**捋蒱**　《晉書·王獻之傳》：「年數歲，嘗觀門生捋蒱，曰：『南風不競。』門生曰：『此郎管中窺豹，略見一斑。』」餘詳後。　**餔歠**　《南史·王景文傳》：「景文風姿為一時之冠。袁粲歎曰：『景文非但風流可悅，乃餔歠亦復可觀。』」

其二

舊業城西二頃田，著書聞已續長編。兩賢門第知應補，十上才名祇自憐。投老漫裁居士服，畏人還趁孝廉船。只因梅信歸來晚，手植松枝暗記年。

二頃田《史記·蘇秦傳》：「使我有洛陽負郭田二頃，吾豈能佩六國相印乎？」　**著書**　陳瑚《確庵文稾》：「書城孝廉著作之盛，充棟滿家。近究心文字之學，著《字學正譌》一書，中分正體、正音二部，部各四條，釐為十卷，使學者讀之，而知道有源流，學有雅俗，由此而進乎六書之學，於以窺見古人製字之精。」　**長編**　注見卷八。　**兩賢**　蘄水王登雲曰：「謂其祖元美、叔祖敬美也。」　**十上**　《戰國策》：「蘇秦說秦王，書十上，而說不行。」　**居士服**　注見卷八。　**孝廉船**　《晉書·張憑傳》：「憑詣劉惔，惔處之下坐，神意不接。憑欲自發而無端，會王濛就惔清言，有所不通，憑於末座判之，言旨深遠，一坐皆驚。惔延之上座，清言彌日，留宿，至旦遣之。憑還船，須臾，惔傳教覓張孝廉船，召與同載。」　**松枝記年**　劉肅《大唐新語》：「玄奘法師西域取經，手摩靈巖寺松，曰：『吾西去，汝可西長。吾若歸，即東向。使弟子知之。』及去，其枝年年西向。一年忽向東，弟子曰：『吾師歸矣。』果然。號摩頂松。」

其三

懶將身世近浮名，殘客縧來厭送迎。獨處意非關水石，逢人口不識杯鐺。衣帢蘊藉多風貌，硯幾清嚴見性情。子弟皆賢賓從好，似君才勿愧平生。

殘客　《南史・張纘傳》：「初，纘與參掌何敬容意輒不協，敬容居權軸，賓客輻輳，有詔詣纘，纘輒不接，曰：『吾不能對何敬容殘客。』」　**不識杯鐺**　注見卷七。　**衣帢**　《北史・成淹傳》：「敕送衣帢。」《廣韻》：「帢同緣，編絲繩也。」

其四

雖云文籍與儒林，獨行居然擅古今。五篋留賓高士約，百金投客故人心。尊彝布列圖書貴，花木蕭疏池館深。晚向鹿門思採藥，漢濱漁父共浮沉。

文籍儒林　注見卷六。　**獨行**　《後漢書・獨行傳・序》：「中世偏行一介之夫，能成名立方者，蓋亦眾也，故總為獨行篇焉。」　**池館**　案：子彥家有韲涇園。

姜如須從越中寄詩次韻

漂泊江湖魯兩生，亂離牢落暮雲平。秦餘祀日刊黃縣，越絕編年紀赤城。南菊逢人懷故國，西窗聽雨話陪京。不堪兄弟頻回首，落木蕭蕭非世情。

姜如須　見卷二。《明史・姜埰傳》：「阮大鋮得志，欲殺垓，垓變姓名逃之寧波，國亡乃解。」　**魯兩生**　注見卷二。案：此指須及其兄如農也。　**秦餘**　孟襄陽《宿武陽部即事》詩：「人物是秦餘。」　**祀日**　注見卷五。　**黃縣**　《漢書・地理志》：「東萊郡黃縣。」《史記・秦始皇紀》：「二十八年，始皇東行郡縣，乃並渤海以東，過黃、腄，窮成山，登之罘。」《一統志》：「黃縣故城在登州府黃縣東南。」　**越絕**　許立賢曰：「楊慎《跋〈越絕書〉》曰：『作者姓氏，其《越絕篇》其言曰：以去為姓，得衣乃成，袁字也；厥列名有水，覆之以庚，康字也。禹葬之鄉，則會稽也。』案：《越絕篇記外傳》又云：『文字屬定，自於邦賢，以口為姓，承之以天，為吳字。楚相屈原與之同名，為平字。』黃佐曰：『吳平因袁康所錄成書。』王充《論衡》曰：『吳君高之越紐錄，周長生之洞歷，劉子政、揚子雲不能過也。』黃佐又云：『吳平，字君高，會稽人。越紐者，紐之為言結也，越與吳結之由。歲久，紐誤為絕，宋人改為越絕書。』又案：《越絕書》又云：『句踐已來，至於更始之元，五百餘年。』更始之元乃劉聖公即位之元年，則君高猶逮事東漢也。」　**赤城**　注見卷一。程《箋》：「『秦餘祀日』指如須故里，『越絕編年』言如須越中著述也。」　**陪京**　張衡《南都賦》：「陪京之南，居漢之陽。」案：詩言南渡後之金陵也。

言懷

苦留蹤跡住塵寰，學道無成且閉關。只為魯連寧蹈海，誰云介子不焚山。枯桐半死心還直，斷石經移蘚自斑。欲就君平問消息，風波幾得釣船還。

蹈海、焚山　並見卷六。　**枯桐半死**　枚乘《七發》：「龍門之桐，其根半死。」　**君平**　太白《送友入蜀》詩：「升沉應已定，不必問君平。」

周五子俶讀書愛客白擲劇飲又善音律好方伎為此詩以啁之

大隱先生賦索居，比來詩酒復何如。馬融絳帳仍吹笛，劉向黃金止讀書。窮賴文章供飲博，興因賓客賣田廬。莫臨廣武頻長歎，醉後疏狂病未除。

白擲劇飲　《北史・元行恭傳》：「父文遙嘗謂盧思道曰：『小兒比日微有所知，是大弟之力。然白擲劇飲，甚得師風。』」　**啁**　《〈漢書・東方朔傳〉注》：「師古曰：『啁與嘲同。』」　**大隱**　《唐書・韋夏卿傳》：「晚歲將罷歸，署其居曰大隱洞。」尤侗《夜集周子俶宅詩》注：「自號大隱。」　**絳帳**　注見卷六。　**黃金**　《漢書・劉向傳》：「淮南有《枕中鴻寶苑祕書》，言神仙使鬼物為金之術。更生得其書，幼而諷讀，以為奇獻之言，黃金可成。上令典尚方鑄，作事不驗，上乃下更生吏，吏劾更生鑄偽黃金，當死。尋減死。會初立《穀梁春秋》，徵更生受《穀梁》，講論五經於石渠。復拜為郎中。」　**廣武**　《晉書・阮籍傳》：「嘗登廣武，觀楚漢戰處，歎曰：『時無英雄，遂令豎子成名。』」

同許九日顧伊人洞庭山館聽雨

曉閣登臨意渺然，蘆花蕭瑟五湖天。雲深古洞藏書卷，木落空山奏管絃。魚市有租堪載酒，橘官無俸且高眠。莫愁一夜西窗雨，笠澤煙波好放船。

古洞藏書　注見卷三。　**橘官**　注見卷十。

過甫里謁顧公因遇雲門具和尚

晴湖百頃寺門橋，梵唱魚龍影動搖。三要宗風標漢月，自注：具公之師同論三玄三要。四明春雪送江潮。自注：具公，越人。高原落木天邊斷，獨夜寒鍾句裏銷。布襪青鞋故山去，扁舟蘆荻冷蕭蕭。自注：時應佛日請將行。

甫里 注見卷八。 **具和尚** 見卷一。 **三要** 陳善《捫虱新語》：「宗門建立，須要一句中具三元，一元中具三要。」《景德傳燈錄》：「法要有三：戒、定、慧也。戒生定，定生慧，慧生八萬四千法門，迭相為用也。」 **漢月** 《蘇州府志》：「法藏字於密，號漢月，無錫蘇氏子。十五薙度，神者來告，有四十悟道、六十歸空之懸記。」王士禎《居易錄》：「三峰藏禪師語錄：及五宗原末，法中龍象，其提智證傳，闡發臨濟汾陽三元三要之旨，而遠嗣法於寂音，亦天童之諍子也。」《文集・具德和尚塔銘》：「三峰漢月稱師，則其所從記莂，授以臨濟一宗者。」 **四明** 《唐書・地理志》：「越州餘姚縣有四明山。」《一統志》：「四明山在寧波府鄞縣西南，道書第九洞天，周圍八百餘里，高一萬八千丈，二百一十里，二百八十二峰，綿亙寧波、紹興諸境。」陸龜蒙《四明山詩序》：「謝遺塵嘗隱於四明之南雷，曰：『山有峰最高，四穴在峰上。每天地開霽，望之如戶牖。相傳謂之石窗。即四明之目也。』」 **布襪青鞋** 少陵《奉先劉少府新畫山水障歌》：「若邪溪，雲門寺，我獨何為在泥滓，布韈青鞵從此始。」

代具師答贈

微言將絕在江南，一杖穿雲過石龕。早得此賢開講席，便圖作佛住精藍。松枝豎義無人會，貝葉翻經好共參。麈尾執來三十載，相逢誰似使君談。

微言 《晉書・樂廣傳》：「自昔諸賢既沒，恐微言將絕。」 **此賢** 《阿含經》：「此賢者可共說，不可共說。」 **圖作佛** 注見卷四。

與友人譚遺事

曾侍驪山清道塵，六師講武小平津。雲旄大纛星辰動，天策中權虎豹陳。一自羽書飛紫塞，長教鉦鼓恨黃巾。孤臣流涕青門外，徒使田橫客笑人。

驪山 少陵《九日》詩：「腸斷驪山清路塵。」 **小平津** 《通鑑》：「建武三年，北魏孝文帝講武於小平津。」太白詩：「承恩借獵小平津。」《明史・兵志》：「崇禎十年八月，車駕閱城，鎧甲旌旗甚盛，群臣悉鸞帶策馬從，六軍見乘輿，皆呼萬歲，帝大悅，召戎政侍郎陸完學入御幄獎勞，酌以金卮。」程《箋》:「案是年，公正以編修兼東宮侍讀在禁近也。」　**雲旄**　《晉書·輿服志》:「張目曜之雲旄。」《群玉》:「旄，幢也。雉尾著竿頭。」　**大纛**　《明史·儀衛志》:「北斗旗一、纛一居前，豹尾一居後。」　**天策**　杜佑《通典》:「唐武德初，秦王既平王世充及竇建德，高祖以秦王功殊今古，自昔位號不足以為稱，乃置天策上將，位在王公之上，以世民為天策上將，開天策府。」《明史·職官志》:「有天策衛親軍指揮使。」　**中權**　《左傳·宣十二年》:「中權後勁。」杜氏曰:「中軍制謀，精兵為殿。」　**黃巾**　注見卷四。　**青門**　注見卷五。　**田橫客笑人**　《南史·晉安王子懋傳》:「陸超之子雅為子懋所知。子懋既敗，于綝之勸其逃亡，答曰:『人皆有死，此不足懼。吾若逃亡，非惟孤晉安之眷，亦使田橫客笑人。』」

追悼

秋風蕭索響空幃，酒醒更殘淚滿衣。辛苦共嘗偏早去，亂離知否得同歸。君親有愧吾還在，生死無端事總非。最是傷心看稚女，一窗燈火照鳴機。

同歸　潘岳詩：白首同所歸。

謁范少伯祠自注：在金明寺中。有陶朱公里四字碑。

艤棹滄江學釣魚，五湖何必計然書。山川禹穴思文種，烽火蘇臺弔伍胥。浪擲紅顏終是恨，拜辭烏喙待何如。卻嗟愛子猶難免，霸越平吳事總虛。

范少伯祠　《嘉興府志》:「金明教寺在府治西南二里，相傳為范蠡故宅，有范蠡祠。祠前即范蠡湖。」　**計然書**　《史記·貨殖傳》:「范蠡既雪會稽之恥，乃喟然而歎曰:『計然之計七，越用其五而得意。既已施於國，吾欲用之家。』乃乘扁舟浮江湖，變名易姓，適齊為鴟夷子皮，之陶為朱公。」徐廣曰:「計然者，范蠡之師也，名研。」《范子》曰:「計然者，濮上人，姓辛氏，字文子。其先晉國亡公子也。嘗南遊於越，范蠡師事之。」吳縣嚴榮曰:「《唐書·藝文志》:《范子計然》十五卷，范蠡問，計然答也。」　**文種**　《吳越春秋》:「大夫種者，國之梁棟，君之爪牙。」　**蘇臺**　《吳越春秋》:「越王使木工入山，一夜，天生神木一雙，嬰以白璧，鏤以黃金，狀顏龍蛇，文采生光，獻之於吳，吳王遂受而起姑蘇臺。三年聚材，五年乃成。」《圖經》:「姑蘇臺在吳縣西南三十里。」顧炎武《日知錄》:「姑胥,山名。古胥、蘇通用。」 **烏喙** 《史記・越王句踐世家》:「范蠡既去,遺大夫種書曰:『越王為人,長頸烏喙,可與共患難,不可與共安樂。子何不去?』」 **愛子** 《史記・越王句踐世家》:「陶朱公中男殺人,囚於楚,楚王殺之。」

題登封兩烈婦井梧遺恨詩自注:焦太僕孫婦:楊氏、牛氏。

少室山頭二女峰,斷猿哀雁暮雲重。早題蘚石留貞史,卻寫椒漿事禮宗。恨血千年埋慘澹,寒泉三尺照從容。碧梧夜落秋階冷,環佩歸來聽曉鐘。

登封 《一統志》:「登封縣在河南府東南一百二十里。」 **井梧遺恨** 施閏章《梧井篇序》:「崇禎癸未,寇陷登封,諸生焦陽長妻楊、其弟之妻牛並投於井以死。焦追悼,有《梧井遺恨篇》。」 **焦太僕** 《河南府志》:「焦子春,登封人,嘉靖乙丑進士。歷官太僕少卿。」 **少室** 注見卷四。 **題蘚石** 陶宗儀《輟耕錄》:「元兵入浙,王貞婦被執,至嵊縣清風嶺,仰天歎曰:『我知所以死矣。』乃齧拇指出血,題詩崖石上,投崖而死。郡守立石,祠於嶺上。」 **寫** 顧炎武《日知錄》:「寫,傾寫之義。《周禮・地官・稻人》『掌稼下地,以澮寫水』是也。」 **禮宗** 《後漢書・列女傳》:「皇甫規妻善屬文,兼工草書。規卒,董卓強聘之,不從,罵卓。卓怒,引車庭中,以其頭懸軛,鞭撲交下,遂死。後人圖畫之,號曰禮宗。」

鴛湖感舊

予曾過吳來之竹亭湖墅,出家樂張飲。後來之以事見法重遊,感賦此詩。

吳來之 吳昌時,字來之,嘉興人。崇禎甲戌進士,官吏部郎中。餘見卷五。 **竹亭** 《文集・張南垣傳》:「其所為園,則吳吏部之竹亭為最著。」《集覽》:「《蚓庵瑣語》:『吳昌時官吏部,大營甲第,侵越比鄰曾生基地以築垣。曾生往爭之。昌時漫云:垣在爾基,即爾垣矣,何必爭。竟不讓還。後吳罹法,棄市,房亦尋遭回祿,家業凌替,而是垣果歸曾氏。』」

落日晴湖放楫回,故人曾此共登臺。風流頓盡溪山改,富貴何常簫管哀。燕去妓堂荒蔓合,雨侵鈴閣野棠開。停橈卻望煙深處,記得當年載酒來。

風流盡 注見卷一。

武林謁同門張石平自注：河南人。官糧儲觀察。

湖山曉日鳴笳吹，楊柳春風駐羽幢。二室才名官萬石，兩河財賦導三江。舊遊笑我連珠勒，多難逢君倒玉缸。十載弟兄無限意，夜深聽雨話西窗。

張石平　《進士履歷》：「張天機，字石平，蘭陽人。崇禎辛未進士。」　**二室**　注見卷二。　**萬石**　《漢書．石奮傳》：「奮為諸侯相，子建、甲、乙、慶，皆以馴行孝謹，官至二千石，於是景帝曰：『石君及四子皆二千石，人臣尊寵，舉集其門。』凡號奮為萬石君。」　**兩河**　《唐書．食貨志》：「兩河，中夏貢賦之地。」　**珠勒**　摩詰《出塞作》：「玉靶角弓珠勒馬。」許氏《說文》：「勒，馬頭絡銜也。有銜曰勒，無銜曰羈。」

登數峰閣禮浙中死事六君子自注：鴻寶倪公、茗柯凌公、巢軒周公、四名施公、磊齋吳公、賓日陳公。

四山風急萬松秋，遺廟西泠枕碧流。故國衣冠懷舊友，孤忠日月表層樓。赤虹劍血埋燕市，白馬銀濤走越州。盛事若修陪祀典，漢家園寢在昭丘。

數峰閣　《西湖志》：「廣化寺在孤山之南，舊名孤山寺。歲久傾圮。崇順甲申，杭人即其外建數峰閣。」《錢塘縣志》：「數峰閣在六一泉寺門，祀鴻寶倪公元璐、茗柯凌公義渠、巢軒周公鳳翔、四名施公邦曜、磊齋吳公麟徵、賓日陳公良謨。旁為先覺堂，以祀鄉先達。」　**六君子**　《明史．倪元璐傳》：「倪元璐，字玉汝，上虞人。天啟二年進士。崇禎十五年超拜戶部尚書，兼翰林院學士。李自成陷京師，自縊死，贈少保、吏部尚書，謚文正。本朝賜謚文正。」《明史．凌義渠傳》：「凌義渠，字駿甫，烏程人。天啟五年進士。崇禎十六年，入為大理卿。明年三月，賊犯都城。具緋衣拜闕，作書辭父，自繫奮身絕吭而死。贈刑部尚書，謚忠清。本朝賜謚忠介。」《明史．周鳳翔傳》：「周鳳翔，字儀伯，浙江山陰人。崇禎元年進士。歷中允、諭德。京師陷，題詩壁間，自經死。贈禮部右侍郎，謚文節。本朝賜謚文忠。」《明史．施邦曜傳》：「施邦曜，字爾韜。萬曆四十一年進士。崇禎十六年，擢左副都御史。都城陷，命家人市信石，雜燒酒服之，血迸裂而卒。贈太子少保、左副御史。謚忠介。本朝賜謚忠愍。」《明史．吳麟徵傳》：「吳麟徵，字聖生，海鹽人。天啟二年進士。崇順十七年，推太常少卿。城陷，自經。贈兵部右侍郎。謚忠節。本朝賜謚忠肅。」《明史．陳良謨傳》：「陳長謨，字士亮，鄞人。崇禎四年進士，擢御史。城陷，自縊死，贈太僕卿。

謚恭愍。本朝賜謚恭潔。」 **西泠** 注見卷二。 **白馬銀濤** 注見卷五。 **昭丘** 注見卷四。

陳青雷以半圖索題走筆戲贈

半間茅屋半床書，半賦閒遊半索居。領略溪山應不盡，平分風月復何如。黠癡互有才忘世，廉讓中間好結廬。自是圖全非易事，與君隨意狎樵漁。

陳青雷 《進士履歷》:「陳震生，字青雷，杭州人。崇禎癸未進士。」案:《復社姓氏》作常州武進人。 **半間** 吳縣汪縉曰:「《景德傳燈錄》:『千峰頂上一間屋，老僧半間雲半間。』」 **黠癡** 《晉書・顧愷之傳》:「桓溫謂愷之，其體中黠癡各半。」 **廉讓** 《南史・胡諧之傳》:「范柏年見宋明帝，帝言次及廣州貪泉，因問柏年:『卿州亦復有此水否？』答曰:『臣州唯有文川、武鄉、廉泉、讓水。』又問:『卿宅在何處？』曰:『臣所居在廉讓之間。』帝嗟其善答。」

題西泠閨詠並序

石城卞君者，系出田居，隱偕蠶室。巖子著同聲之賦，玄文詠嬌女之篇。辭旨幽閒，才情明慧。寫柔思於卻扇，選麗句以當窗。足使蘇蕙扶輪，左芬失步矣。故里秦淮，早駕木蘭之楫；僑居明聖，重來油壁之車。風景依然，湖山非故。趙明誠金石之錄，卷軸亡存；蔡中郎齏臼之詞，紙筆猶在。予覽其篇什，擷彼風華，體寄七言，詩成四律。愧非劉柳聞白雪之歌，謬學徐陵敘玉臺之詠云爾。

石城 《晉書・庾亮傳》:「移鎮襄陽之石城下。」《唐書・樂志》:「石城在竟陵。臧質為竟陵郡，於城上見少年，歌謠通暢，因作此曲，名《石城樂》。」案:石城在楚地，旁有莫愁村。又案:《元和郡縣志》:石頭城在昇州上元縣西四里，即楚之金陵城也。吳改為石頭城。其地在金陵三山，門外有莫愁湖。今人往往以石頭城為石城矣。 **田居** 《南史・隱逸傳》:「卞彬，字士蔚，濟陰冤句人。嘗自稱卞田居。婦為傅蠶室。」 **巖子** 徐釚《續本事詩》:「吳巖子名山，太平人。縣丞卞琳配。」《續圖繪寶鑑》:「吳巖子，詩文甚富，善畫工書草楷。戊己間，曾寓西湖，諸名宿與之倡和。」 **同聲** 《樂府解題》:「《同聲歌》者，漢張衡作。言婦人幸充閨房，勉供婦職，以喻臣子之事君也。」 **玄文** 徐釚《續本事詩》:「金陵閨秀卞元文，名夢玨，能詩。後適廣陵劉孝廉師峻，其母曰吳巖子。」 **嬌女** 左思《嬌女》詩:「吾家有嬌女，皎皎頗白皙。」 **卻扇** 《通鑑》:「唐中宗戲竇從一，以老乳母王氏嫁之，令從一誦《卻扇詩》數首。」

注：唐人成昏之夕，有《催粧詩》、《卻扇詩》。 **蘇蕙** 武后《蘇氏織錦迴文記》：「前秦苻堅時，秦州刺史扶風竇滔妻蘇氏，名蕙，字若蘭。行年十六，歸於竇氏。滔字連波。有寵姬趙陽臺。蘇氏苦加捶辱，滔深以為憾。及滔將鎮襄陽，遂攜陽臺之任。蘇氏忿恨自傷，因織錦迴文。錦縱廣八寸，題詩三十餘首，八百餘言，名曰璇璣圖。蘇氏笑謂人曰：『徘徊宛轉，自成文章。非我佳人，莫之能解。』遂髮蒼頭齎至襄陽。」 **扶輪** 庾子山《趙國公集序》：「大雅扶輪，小山承蓋。」 **左芬** 《晉書·后妃傳》：「左貴嬪名芬，少好善〔註 2〕，善綴文，與兄思齊名。帝重芬才藻，每有方物異寶，必詔為賦頌，以是屢獲恩賜焉。」 **失步** 《莊子》：「失其故步。」 **明聖** 田汝成《西湖志》：「西湖，故明聖湖也。」餘見卷四。 **金石錄** 《宋史·藝文志》：「趙明誠《金石錄》三十卷。」馬端臨《文獻通考》：「明誠，宰相挺之孫〔註 3〕。其妻易安居士李氏嘗為《金石錄》作後序，頗可觀。」 **齏臼詞** 《〈後漢書·列女傳〉注》：「邯鄲淳作《曹娥碑》，蔡邕題八字曰：黃絹幼婦，外孫齏臼。」《世說·捷悟篇》：「魏武嘗過曹娥碑下，楊脩從，碑背上見題作『黃絹幼婦，外孫齏臼』八字。修曰：『黃絹，色絲也，於字為絕。幼婦，少女也，於字為妙。外孫，女子也，於字為好。齏臼，受辛也，於字為辤。所謂絕妙好辭也。』」 **劉柳** 《晉書·列女傳》：「謝道韞嫠居會稽，太守劉柳聞其名，請與談議。道韞素知柳名，亦不自阻，乃簪髻素褥，坐於帳中。柳束脩整帶，造於別榻。道韞風韻高邁，敘致清雅，徐酬問旨，詞理無滯。」 **玉臺** 《隋書·經籍志》：「《玉臺新詠》十卷，陳徐陵撰。」

落日輕風雁影斜，蜀箋書字報秦嘉。絳紗弟子稱都講，碧玉才人本內家。神女新詞填杜若，如來半偈繡蓮花。妝成小閣薰香坐，不向城南斗鈿車。

報秦嘉 《古詩紀》：「漢秦嘉，字士會，隴西人。為上郡掾。其妻徐淑寢疾，還家，不獲面別，贈詩三章，淑亦有詩報之。」 **絳紗** 《晉書·列女傳》：「韋逞母宋氏，父世儒學。盧壺奏就家立講堂，置生徒百二十人，隔絳紗幔受業，號宣文君。」李義山詩：「絳紗弟子音塵絕。」 **都講** 《後漢書·楊震傳》：「都講取魚進。」夏樹芳《詞林海錯》：「學舍長曰都講。」 **碧玉** 《樂苑》：「碧玉，汝南王妾名。」 **內家** 注見卷四。 **神女** 宋玉《神女賦序》：「楚襄王與宋玉遊於雲夢之浦，使玉賦高唐之事。其夜王寢，夢與神女遇。」 **杜若** 《楚辭·九歌》：「采芳洲兮杜若。」張揖《廣雅》：「杜若，楚蘭也。」 **如來、半偈** 並見卷六。

〔註 2〕「善」，《晉書》卷三十一作「學」。
〔註 3〕「孫」，《馬端臨文獻通考》卷二百七《經籍考三十四》作「子」。

其二

晴樓初日照芙蕖，姑射仙人賦子虛。紫府高閒詩博士，青山遺逸女尚書。賣珠補屋花應滿，刻燭成篇錦不如。自寫雒神題小像，一簾秋水鏡湖居。

姑射 《莊子・逍遙遊》篇：「藐姑射之山，有神人居焉。肌膚若冰雪，綽約若處子。」 **子虛** 《漢書・司馬相如傳》：「相如客遊梁，得與諸侯遊士居，乃著子虛之賦。」 **紫府** 葛洪《抱朴子》：「項曼都言：『及到天上，先過紫府。』」 **詩博士** 《後漢書・鄧皇后紀》：「十二通《詩》、《論語》，不問居家之事，母常非之，曰：『汝不習女工，乃更務學，寧當舉女博士耶？」計有功《唐詩紀事》：「文宗好五言，自製品格，多同蕭代，嘗欲置詩博士。」 **青山** 魏禧《青山集序》：「《青山集》者，卞君楚玉夫人吳巖子氏所作也。夫人家青山，既轉徙無常地，有《西湖》、《梁溪》、《虎丘》、《廣陵》諸集，最後匯次之，以《青山》名。」 **女尚書** 《後魏書・百官志》：「高祖置女尚書，視三品。」 **賣珠** 少陵《佳人》詩：「侍婢賣珠回，牽蘿補茅屋。」 **刻燭** 《南史・王僧孺傳》：「竟陵王子良嘗夜集學士，刻燭為詩，四韻者則刻一寸，以此為率。」 **雒神** 曹子建《洛神賦序》：「黃初三年，余朝京師，還濟洛川。古人有言，斯水之神，名曰宓妃。」 **鏡湖** 注見卷九。

其三

五銖衣怯鳳皇雛，珠玉為心冰雪膚。綠屩侍兒春祓禊，紅牙小妹夜摴蒱。瓊窗日暖櫻桃賦，粉箑風輕蛺蝶圖。頻斂翠蛾人不識，自將書札問麻姑。

五銖衣 谷神子《博異記》：「貞觀中，岑文本於山亭避暑，有叩門者云：『上清童子。』文本問曰：『衣服皆輕細，何土所出？』對曰：『此上清五銖服。』又問曰：『此聞六銖者天人衣，何五銖之異？』對曰：『尤細者則五銖也。』出門不見，惟得古錢一枚。」 **綠屩** 《南史・東昏侯紀》：「每遊走，潘氏乘小輿，宮人皆露褌，著綠絲屩。帝自戎服，騎馬從後。」 **祓禊** 注見卷四。 **紅牙** 劉恂《嶺表錄異》：「潮循州多野象，牙小而紅。」 **小妹** 卞元文妹名德基。元文適劉孝廉，年三十四歲卒。德基後亦嫁劉。見鄧漢儀《詩觀》。 **摴蒱** 張表臣《珊瑚鉤詩話》：「摴蒱起自老子。今謂之呼盧，取純名〔註 4〕而勝之之意。」程大昌《演繁露》：「摴蒱之名，至晉始著。其流派自博出，博用六子，樗蒱則用五子，刻木為之。兩頭尖銳，中間平廣，狀如今

〔註 4〕「名」，張表臣《珊瑚鉤詩話》作「色」。

之杏仁。凡一子悉為兩面，其一面塗黑，黑之上畫牛犢以為章；一面塗白，白之上則畫雉。凡投子者，五皆黑，則名盧，在摴蒱為最高之采，挼木而擲，往往叱喝，故名呼盧。其五子四黑而一白則是四犢，其采名雉，降盧一等，或名為梟，皆勝色也。有《摴蒱經》，不知作者姓名。今骰子之制乃祖五木，兩頭裁去尖銳而蹙長為方，既有六面，必著六數，不比五木但有黑白兩面。」〔註 5〕岑參《玉門關蓋將軍歌》：「紅牙鏤馬對樗蒱。」　**蛺蝶圖**　注見卷四。　**問麻姑**　葛洪《神仙傳》：「王方平遣人召麻姑曰：『王方平敬報，久不到民間，今來在此，想姑能暫來語否？』」顧況詩：「近得麻姑書信否？」

其四

石城楊柳碧城鸞，謝女詩篇張女彈。鸚鵡歌調銀管細，琅玕字刻玉釵寒。雙聲宛轉連珠格，八體濃纖倒薤看。閒整筆床攤素卷，棠梨花發倚闌干。

石城　注見前。　**碧城鸞**　《太平廣記》：「紫雲之閣，碧霞為城。」李義山《碧城》詩：「女床無樹不棲鸞。」　**謝女**　用道韞詠雪事。　**張女彈**　潘岳《笙賦》：「輟張女之哀彈。」　**鸚鵡歌**　《採蘭雜志》：「河間王琛有妓曰朝雲，善歌。又有綠

〔註 5〕按：此注同《蘇詩補注》卷七《再和》「破悶豈不賢摴蒱」注。係糅雜程大昌《演繁露》卷六兩條文字而成：

《摴蒱》：

傳者孔老皆嘗言之，而摴蒱之名，至晉始著，不知起於何代，要其流派必自博出也。博用六子，《楚辭》謂之六博，而《說文》以為用六箸十二棋，故數繫於六也。至摴蒱，則所用者五子而已。其初刻木為之。（下略）

《投五木瓊橩玖骰》：

（上略）方其用木也，五子之形，兩頭尖銳，中間平廣，狀似今之杏仁。惟其尖銳，故可轉躍；惟其平廣，故可以鏤采也。凡一子悉為兩面，其一面塗黑，黑之上畫牛犢以為之章。犢者，牛子也。一面塗白，白之上即畫雉。雉者，野雞也。凡投子者，五皆現黑，則其名盧。盧者，黑也，言五子皆黑也。五黑皆現，則五犢隨現，從可知矣。此在摴蒱為最高之采，挼木為擲，往往叱喝，使致其極，故亦名呼盧也。其次五子，四黑而一白，則是四犢一雉，則其采名雉，用以比盧，降一等矣。（見晉傳。詳在後篇。）自此而降，白黑相雜，每每不同，故或名為梟，即鄧艾言云六摶得梟者，勝也。或名為犍（居言切），謂五木十擲輒犍，非其人不能是也。（見《御覽》。）凡此采名，摴蒱經雖皆枚載，然反覆推較，率多駁而不通也。（詳別出。）至於骰子之制，固知祖襲五木，然而詳略大率不同也。五木止有兩面，骰子則有六面，故骰子著齒，自一至六，為采亦益多，率其大而言之，則是裁去五木，兩頭尖銳而蹙長為方，既有六面，又著六數。不比五木但有白黑兩面矣。（下略）

鸚鵡，善語。朝雲每歌，鸚鵡和之，聲若出一。琛愛之，號為綠朝雲。」 **雙聲** 《南史·謝莊傳》：「王元謨問：『何者為雙聲？何者為疊韻？』答曰：『互獲為雙聲，碻磝為疊韻。』」 **連珠** 任昉《文章緣起》：「連珠，揚雄作。」《〈文選·演連珠〉注》：「傅休奕序：所謂連珠者，興於漢章之世，班固、賈逵、傅毅三子受詔作之。其文體，辭麗而色約，不指說事情，必假喻以達其旨，而賢者微悟，合於古詩諷興之義，欲使歷歷如貫珠，易看而可說，故謂之連珠。」 **八體** 許氏《說文》：「自秦壞古文，更用八體：一曰大篆，二曰小篆，三曰刻符，四曰蟲書，五曰摹印，六曰署書，七曰殳書，八曰隸書。」 **倒薤** 陳繹曾《法書木象》：「大篆之變為懸針，為薤葉，為柳葉，為剪股，為鵠頭，為模印紅文。」王愔《文字志》：「倒薤書者，垂支濃直，若薤葉也。」 **筆床** 《樹萱錄》：「南朝呼筆管為床。」又：「以四管為一床。」

海市四首自注：次張石平觀察韻。

仙人太乙祀東萊，不信蓬瀛此地開。虹跨斷崖通羽蓋，魚吞倒景出樓臺。碧城煙合青蔥樹，赤岸霞蒸絳雪堆。聞道秦皇近南幸，舳艫千里射蛟回。

海市 伏琛《三齊紀略》：「海上蜃氣時結樓臺，名曰海市。」周亮工《書影》：「海市有偶一見於四明者，有見於漳州者，蓋不獨登州為然。近予姻張石平少參見於浙，吳梅村諸公皆有詩紀之。」 **張石平** 注見前。 **太乙** 《楚辭·九歌》：「東皇太一。」《注》：「太一，星名，天之尊神。」餘詳卷十三。 **東萊** 《漢書·郊祀志》：「公孫卿言見神人東萊山，若云欲見天子。天子遂至東萊，宿留數日，毋所見。」 **南幸** 《史記·秦始皇紀》：「始皇出遊，望於南海。」 **射蛟** 《漢書·武帝紀》：「元封五年冬，南巡狩，自潯陽浮江，親射蛟江中，獲之，舳艫千里。」

其二

灝氣空濛萬象來，非煙非霧化人裁。仙家困為休糧閉，河伯宮因娶婦開。金馬衣冠蒼水使，石鯨風雨濯龍臺。鑿空博望頻回首，天漢乘槎未易才。

非煙 《史記·天官書》：「若煙非煙，若雲非雲，鬱鬱紛紛，蕭索輪囷，是謂卿雲。」 **化人** 《列子·周穆王篇》：「周穆王時，西極之國有化人來。王執化人之祛，騰而上者，中天乃止。」張湛曰：「化人，幻化之人也。」 **仙家困** 注見卷三。 **休糧** 杜荀鶴《休糧僧》詩：「自言因病學休糧，本意非求不死方。」 **河伯娶婦** 注見卷六。　**蒼水使**　《吳越春秋》：「禹登衡嶽，夢見赤繡衣男子，自稱蒼水使者，曰：『聞帝使文命於此，故來相候。』」　**石鯨**　葛洪《西京雜記》：「昆明池刻玉石為鯨魚，每至雷雨，鯨常鳴吼，鬐尾皆動。」少陵《秋興》詩：「石鯨鱗甲動秋風。」　**濯龍臺**　注見卷六。　**鑿空**　《漢書．張騫傳》：「然騫鑿空。」蘇林曰：「鑿，開也。空，通也。騫始開通西域道也。」師古曰：「空，孔也，猶言始鑿其孔穴也。」案：騫封博望侯。方氏《通雅》：「《漢書．張騫傳》鑿空，顏師古以為空讀如孔，謂鑿孔以通山路。迂謬極矣。按：騫鑿空者，史斷語也，謂武帝好大，騫善為遠大奇瑰之言以動至尊，猶今人所謂弄空走空耳。」　**乘槎**　注見卷十。　**未易才**　《晉書．王珣傳》：「王掾當作黑頭公，未易才也。」

其三

東南天地望中收，神鬼蒼茫百尺樓。秦畤長松移絕島，梁園修竹隱滄洲。雲如車蓋旌旗繞，峰近香爐煙靄浮。卻笑燕齊迂怪士，祗知碣石有丹丘。

秦畤　《史記．封禪書》：「秦襄公作西畤，文公作鄜畤，宣公作密畤，靈公作吳陽上畤祭黃帝，作下畤祭炎帝，獻公作畦畤。」　**梁園**　《御覽》：「《圖經》曰：『梁孝王有修竹園。園中竹木，天下之選。』」酈道元《水經注》：「睢水又東南歷千竹園，水次綠竹，菁菁彌望，人言梁王竹園也。」　**車蓋**　魏文帝《雜詩》：「西北有浮雲，亭亭如車蓋。」　**迂怪士**　《史記．封禪書》：「海上燕齊迂怪之方士。」　**碣石**　注見卷五。　**丹丘**　《楚辭．遠遊》：「仰羽人於丹丘兮，留不死之舊鄉。」王逸《注》：「丹丘，海外神山，晝夜常明。《九懷》曰：『夕宿於明光。』明光即丹丘也。」

其四

激浪崩雲壓五湖，天風吹斷海城孤。千門聽擊馮夷鼓，六博看投玉女壺。蒲類草荒春徙帳，滄溟月冷夜探珠。誰知曼衍魚龍戲，翠蓋金支滿具區。

激浪崩雲　木華《海賦》：「飛沕相磢，激勢相沏，崩雲屑雨，浤浤汩汩。」　**千門**　《史記．武帝紀》：「作建章宮，度為千門萬戶。」　**馮夷鼓**　曹植《洛神賦》：「馮夷擊鼓。」餘見卷三。　**六博**　注見卷四。　**玉女壺**　東方朔《神異經》：「東荒山中有大石室，東王公居焉，恒與一玉女投壺。」《古樂府》：「井公能六博，玉女善投壺。」　**蒲類**　《漢書．宣帝紀》：「趙充國為蒲類將軍。」應劭曰：「蒲類，匈奴中海名，在燉煌北。」晉灼曰：「《匈奴傳》有蒲類澤。」　**曼衍魚龍**　《漢書・西域傳》：「極漫衍魚龍角抵之戲。」師古曰：「漫衍者，即張衡《西京賦》所云『巨獸百尋，是為漫衍』者也。魚龍者，為舍利之獸，先戲於庭及，畢乃入殿前激水，化成比目魚，跳躍漱水，作霧障，畢，化成黃龍八丈，出水散戲於庭，炫耀日光。《西京賦》云『海鱗變而成龍』，即謂此也。」　**翠蓋金支**　《漢書・禮樂志》：「《安世房中歌》：『金支秀華，庶旄翠旌。』」臣瓚曰：「樂上眾飾有流溯羽葆，以黃金為支。」相如賦：「建翠華之旌。」少陵《渼陂行》：「金支翠旗光有無。」　**具區**　注見卷六。

別丁飛濤兄弟

把君詩卷過扁舟，置酒離亭感舊遊。三陸雲間空想像，二丁鄴下自風流。湖山意氣歸詞苑，兄弟文章入選樓。為道故人相送遠，藕花蕭瑟野塘秋。

丁飛濤　王士禎《感舊集》補傳：「丁澎，字飛濤，浙江仁和人。順治乙未進士，官禮部郎中。」林璐《丁藥園外傳》：「藥園工詩賦及古文辭。自少年未達時，即名播江左。其後仲弟景鴻、季弟瀠皆以詩名世，目之曰三丁。」　**三陸**　注見卷六。　**二丁**　《魏志・陳思王植傳》：「丁儀、丁廙，俱有文才，今稱雙丁。」

贈馮子淵總戎

令公專閫擁旌旄，雕鶚秋風賜錦袍。十二銀箏歌芍藥，三千練甲醉葡萄。若邪溪劍凝寒水，秦望樓船壓怒濤。自是相門雙戟重，野王父子行能高。

馮子淵《江南通志》：「鎮守江南江北狼山總兵官馮武卿，浙江人。順治八年任。」**令公**　《北史・高允傳》：「文成重允，嘗不名之，恒呼為令公。令公之名，播於四遠矣。」《唐書・郭子儀傳》：「子儀為中書令，人稱之曰郭令公。」　**專閫**　《史記・馮唐傳》：「閫以外者，將軍制之。」　**銀箏**　《南史・何承天傳》：「承天善彈箏，文帝賜以銀裝箏。」《音樂指歸》：「箏形如瑟，絃有十二，象十二時。」　**練甲**，注見卷六。　**邪溪劍**　注見卷四。　**秦望**　酈道元《水經注》：「秦望山在州城正南，為眾峰之極，陟境便見。秦始皇登之，以望南海。自平地以取山頂七里，懸磴孤危，扳蘿捫葛，然後得升。」《一統志》：「在紹興府會稽縣東南。」　**雙戟**　注見卷四。　**行能高**　《漢書・馮奉世傳》：「馮奉世，字子明，上黨潞人也。子野王，字君卿。蕭育薦其行能高妙，嗣父爵關內侯。」又：「杜欽素高野王父子行能。」

丁亥之秋王煙客招予西田賞菊踰月蒼雪師亦至今年予既臥病同遊者多以事阻追敘舊約為之慨然因賦此詩

露白霜高九月天，匡床臥疾憶西田。黃雞紫蟹堪攜酒，紅樹青山好放船。粳稻將登農父喜，茱萸遍插故人憐。舊遊多病難重省，記別蒼公又一年。

友人齋說餅

舍北溪南樹影斜，主人留客醉黃花。水溲非用淘槐葉，蜜餌寧關煮蕨芽。閣老膏環常對酒，徵君寒具好烹茶。食經二事皆堪注，休說公羊賣餅家。

說餅　吳均《餅說》：「宋公至長安得姚泓時，故大官丞程季。公問曰：『今日之食，何者最先。』季曰：『仲秋御景，離蟬欲靜，燮燮曉風，淒淒夜冷。臣當此景，惟能說餅。』」　**水溲**　徐暢《祭祀記》：「五月麥熟，薦新，作起漱白餅。」注：漱音溲。崔寔《四民月令》：「立秋無食，煮餅及水溲餅。」　**淘槐葉**　《唐六典》：「大官令夏月供槐葉冷淘。」東坡《過侯使君食槐葉冷淘》詩注：「槐葉餅即槐葉冷淘也。」蓋取槐葉汁溲麥作餅。　**蜜餌**　《楚辭·招魂》：「粔敉蜜餌，有餦餭些。」王逸曰：「蜜餌，以蜜和米麪煎作之。」　**閣老膏環**　李肇《國史補》：「宰相相呼為堂老，兩省相呼為閣老。」王定保《唐摭言》：「宣宗賜韋澳、孫宏銀環餅，皆乳酪膏腴之所為。」賈思勰《齊民要術》：「膏環，一名粔敉，屈令兩頭相就，膏油煮之。」《鎮洋縣志》：「今市中所鬻太師餅，相傳出自王荊石相公家。」　**徵君寒具**　鄭司農《〈周禮·籩人〉注》：「朝事謂清朝未食，先進寒具口實之籩。」習鑿齒《續晉陽秋》：「桓玄好畜書畫，嘗出而觀之。客食寒具，油污其畫，後遂不復設寒具。」賈思勰《齊民要術》：「環餅，一名寒具。」尤侗《艮齋雜說》：「人之好名有極可笑者。陳眉公每事好製新樣，人輒效法。其所坐椅曰眉公椅，所製衣曰眉公布，所說餅曰眉公餅，所交娼妓即呼曰眉公女客，已可笑矣。至其溺器，空其底，以便野坐，又呼曰眉公馬桶，不幾為此翁遺臭乎！」　**食經**　《魏書·崔浩傳》：「浩嘗著《食經》。」　**賣餅家**　魚拳《魏略》：「司隸鍾繇不好《公羊》而好《左氏》，謂左氏為大官，而謂公羊為賣餅家。」

贈李峩居御史

中條山色絳帷開，宛雒春風桃李栽。地近石經緣虎觀，家傳漆簡本蘭臺。花飛驛路生徒滿，潮落江城鍾磬來。置酒一帆黃浦月，登臨早訪陸機才。

李峩居 《蘇州府志》：「李允峀，字峩居，河南永城人。順治丙戌進士，以御史督學江南。」案：在順治七年。 **中條** 王應麟《地理通釋》：「《禹貢》：『壺口雷首，至於太嶽。』雷首，一名中條山，在河中府河東縣南十五里。一統志：中條山在解州南山狹而長。西華嶽，東太行，此山居中，故曰中條。」 **絳帷** 注見卷六。 **宛雒** 《古詩》：「驅車策駑馬，遊戲宛與雒。」 **桃李** 祝穆《事文類聚》：「狄仁傑嘗薦姚崇、桓彥範等數人，為名臣。或曰：『天下桃李，盡在公門。』仁傑曰：『薦賢為國，非為私也。』」 **石經** 《後漢書·儒林傳》：「熹平四年，靈帝詔諸儒定五經，刊於石樹之學門。」楊龍驤《洛陽記》：「石經文都似碑，高一丈許，廣四尺，駢羅相接。」 **虎觀** 注見卷九。 **蘭臺** 應劭《漢官儀》：「御史臺內掌南臺秘書。」《職林》：「漢氏圖籍所在，有石渠、石室、延閣、廣內貯之於外府。又有御史中丞居殿中，掌蘭臺秘書及麒麟、天祿二閣，藏之於內禁。」 **黃浦** 《明一統志》：「黃浦在松江府城東南一十八里。」《松江府志》：「黃浦即古之東江，乃《禹貢》三江之一也。戰國時，楚黃歇鑿其旁支流。後與江合，土人相傳，稱為黃浦。又以歇故，或稱春申浦云。」

穆大苑先臥病桐廬初歸喜贈

富春山下趁歸風，客病孤舟夜雨中。千里故園惟舊友，十年同學半衰翁。藥爐愧我形容槁，腹尺輸君飲啖工。卻向清秋共消損，一尊無恙笑顏紅。

腹尺 《〈魏志·荀彧傳〉注》：「或問禰衡：『荀令君、趙蕩寇皆足蓋世乎？』衡見荀有儀容，趙有腹尺，因答曰：『文若可借面弔喪，稚長可使監廚請客。』其意以為荀但有貌，趙可啖肉也。」

壽陸孟鳧七十

楓葉蘆花霜滿林，江湖蕭瑟鬢毛侵。書生藤峽功名薄，漁父桃源歲月深。入市蹇驢晨賣藥，閉門殘酒夜橫琴。舊遊烽火天涯夢，銅鼓山高急暮砧。自注：陸為潯州司李。藤峽，在潯州。常熟有桃源澗。

陸孟鳧 無名氏《陸孟鳧墓誌》：「陸孟鳧，諱銑常熟人。以歲貢授無錫縣教諭，除廣西潯州府推官，陞養利州知州，卒。」〔註 6〕 **藤峽** 《蓬窻日錄》：「斷藤峽舊名大藤峽，韓都御史雍平賊後，改名斷藤，週六百餘里，下口在潯州府西北境，上口接柳州武昌縣勒馬峽。」王世貞《新建伯王公守仁傳》：「斷藤峽者，即大藤峽，其中

〔註 6〕按：出錢謙益《牧齋有學集》卷三十一《陸孟鳧墓誌銘》。

諸傜上連八寨，下通仙臺、花相諸峒，連絡數十餘巢，盤桓三百里，數出流劫郡邑。自韓雍大征之後，無能平者。守仁使盧蘇等為鄉導，挾永順、保靖二宣慰使土兵，分道深入，大破之。」 **桃源** 《蘇州府志》:「虞山普仁禪院東有天潭谷，下為桃源洞。」 **銅鼓山** 祝穆《方輿勝覽》:「銅鼓嶺，在潯州府貴縣南五十里。」

其二

講授山泉繞戶庭，苧翁無事為中泠。偶支鶴俸分魚俸，閒點茶經補水經。千里程鄉浮大白，一官勾漏養空青。歸來松菊荒涼甚，買得雙峰縛草亭。

苧翁 注見卷十。 **中泠** 張又新《煎茶水記》:「唐劉伯芻以揚子江南泠水，陸漸鴻以南泠水為第七。」《名勝志》:「金山下有泉曰中泠，亦曰南泠。」《一統志》:「中泠泉在金山下。大江至金山，分為三瀘，亦曰三泠，此居其中。」 **千里程鄉** 注見卷八。 **勾漏** 《本草》:「空青，輕身延年，能化銅鉛作金，生益州。」

壽申少司農青門

相門三戟勝通侯，兄弟衣冠盡貴遊。白下高名推謝朓，黃初耆德重楊彪。千山極目風塵暗，一老狂歌天地秋。還憶淮淝開制府，江聲吹角古揚州。

申青門 《蘇州府志》:「申紹芳，字維烈。吳縣人。太師文定公時行孫、副使用嘉子。萬曆丙辰進士。官福建布政使。南都立，晉戶部右侍郎。」 **三戟** 《唐書・崔琳傳》:「琳長子儼，諫議大夫。其群從數十人，自興寧里謁大明宮，冠蓋騶哄相望。每歲時宴於家，一榻置笏，猶重積其上。琳與弟太子詹事珪、光祿卿瑤俱列棨戟，世號三戟崔家。」 **兄弟衣冠** 《文集・申少觀壽序》:「余初筮仕，得交於鄉先達申大司馬及其弟大參。大參有九子，青門之長兄，官比部，其季弟曰進士維久。」 **白下** 張敦頤《六朝事蹟》:「白下本江乘之白石壘，唐武德元年罷金陵縣，築城於此，因其舊名曰白下。」《一統志》:「白下故城在上元縣北。」 **謝朓** 《南齊書・謝朓傳》:「朓字玄暉。文章清麗，尤長五言詩。」 **楊彪** 《〈魏書・文帝紀〉注》:「黃初二年，引故漢太尉楊彪，待以客禮。四年，召拜光祿大夫，朝見位次三公，如孔光故事。又為門施行馬，致吏卒，以優崇之。年八十四，以六年薨。」 **淮淝** 《水經》:「淮水東過壽春縣北，淝水從縣東北流注之。」 **開制府** 《文集・申少觀壽序》:「青門早達，洊歷名藩，開府揚州。」

其二

脫卻朝衫上釣船，餘生投老白雲邊。買山向乞分司俸，餉客還存博士錢。世事煙霞娛晚歲，黨人名字付殘編。扁舟百斛烏程酒，散髮江湖任醉眠。

黨人 《明史‧許譽卿傳》:「溫體仁諷吏部尚書謝升，劾譽卿與福建布政使申紹芳營求美官。體仁擬斥譽卿為民。紹芳提問，遣戍。」汪琬《文文肅公傳》:「吏部尚書謝升納山東布政司勞某賄，擢巡撫，眾大譁，因交章彈升。升自辨，反誣譽卿及紹芳憑藉奧援，爭官講閧。其事絕無左驗。其疏不隸體仁，體仁檄〔註 7〕取之。擬旨削譽卿籍。公曰:『言官為民極榮事也。彼方德公，玉成之耳。』體仁益慍，露章劾公。公罷，而譽卿竟削籍，紹芳亦下獄矣。」 **烏程酒** 《吳興地志》:「吳興烏程縣酒有名。」《郡國志》:「古烏巾程林居此，能醞酒，因以名酒。」

宴孫孝若山樓賦贈

千章喬木俯晴川，高閣登臨雨後天。明月笙歌紅燭院，春山書畫綠楊船。郤超好客真名士，蘇晉翻經正少年。最是風流揮玉麈，煙霞勝處著神仙。

孫孝若 見卷七注。 **郤超** 《晉書‧郤超傳》:「郤超，字景興，一字嘉賓。卓犖不羈，凡所交友，皆一時美秀。寒門後進，亦拔而友之。」 **蘇晉** 少陵《飲中八仙歌》:「蘇晉長齋繡佛前，醉中往往愛逃禪。宗之瀟酒美少年。」注:《唐書》:「蘇晉，珦之子。」程《箋》:「孝若自少留意梵夾，晚益耽嗜。」

琴河感舊並序

楓林霜信，放棹琴河。忽聞秦淮卞生賽賽到自白下，適逢紅葉。余因客座，偶話舊遊。主人命犢車以迎來，持羽觴而待至。停驂初報，傳語更衣，已託病店，遷延不出。知其憔悴自傷，亦將委身於人矣。予本恨人，傷心往事。江頭燕子，舊壘都非；山上蘼蕪，故人安在？久絕鉛華之夢，況當搖落之辰。相遇則唯看楊柳，我亦何堪；為別已屢見櫻桃，君還未嫁。聽琵琶而不響，隔團扇以猶憐。能無杜秋之感，江州之泣也？漫賦四章，以誌其事。

〔註 7〕「檄」，汪琬《堯峰文鈔》卷三十五作「徼」。

琴河感舊　范成大《吳郡志》:「常熟，一名琴川，本絃歌之說故也。」《蘇州府志》:「琴川在常熟縣中，自北而南，有渠七道，橫亙其中，若琴絃然。」《文集·玉京道人傳》:「道人姓卞氏，秦淮人。與鹿樵生一見，遂欲以身許。酒酣，拊几而顧曰：『亦有意乎？』生固為若弗解者。長歎凝睇。後亦竟不復言。尋遇亂，別去。久之，聞其復東下，主於海虞一故人，生偶過焉。尚書某公者，張具請為生，必致之。眾客皆停杯不禦。已，報曰：至矣。有頃，迴車入內宅，屢呼之，終不肯出。生悒怏自失，殆不能為情，賦詩四詩以告絕。」　**更衣**　《史記·外戚世家》:「是日，武帝起更衣，子夫侍尚衣軒中，得幸。」　**痁**　《左傳·昭二十年》:「齊侯疥，遂痁。」《玉篇》:「痁，瘧疾也。」　**遷延**　《神女賦》:「遷延引身，不可親附。」　**委身**　元微之《會真記》:「崔已委身於人。」程氏曰：「時將適鄭建德允生。」　**恨人**　江淹《恨賦》:「於是僕本恨人。」　**蘼蕪**　《古詩》:「上山採蘼蕪，下山逢故夫。」　**我何堪**　見前注。　**見櫻桃**　太白詩：「別來幾春未還家，玉窗五見櫻桃花。」　**未嫁**　羅隱《贈雲英》詩：「我未成名君未嫁，可能俱是不如人。」　**杜秋**　注見卷五。**江州泣**　白樂天《琵琶行》:「就中泣下誰最多，江州司馬青衫濕。」

白門楊柳好藏鴉，誰道扁舟蕩槳斜。金屋雲深吾谷樹，玉杯春暖尚湖花。見來學避低團扇，近處疑嗔響鈿車。卻悔石城吹笛夜，青驄容易別盧家。

藏鴉　《古樂府·楊叛兒》:「暫出白門前，楊柳可藏烏。」　**金屋**　《漢武故事》:「帝為膠東王，年數歲。長公主指問曰：『兒欲得婦否？』曰：『欲得。』指女：『阿嬌好否？』笑曰：『若得阿嬌，當以金屋貯之。』」　**吾谷**　注見卷七。　**玉杯**　謝朓詩：「渠椀送佳人，玉杯邀上客。」　**尚湖**　《明一統志》:「尚湖在常熟縣西南四里，長十五里，廣九里。」徐崧《白城煙水》:「旁邑水溢四出，滙於尚湖。虞山臨於湖上，居民率業魚稻。柳港映帶，景最幽勝。又名西湖，以擬杭之西湖。或曰太公望嘗釣於此，故曰尚湖。」

其二

油壁迎來是舊遊，尊前不出背花愁。緣知薄倖逢應恨，恰便多情喚卻羞。故向閒人偷玉筯，浪傳好語到銀鉤。五陵年少催歸去，隔斷紅牆十二樓。

玉筯　劉孝威詩：「誰憐雙玉筯，流面復流襟。」　**紅牆**　李義山《代應》詩：「本來銀漢是紅墻，隔得盧家白玉堂。」

其三

休將消息恨層城，猶有羅敷未嫁情。車過捲簾勞悵望，夢來攜袖費逢迎。青衫憔悴卿憐我，紅粉飄零我憶卿。記得橫塘秋夜好，玉釵恩重是前生。

層樓　《楚辭》：「增城九重，其高幾里。」王逸《注》：「增同層。」陳後主詩：「層城無復見嬌姿。」〔註8〕　**捲簾**　王仲言《詞話》：「張穠，樂籍女，左與言眷之，後歸張俊，易姓章，封國夫人。紹興中，左覓官赴闕，行經天竺兩峰間，忽逢車輿甚盛，中一麗人，褰帷顧左而言曰：『如今若把菱花照，猶恐相逢似夢中。』視之，乃穠也。」　**玉釵**　司馬長卿《美人賦》：「臣之東鄰有一女子，玉釵掛臣冠，羅袞拂臣衣。」

其四

長向東風問畫蘭，玉人微歎倚闌干。乍拋錦瑟描難就，小疊瓊箋墨未乾。弱葉懶舒添午倦，嫩芽嬌染怯春寒。書成粉箑憑誰寄，多恐蕭郎不忍看。

畫蘭　《文集·玉京道人傳》：「道人好畫蘭，每作風枝婀娜，一落筆盡十餘紙。」**蕭郎**　尤袤《全唐詩話》：「崔郊有婢，既貧，鬻於連帥，郊思慕無已。其婢因寒食來從事家，值郊立於柳陰，崔贈之以詩曰：『侯門一入深如海，從此蕭郎是路人。』」

辛卯元旦試筆自注：除夕再夢杏花。

十年車馬盛長安，仙仗傳籌曙色寒。禁苑名花開萬樹，上林奇果賜千官。春風紫燕低飛入，曉日青驄緩轡看。舊事已非還入夢，畫圖金粉碧闌干。**奇果**　《後漢書·桓榮傳》：「詔賜奇果，受者皆懷之，榮獨舉手奉之以拜。」

雜感

聞說朝廷罷上都，中原民困尚難蘇。雪深六月天圍塞，雨漲千村地入湖。瀚海波濤飛戰艦，禁城宮闕起浮圖。關山到處愁征調，願賜三軍所過租。

罷上都　《一統志》：「宣化府，元屬上都路。」《宣化縣志》：「順治八年，裁宣府巡撫，並於宣大總督兼理。」　**瀚海**　《史記·匈奴傳》：「驃騎將軍與左賢王接戰，左賢王遁去。驃騎封狼居胥山，禪姑衍，臨翰海而還。」《注》：「翰與瀚同。」　**戰**

〔註8〕見李煜《感懷其二》。《吳詩集覽》正作「李後主」。

艦　程箋：「烏喇雞林因造船於此，其地亦名船廠。其江即松花江，合灰扒、混同二江入海。國初，徙直省流人數千居此，修造戰艦，雙帆樓櫓，與京口戰船相似。」**起浮圖**　高士奇《金鼇退食筆記》：「順治八年，毀萬歲山亭殿，立塔建寺，樹碑山趾。每歲十月二十五，自山下然燈至塔頂，燈光羅列，恍如星斗。諸喇嘛執經梵唄，吹大法螺。餘者左持有柄圓鼓，右執彎槌，齊擊之，更余方休，以祈福也。」寧完我《白塔寺記》：「順治八年，有西域喇嘛者欲以佛教陰贊皇猷，請立塔建寺，壽國佑民。奉旨：果有益於國家生民，朕何靳數萬金錢為。故賜號為惱木汗，許建塔於西苑之高阜處。庀材鳩工，不日告成。」**征調**　《後漢書．杜詩傳》：「舊制：發兵皆以虎符。其餘征調，竹使而已。」**所過租**　馬端臨《文獻通考》：「神爵元年上行幸甘泉河，東行所過，毋出田租。」

其二

簫鼓中流進奉船，司空停索導行錢。八蠶名繭盤花就，千縷奇文舞鳳旋。褲褶射雕砂磧塞，筐箱市馬玉門邊。秋風砧杵催刀尺，江左無衣已七年。

簫鼓　漢武帝《秋風辭》：「汎樓船兮濟汾河，橫中流兮揚素波，簫鼓鳴兮發棹歌。」**進奉船**　《唐書．張萬福傳》：「德宗召萬福，馳至渦口，立馬岸上，發進奉船。」**導行錢**　注見卷五。**八蠶**　《唐書．地理志》：「蘇州吳郡土貢絲葛、絲綿、八蠶、絲緋、綾布。」姚寬《西溪叢話》：「李商隱《燒香曲》云：『八蠶繭綿小分炷。』左太沖《吳都賦》云：『鄉貢八蠶之緜。』《注》云：『有蠶一歲八育。』《雲南志》云：『風土多暖，至有八蠶。言蠶養至第八次，不中為絲，只可為綿，故云八蠶之綿。』」**千縷奇文**　注見卷七。

其三

居庸千尺薊門低，八部雲屯散馬蹄。日表土中通極北，河源天上接安西。金城將吏耕黃犢，玉壘山川祭碧雞。世會適逢須粉飾，十年辛苦厭征鼙。

居庸　《漢書．地理志》：「上谷郡居庸縣有關。」梁載言《十道志》：「居庸關亦名薊門關。」貢奎《居庸關》詩：「居庸關高五十里，壁立兩崖雄對峙。」**八部**　《五代史》附錄：「契丹舊旅之大者曰大賀氏，後分為八部，部之長號大人，建旗鼓以統八部。」《集覽》：「《高士奇集》：『張家口外皆國家畜牧之場，其官牧餘地分授八旗放牧，各據一場，每夏加遣人員督率之。』」 **日表土中** 《周禮・地官・大司徒》：「以土圭之法，測土深，正日景，以求地中。」鄭氏曰：「土圭之長，尺有五寸，以夏至之日，立八尺之表，其景適與土圭等，謂之地中。」 **通極北** 程氏曰：「西洋曆成，順治八年頒曆，始置蒙古諸部落於書首。」 **河源** 《漢書・張騫傳》：「漢使窮河源。」《山海經》：「敦薨之山，敦薨之水出焉，西流注於泑海，出於崑崙之東北隅，實維河源。」《集覽》：「《高士奇集》：『本朝遣視河，從塞外至東勝州，經君子濟折而南，經清水堡之東，則出套，再入中原矣。』」 **安西** 王溥《唐會要》：「安西都護府，貞觀末置於西州。顯慶二年，移府理高昌故地。三年，又徙治龜茲國。」 **金城** 注見卷二。案：此句指屯田。 **玉壘** 《名山志》：「玉壘山在灌縣，眾峰叢擁，遠望無形，惟雲表崔嵬獨露。」 **祭碧雞** 《漢書・郊祀志》：「宣帝即位，或言益州有金馬碧雞之神，可醮祭而致，於是遣諫議大夫王褒使持節而求之。」案：此句指祠祀。 **粉飾** 《莊子》：「為丹青則藻繪王猷，粉飾治具。」

其四

急峽天風捲怒濤，穿雲棧石度秋毫。雞豚絕壁人煙少，珠玉空江鬼哭高。縱火千付驅草木，齎糧百日棄弓刀。綿州卻報傳烽緊，峒戶溪丁轉戰勞。

綿州 樂史《寰宇志》：「綿州，漢為涪縣，屬廣漢郡，即涪水之所經。隋開皇五年改名，以綿水為名。」 **傳烽** 《一統志》：「順治八年，巨寇劉文秀等踞滇黔，吳三桂握重兵屯保寧，久無功。四川巡按郝浴劾其縱兵剽掠，包藏異志。未幾，東西川俱陷，三桂棄保寧，退走綿州。浴聞警，一晝夜七馳檄，邀三桂還。賊薄保寧，勢張甚。浴以忠義激發將士，與賊戰，大破之，即密陳三桂跋扈狀。」汪琬《郝公墓誌》：「順治中，吳三桂奉詔統東西兩路兵，駐劄川南，以圖進取。而定州郝公以御史巡按川中，三桂方挾王爵，擁重兵自衛，驕橫日甚，而部下尤淫殺不法。既而東西兩路兵俱為賊所敗，三桂等遁至綿州。公是時適監省試於保寧，賊劉文秀前鋒且抵城下，保宁士民恟懼，公親率文武諸屬吏登陴，揚言秦兵大至，士民賴以少安。因飛檄走邀三桂等赴援，責以大義，謂不死於賊，必死於法。三桂等不得已，始自綿州至。」 **峒戶溪丁** 元和嚴蔚曰：「《宋史・交阯傳》：『發溪峒丁壯討捕之。』」

其五

武安席上見雙鬟，血淚青娥陷賊還。只為君親來故國，不因女子下

雄關。取兵遼海哥舒翰，得婦江南謝阿蠻。快馬健兒無限恨，天教紅粉定燕山。

取兵　《大清一統志》:「順治元年，大軍將徵明，會吳三桂來乞師討李自成，遂召范文程於湯泉決策，乘勢進兵。」毛奇齡《後鑒錄》:「會大清興兵，將討賊，而總兵吳三桂家京師，聞其妾陳沅為賊所得，大恨。自成復挾三桂父襄，令作書招三桂，不應，自成親率所部賊十餘萬出攻關城，而以勁賊出一片石，從關外夾攻。三桂懼不敵，乃乞師於臺星可汗。九王發鐵畸五萬，以英王、豫王分領之人關。」　**哥舒翰**　《唐書・哥舒翰傳》:「其先蓋突騎施酋長哥舒部之裔，祿山反，守潼關。」**謝阿蠻**　樂史《太真外傳》:「新豐有女伶謝阿蠻，善舞凌波曲，舊出入宮禁，貴妃厚焉。」陸次雲《圓圓傳》:「圓圓陳姓，玉峰歌妓，吳三桂以千金聘之。」餘見卷七。**快馬健兒**　《梁鼓角橫吹曲・折楊柳歌》:「健兒須快馬，快馬須健兒。」　**定燕山**　《唐書・薛仁貴傳》:「九姓眾十餘萬，令驍騎數十來挑戰，仁貴三矢，輒殺三人，虜氣懾，遂降。軍中歌曰：將軍三箭定天山，壯士長歌入漢關。」

其六

萬里從王擁節旄，通侯青史姓名高。禁垣遺直看封事，絕徼孤忠誓佩刀。元祐黨碑藏北寺，辟疆山墅記東皋。歸來耕石堂前夢，書畫平生結聚勞。

萬里從王　《欽定歷代通鑑輯覽》:「順治三年，故明兵部侍郎瞿式耜等以桂王由榔稱號於肇慶，進式耜大學士。四年春，大兵克肇慶，桂王奔桂林，尋棄全州，以式耜留守桂林。」　**通侯**　程《箋》:「《梅村詩話》: 余詩哭瞿稼軒所云『通侯青史姓名高』者，蓋稼軒以翼戴功為留守大學士，封臨桂伯也。」　**遺直**　《明史・瞿式耜傳》:「崇禎元年，擢戶科給事中，矯矯立名，多所建白。」　**絕徼**　《漢書注》:「顏師古曰:『徼猶塞也，東北謂之塞，西南謂之徼。』」　**孤忠**　《明史・瞿式耜傳》:「順治七年十一月，大兵入桂林，城中無一人。式耜端坐府中，家人亦散，部將請上馬速走，式耜叱退之。俄總督張同敞至，誓偕死，乃相對飲酒，秉燭危坐。黎明，數騎至，遂與偕行。至則踞坐於地。諭之降，不聽。幽於民舍。至閏十一月十有日，將就刑，天大雷電，空中震擊者三，遠近稱異，遂與同敞俱死。」　**元祐黨碑**　王明清《揮塵錄》:「元祐八年九月三日，崇慶撤簾，泰陵親政。時事鼎新，首逐呂正憫、蘇文定。明年，改元紹聖。四月，自外拜章子厚為左僕射，時東坡先生已責英州。子厚既至，蔡元度、鄧伯溫迎合，以謂《神宗實錄》詆誣之甚，乞行重修。繇是立元祐黨籍，凡當時位於朝者，次第竄斥。徽宗登極，蔡元長作相，使其徒再行編類黨人，刊之於石，名之元祐奸黨，播告天下。但與元長異議者，人無賢否，官無大小，悉列其中，殆三百餘人。」馬純《陶朱新錄》:「僕家舊有元祐奸黨碑，文曰：皇帝即位之五年，旌別淑慝，明信賞刑，黜元祐害政之人，靡有佚罰。乃命有司，夷列罪狀，第其首惡，與其附麗者以聞，得三百九人，皇帝命書而列之石，置於文德殿門之東壁，永為萬世之臣戒。又詔京書之，將頒之天下。臣竊惟陛下聖神英武，遵制揚功，彰善癉惡，以紹先烈。臣敢不對揚休命，仰承陛下孝悌繼述之志。司空尚書左僕射兼門下侍郎臣蔡京謹書記。元祐奸黨：文臣曾仕執政官二十七人，司馬光等；曾仕待制官以上四十九人，蘇軾等；餘官一百七十七人，秦觀等；為臣不忠曾仕宰臣二人，王珪、章惇。」 **北寺** 注見卷八。 **辟疆** 范成大《吳郡志》:「辟疆園自西晉以來，傳之池館林泉之勝，號吳中第一。辟疆，姓顧氏，晉、唐人題詠甚多。今莫知遺跡所在。」程《箋》:「案:《松陵集》陸龜蒙詩云:『吳之辟疆園，在昔勝概敵。不知清景在，盡付任君宅。』注謂任晦園，今任園，亦不可攷矣。」東皋，注見卷四。 **耕石堂** 見卷四注。

題王端士北歸草

讀罷新詩萬感興，夜深挑盡草堂燈。玉河嗚咽聞嘶馬，金殿淒涼見按鷹。南內舊人逢庾信，北朝文士識崔悛。蹇驢風雪蘆溝道，一慟昭陵恨未能。

王端士 王士禛《感舊集》補傳:「王揆，字端士，號芝廛，江南太倉人。順治乙未進士。」 **玉河** 注見卷六。 **按鷹** 《五代史·安重誨傳》:「按鷹於西郊。」《宣和畫譜》:「胡瓌有《番部按鷹圖》。」 **庾信** 《周書·庾信傳》:「庾信，字子山，南陽新野人也。仕梁，為右衛將軍。聘於西魏，屬大將軍南討，留長安，後遂無所歸。仕周，累遷開府儀同三司。」 **崔悛** 《北史·崔悛傳》:「崔悛，字長孺。少知名。自中興迄於孝武，詔誥多悛所為。」 **蘆溝** 注見卷六。 **慟昭陵** 趙與虤《娛書堂詩話》:「唐制：有冤者哭昭陵下，故李洞《策夜簾》詩云:『公道此時如不得，昭陵慟哭一生休。』陸務觀亦有句云:『積憤有時歌易水，孤忠無路哭昭陵。』」

贈糧儲道步公原注：乾州人。

臨湘家世擁旌旄，策馬西來劍佩高。華嶽風雲開間氣，乾陵草木壯神皋。山公盡職封章切，蕭相憂時饋運勞。青史通侯餘事在，江南重見舊人豪。

步公 《陝西通志》:「步文政，乾州人。崇禎十六年進士。副使。」 **臨湘** 《吳志・步隲傳》:「步隲，字子山，臨淮淮陰人也。赤烏九年，代陸遜為丞相。黃武二年，封臨湘侯。」 **乾陵** 《唐書・地理志》:「高宗乾陵在奉天縣北五里。」宋敏求《長安志》:「乾陵周八十里。」《一統志》:「唐高宗乾陵在乾州西北。」 **神皋** 張衡《西京記》:「實惟地之奧區神皋。」 **山公** 注見卷五。 **蕭相** 《漢書・蕭何傳》:「計戶轉漕給軍。」

梅村詩集箋注　卷第十二

長洲吳翌鳳撰　滄浪吟榭校定本

七言律詩

題鴛湖閨詠

石州螺黛點新妝，小拂烏絲字幾行。粉本留香泥蛺蝶，錦囊添線繡鴛鴦。秋風搗素描長卷，春日鳴箏製短章。江夏只今標藝苑，無雙才子掃眉娘。

鴛湖閨詠　《隋遺錄》:「煬帝宮中，殿角女爭傚為長蛾眉。司宮吏日給螺子黛五斛，號為蛾綠螺，出波斯國。每顆值十金。後徵賦不足，雜以銅黛給之，獨絳仙得賜螺黛不絕。」石州，未詳。　**烏絲**　李肇《國史補》:「宋亳間有織成界道絹素，謂之烏絲欄。」黃山谷詩:「正圍紅袖寫烏絲。」　**無雙**　《後漢書·黃香傳》:「京師號曰:天下無雙，江夏黃童。」　**掃眉娘**　王建《贈薛濤》詩:「掃眉才子知多少，管領春風總不如。」

其二

休言金屋貯神仙，獨掩羅裙淚泫然。栗里縱無歸隱計，鹿門猶有賣文錢。女兒浦口堪同住，新婦磯頭擬種田。夫婿長楊須執戟，不知世有杜樊川。

金屋　《古詩》:「金屋羅神仙。」　**歸隱**　《南史·陶潛傳》:「解印綬去職，賦《歸去來辭》以遂其志。其妻翟氏，志趣亦同，能安苦節。夫耕於前，妻鋤於後云。」栗里，注見卷九。　**鹿門**　注見卷十。　**賣文**　少陵《聞斛斯六官未歸》詩:「本賣文為活。」 **女兒浦** 揭傒斯《女兒浦歌》:「女兒浦前湖水流，女兒浦前過湖舟。」 **新婦磯** 黔安居士《漁父詞》:「才出新婦磯，又入女兒浦。」楊維楨《竹枝詞》:「家住西湖新婦磯。」 **長楊須執戟** 揚雄《長楊賦序》:「雄從至射熊館還，上《長楊賦》。」曹植《與楊德祖書》:「昔子雲，先朝執戟之臣。」張籍《節婦吟》:「良人執戟明光裏。」 **杜樊川** 《唐書·杜牧傳》:「杜牧，字牧之，京兆人。有《樊川集》。」宋本詩:「中朝才子杜樊川。」《梅村詩話》:「黃媛介，嘉興儒家女也，能詩善書。其夫楊興公聘之，貧不能娶，流落吳門。媛介詩名日高，有以千金聘為名門妾者，其兄堅持不肯。余詩云:『不知世有杜樊川。』指其事也。」

其三

絳雲樓閣敞空虛，女伴相依共索居。學士每傳青鳥使，蕭娘同步紫鸞車。新詞折柳還應就，舊事焚魚總不如。記向馬融談漢史，江南淪落老尚書。

絳雲樓 注見卷七。 **女伴** 顧苓《河東君小傳》:「柳隱，名是，字如是。為人短小。初歸雲間某孝廉，性放誕，孝廉謝之去。崇禎庚辰，訪某於虞山，某大喜。明年，遂納為小妻，稱河東夫人，築我聞室以居之。時年二十四矣。」《梅村詩話》:「媛介後客於虞山柳夫人絳雲樓中。」朱彝尊《明詩綜》:「俞右吉云:『亡友黃鼎平立二妹:一名媛貞，字皆德;一名媛介，字皆令。均有才名，世尤盛傳皆令之書畫。然皆令青絲步障，時時載筆朱門，微嫌近風塵之色。』」毛奇齡《黃皆令詩題辭》:「皆令用貧流離，不得已而寄跡書畫之間，益復為名家閨闥談燕廢日。」 **學士** 謂絳雲樓主人。 **青鳥使** 薛道衡《豫章行》:「願作王母三青鳥，飛來飛去傳消息。」 **蕭娘** 《南史·臨川王宏傳》:「不畏蕭娘與呂姥。」楊巨源《贈崔娘》詩:「腸斷蕭娘一紙書。」 **折柳** 尤袤《全唐詩話》:「韓翃有寵姬柳氏，從辟淄青，置之都下。數歲，寄詩曰:『章臺柳，章臺柳，昔日青青今在否。縱使長條似舊垂，也應攀折他人手。』柳答曰:『楊柳枝，芳菲節，可恨年年贈離別。一葉隨風忽報秋，縱使君來豈堪折。』」 **焚魚** 少陵《題柏學士茅屋》詩:「碧山學士焚銀魚。」 **談漢史** 《後漢書·列女傳》:『扶風曹世叔妻者，同郡班彪之女也，名昭，一名姬。兄固著《漢書》，其《八表》及《天文志》未竟而卒。帝詔昭就東觀藏書閣踵而成之。時《漢書》始出，多未能通者。同郡馬融伏於閣下，從昭受讀。」 **老尚書** 時絳雲樓主人以禮部尚書家居。

其四

誰吟紈扇繼詞壇，白下相逢吳彩鸞。才比左芬年更少，婿求韓重遇

應難。玉顏屢見鶯花度，翠袖須愁煙雨寒。往事只看予薄命，致書知己到長干。

吳彩鸞　裴硎《傳奇》「鍾陵西山有遊帷觀，每至中秋，車馬喧闐。太和中，有書生文簫往觀，有一姝，甚麗，吟曰：若能相伴陟仙壇，應得文簫駕彩鸞。自有繡襦並甲帳，瓊臺不怕雪霜寒。生意其神仙，植足不去。姝亦相盼。相引至絕頂坦然之地。俄有仙童持天判曰：『吳彩鸞以私情泄天機，謫為民妻一紀。』姝乃與生下，歸鍾陵。」《梅村詩話》：「吳㟨子及卞元文與媛介甚相得。」此章專詠其事。時元文尚未適人，故有第四句。吳㟨子，見卷十一。　**左芬**　注見卷十一。　**韓重**　見卷五注。

補禊

壬辰上巳，蔣亭彥、篆鴻、陸我謀於鴛湖禊飲，余後三日始至。同集有道開師、朱子容、沈孟陽，徵詩以補禊事，余分得知字。

蔣亭彥、篆鴻　《嘉興府志》：「蔣玉立，字亭彥，嘉善人。拔貢。弟雲翼，字鳴大，甲午舉人。」按：篆鴻，即云翼也。　**陸我謀**　《嘉興府志》：「陸野，字我謀。平湖縣學生。為當湖七子領袖。」　**道開**　《續圖繪寶鑑》：「自扃，字道開，蒼雪弟子。結廬於吳門山塘。詩字並佳，又善山水，得意外之趣。」　**朱子容**　朱彝尊《明詩綜》：「朱茂暭，字子蓉，秀水縣學生。」

春風好景定昆池，散誕天涯卻誤期。溱洧漫搴芳杜晚，雒濱須泛羽觴遲。右軍此會仍堪記，白傅重遊共阿誰。故事禊堂看賜柳，年來無復侍臣知。

定昆池　《唐書・安樂公主傳》：「嘗請昆明池為私沼，帝曰：『先帝未有以與人者。』主不悅，自鑿定昆池，延袤數里。」少陵《遊何將軍園林》詩：「走馬定昆池。」**溱洧**　《韓詩章句》：「三月，桃花水之時。鄭國之俗，三月上巳之溱洧兩水之上，招魂續魄，秉蘭草，祓除不祥。」　**雒濱**　《晉書・束皙傳》：「周公成洛邑，因流水以泛酒，故《逸詩》云：『羽觴隨波。』」　**右軍會**　《晉書・王羲之傳》：「乃以為右軍將軍、會稽內史。嘗與同志宴集於會稽山陰之蘭亭。」　**白傅遊**　白樂天《宴洛濱詩序》：「開成二年三月三日，河南尹李待價將禊於洛濱，前一日啟留守裴令公，公明日詔白居易、蕭籍、李仍叔、劉禹錫、鄭居中、李〔註1〕惲、李道樞、崔晉、張可續、盧言、苗愔、裴儔、裴洽、楊魯士、□〔註2〕譔一十五人合宴於舟中。由斗亭歷魏堤，

〔註1〕「李」，四庫本《白香山詩集》卷三十四《三月三日祓禊洛濱》作「裴」。
〔註2〕「□」，底本作空格，四庫本《白香山詩集》卷三十四《三月三日祓禊洛濱》作「談弘」。

抵津橋，登臨溯沿，自晨及暮，賞心樂事，盡得於今日。若不記錄，謂洛無人。晉公首賦一章，顧謂四座繼而和之。居易舉酒抽毫，作十二韻以獻。」 **禊堂** 《晉書·禮志》:「天泉池南石溝引御溝水，池西積石為禊堂。」沈佺期《三月三日梨園亭侍宴》詩:「九門馳道出，三巳禊堂開。」 **賜柳** 《舊唐書·中宗紀》:「幸臨渭亭修禊，飲賜群臣柳圈以辟惡。」

過朱買臣墓自注：在嘉興東塔雷音閣後，即廣福講院。

翁子窮經自不貧，會稽連守拜為真。是非難免三長史，富貴徒誇一婦人。小吏張湯看踞傲，故交莊助歎沉淪。行年五十功名晚，何似空山長負薪。

朱買臣墓 《一統志》:「朱買臣墓在嘉興縣東三里東塔寺後，其妻墓在縣北十八里，一名羞墓。東塔寺相傳即買臣故宅，梁天監中建寺。」朱彝尊《鴛湖櫂歌》自注:「朱買臣墓在角里街北。」 **會稽連守** 《漢書·朱買臣傳》:「朱買臣，字翁子，吳人也。詣闕上書，久不報。會邑子嚴助貴倖，薦買臣為中大夫。坐事免。久之，拜會稽太守。」《集覽》:「按:《漢書·嚴助傳》:『上問助居鄉里時，助對曰:家貧，為友壻富人所辱。上問所欲，對願為會稽太守，即以拜之。』是助以會稽吳人為會稽守，而所薦之買臣復以吳人為會稽守，故云連守。」 **拜為真** 《漢書·王尊傳》:「雖拜為真，未有殊絕褒賞。」如淳曰:「諸官吏初除，皆試守一歲迺為真，食之俸。」〔註 3〕 **三長史** 《史記·酷吏傳》:「始長史朱買臣與莊助俱幸，為太中大夫用事，而湯乃為小吏，跪伏使買臣等前。及湯為御史大夫，買臣坐法廢，守長史，見湯，湯坐床上，丞史遇買臣弗為禮。王朝，齊人也，官至濟南相。故皆居湯右，已而失官，守長史，詘體於湯。湯數行丞相事，知此三長史素貴，常凌折之，以故三長史合謀知湯陰事。事辭頗聞。天子以湯懷詐面欺，使趙禹責湯，湯曰:『謀陷湯罪者，三長史也。』遂自殺，乃盡案誅三長史。」 **一婦人** 《漢書·朱買臣傳》:「家貧，好讀書，擔束薪，行且誦書，其妻亦負戴相隨。妻羞之，求去。買臣笑曰:『我年五十當富貴，今已四十餘矣。』妻恚怒曰:『如公等，終餓死溝中耳，何能富貴！』買臣不能留，即聽去。久之，拜為會稽太守。會稽聞太守至，發民除道。入吳界，見其故妻。妻夫治道，買臣駐車，呼令後車載其夫妻到太守舍，置園中，給食之。居一月，妻自經死。」 **莊助** 《漢書·嚴助傳》:「助，會稽吳人，嚴

〔註 3〕按:《吳詩集覽》:「《漢書·王尊傳》:『雖拜為真，未有殊絕褒賞。』又，《〈孝平紀〉注》:『如淳曰：諸官吏初除，皆試守一歲迺為真，食之俸。』」此處漏鈔「《〈孝平紀〉注》」。

夫子子也。」張晏曰：「夫子，嚴忌也。」案：嚴本姓莊，避漢明帝諱改為嚴。見《〈漢書．司馬相如傳〉注》。

題朱子葵鶴洲草堂子葵《鶴洲夜歸》詩：「秋月清於水，孤舟放鶴歸。不知荷葉露，風卷上人衣。」

別業堂成綠野邊，養雛丹頂已千年。仙人收箭雲歸浦，道士開籠月滿天。竹下縞衣三徑石，雪中清唳五湖田。裴公舊宅松陰在，不數孤山夜放船。

朱子葵　朱彝尊《明詩綜》：「朱茂時，字子葵。萬曆中補秀水縣學生。承祖蔭，官至貴陽太守。」　**鶴洲草堂**　朱彝尊《明詩綜》：「詩話：城南放鶴洲，相傳為唐相裴休別業，名曰裴島。然考新、舊唐書，俱不言休流寓吳下。《至元嘉禾志》：弘、正間，儀真柳琰《府志》、萊陽於鳳喈《補志》亦未之載。或曰南渡初，禮部郎中朱敦儒營之以為墅，洲名是其所題。雖不見地志，觀《樵歌》一編多在吾鄉所作，此說近是。世父子葵拓地百畝，自湖之田，有堂有亭，有橋有船，有岡有謝，有庖有湢，雜樹、花果、瓜疇、芋區、菜圃，靡所不具，陳少詹懿典為作記，董尚書其昌為書扁，李日華為作圖，後先觴詠者題壁淋漓。今則大樹飄零，高臺蕪沒，止存臥柳斷橋而已。」　**綠野**　見卷七注。　**收箭**　施宿《會稽志》：「射的山南有白鶴山，此鶴為仙人取箭。漢太尉鄭弘嘗採薪，得一箭，頃有神人至，問所欲。弘曰：『嘗患若耶溪載薪為難，願得旦南風，暮北風。』後果然。」　**孤山**　沈括《夢溪筆談》：「林逋隱居孤山，畜兩鶴，縱之則飛入雲霄，盤旋久之，復入籠中。逋常泛小艇遊西湖諸寺，有客至逋所居，則一童子出，應門延客坐，為開籠縱鶴，良久，逋揚棹而歸，蓋嘗以鶴飛為驗也。」〔註 4〕

題孫銘常畫蘭

誰將尺幅寫瀟湘，窮谷無人吹氣香。斜筆點芽依蘚石，雙鉤分葉傍篔簹。謝家樹好臨芳砌，鄭女花堪照洞房。我欲援琴歌九畹，江潭搖落起微霜。

謝家樹　《晉書．謝玄傳》：「與從兄朗為叔父所器。曰：『子弟亦何預人事，而欲使其佳？』玄曰：『如芝蘭玉樹，欲使生於階庭耳。』」　**鄭女花**　《左傳．宣三年》：「鄭文公有賤妾曰燕姞，夢天使與己蘭，曰：『余，而祖也。以是為而子。以蘭有國香，

〔註 4〕按：此處所引全同《御定淵鑒類函》卷四百二十。與《夢溪筆談》卷十略異，當是據《御定淵鑒類函》引。

人服媚之如是。』既而文公見之，與之蘭而御之。辭曰：『妾不才，幸而有子，將不信，敢徵蘭乎？』」

送林衡者歸閩

五月關山樹影圓，送君吹笛柳陰船。征途鶗鴂愁中雨，故國桄榔夢裏天。夾漈草荒書滿屋，連江人去雁飛田。無諸臺上休南望，海色秋風又一年。

林衡者 王士禛《感舊集》補傳：「林佳璣，字衡者，福建莆田人。」《文集・送林衡者還閩序》：「衡者為人質樸，修志行，詩文雅健，有師法。其叔父小眉公以前進士隱居著述，衡者能世其家風雲。」 **鶗鴂** 《離騷經》：「恐鶗鴂之先鳴兮，使夫百草為之不芳。」按：《漢書・揚雄傳》作「鷤搗」。師古曰：「鷤搗鳥，一名子規，一名杜鵑。鷤音大系反。搗字或作鴂。搗又音決。」 **桄榔** 注見卷一。 **夾漈** 《明一統志》：「夾漈草堂在興化府城東北。莆田縣西北薌林山。鄭樵著書於此。」 **連江** 齊召南《水道提綱》：「連江出福州府北山，東南流曰寶溪，經連江縣城南，又東至東岱堡，北入海。」 **無諸臺** 《明一統志》：「無諸臺在福州府治東南九仙山上。越王無諸嘗於重九日作登高宴，大石尊向存。」

送文學博以蒼公招同住中峰寺自注：二公皆云南人。

西風驅雁暮雲哀，頭白衝寒到講臺。莫問間關應路斷，偶傳消息又兵來。一峰對月茅庵在，二老論心石壁開。揀取梅花枝上信，明年移向故園栽。

二老 《文集・文先生壽序》：「滇南文先生以崇禎十六年為婁人師。無何，兵至，在先生之義不可以留。將行，先生曰：『吾將從蒼公遊。蒼公者，滇人住吳之中峰，以佛教重東南者也。』」

鄧元昭奉使江右相遇吳門卻贈

五湖春草隱徵笳，畫舫圖書泊晚沙。人謂相如初奉使，客傳高密且還家。黑貂對雪潯陽樹，綠酒看山茂苑花。回首石渠應賜馬，玉河從獵雁行斜。

鄧元昭 王晫《贈言偶集》：「鄧旭，字元昭，壽州籍，吳縣人。順治丁亥進士。」《文集・贈簡討鄧公墓誌》：「其未舉子也，遍禱於山川，夢日而生，故名之曰旭，字以元昭。舉進士。由翰林簡討升洮岷道副使。」 **相如奉使** 《史記・司馬相如傳》：

「乃拜相如為中郎將，建節往使，乘傳至蜀。」　**高密**　注見卷二。　**賜馬**　《史記·李斯傳》：「公子高曰：『天廄之寶馬，臣得賜之。』」

雪夜苑先齋中飲博達旦

扶杖衝泥逐少年，解衣箕踞酒壚邊。愁燒絳蠟消千卷，愛把青樽擲萬錢。痛飲不甘辭久病，狂呼卻笑勝高眠。丈夫失意須潦倒，劇孟平生絕可憐。

酒壚　《漢書·食貨志》：「令官作酒，率開一壚以賣。」司馬公《類篇》：「壚，賣酒區也。」　**劇孟**　《史記·游俠傳》：「雒陽有劇孟，以任俠顯諸侯，行大類朱家而好博。」

其二

相逢縱博且開顏，興極歡呼不肯還。別緒幾年當此夜，狂名明日滿人間。松窗燭影花前酒，草閣雞聲雪裏山。殘臘豈妨吾作樂，盡教遊戲一生閒。

妨作樂　《晉書·向秀傳》：「莊周內外數十篇，秀欲注之，嵇康曰：『此書詎須注，正是妨人作樂耳。』」

癸巳春日禊飲社集虎丘即事

楊柳絲絲逼禁煙，筆床書卷五湖船。青溪勝集仍遺老，白帢高談盡少年。筍屐鶯花看士女，羽觴冠蓋會神仙。茂先往事風流在，重過蘭亭意惘然。

社集　《集覽》：「程迓亭曰：『癸巳春，同聲、慎交兩社各治具虎丘申訂，九郡人士至者五百人。第一日慎交為主。慎交社，三宋為主，右之德宜、疇三德宏、既庭實穎，佐之者尤展成侗、彭雲客瓏也。次一日同聲為主。同聲社，主之者章素文在茲，佐之者趙明遠炳、沈韓倬世奕、錢宮聲中諧、王其長發也。吾婁如王維夏昊、郁計登禾、周子俶肇，則聯絡兩社者，凡以繼張西銘溥虎丘大會耳。會日以大舟甘〔註5〕餘橫亙中流，每舟置數十座，中列優唱，明燭如繁星。伶人數部，歌聲競發，達旦而止。』」**禁煙**　《後漢書·周舉傳》：「太原一郡，俗以介子推焚骸有龍忌之禁。至其亡月，咸言神靈不樂舉火。由是士民每冬中輒一月寒食，莫敢相爨。舉為并州刺史，乃作弔書，置子推廟。言盛冬去火，殘損民命，非賢者之意。宣示愚民，使還溫食。於是眾惑稍

〔註5〕「甘」，程穆衡注作「廿」。

解。」案：此則漢以前寒食禁煙乃在冬仲，不在三月間也。又案：周斐《汝南先賢傳》云：「太原舊俗，以介子推焚骸一月寒食。」亦不言在春。惟陸翽《鄴中記》云：「并州冬至後一百五日為介子推斷火，冷食三日。」後世以清明前一日為寒食節本此。 **白帢** 《晉書五行志》：「初，魏武造白帢，橫縫其前以別，後名之曰顏帢。永嘉之間，稍去其縫，名之曰無顏帢。」 **茂先往事** 《晉書．王戎傳》：「嘗上巳禊洛，或問王濟曰：『昨遊有何言談？』濟曰：『張華善說史漢，裴頠論前言往行，袞袞可聽。王戎談子房季札之間，超超元箸。』」案：茂先謂張西銘。見卷一注。 **蘭亭** 葉廷珪《海錄碎事》：「山陰西南二十里有蘭渚，渚有亭，曰蘭亭。」餘見前注。

其二

蘭臺家世本貽謀，高會南皮話昔遊。執友淪亡驚歲月，諸郎才調擅風流。十年故國傷青史，四海新知笑白頭。脩禊只今添俯仰，北風杯酒酹營丘。

蘭臺 注見卷六。 **南皮** 魏文帝《與吳質書》：「昔南皮之遊，誠不可忘。」 **執友** 謂陳大士際泰、周介生鍾、張受先采輩。 **諸郎** 謂大樽子闇公、維斗子俊三輩。**俯仰** 王羲之《蘭亭記》：「俯仰之間，已為陳跡。」 **營丘** 注見卷六。案：謂李舒章雯。

其三

訪友扁舟掛席輕，梨花吹雨五茸城。文章興廢關時代，兄弟飄零為甲兵。茂苑聽鶯春社飲，華亭聞鶴故園情。眾中誰識陳驚座，顧陸相看是老成。

五茸城 注見卷五。 **兄弟** 謂宋讓木徵璧、子建存標、轅文徵輿。 **聞鶴** 庾子山《哀江南賦序》：「華亭鶴唳，豈河橋之可聞？」餘見卷五。 **陳驚座** 《漢書．陳遵傳》：「陳遵，字孟公。所到，衣冠懷之，唯恐其後。時列侯有與遵同姓字者，每至人門，曰陳孟公，坐中莫不震動。既至而非，因號其人曰陳驚坐云。」案：此指陳臥子子龍。 **顧陸** 謂顧偉南開雍、陸子元慶曾。

其四

絳帷當日重長楊，都講還開舊草堂。少弟詩篇標赤幟，故人才筆繼青箱。抽毫共集梁園製，布席爭飛曲水觴。近得廬陵書信否，寄懷子美在滄浪。

絳帷　指西銘。　**都講**　注見卷十一。　**少弟**《文集·張敉庵黃門壽序》:「吾師西銘先生用經術大儒，負盛名於當世，而敉庵為其愛弟。雅擅絕才，涉獵彊記，發為文章，風起泉湧。」　**故人**　謂王子彥瑞國。　**標赤幟**《史記·淮陰侯傳》:「選輕騎二千人，人持一赤幟，誡曰:『若疾入趙壁，拔趙幟，立漢赤幟。』」　**青箱**　注見卷五。　**廬陵**　謂李太虛明睿。　**滄浪**　蘇舜欽《滄浪亭記》:「一日過郡學，東顧草樹鬱然，崇阜廣水，不類乎城中。並水得微徑於雜花修竹之間。東趨數百步，有棄地，縱廣函五六十尋，三向皆水也。槓之南，其地益闊，旁無居民，左右皆林木相虧蔽。訪諸舊老，云錢氏有國，近戚孫承右之池館也。坳隆勝勢，遺意尚存。予愛而徘徊，遂以錢四萬得之，構亭北碕，號『滄浪』焉。」《蘇州府志》:「滄浪亭在郡學之東。積水瀰數十畝，旁有小山，高下曲折，與水相縈帶。慶曆間，蘇子美得之，傍水作亭，曰滄浪。歐陽文忠公作歌，滄浪之名遂著。」

投贈督府馬公

伏波家世本專征，畫角油幢細柳營。上相始興開北府，通侯高密鎮西京。江山傳箭旌旗色，賓客圍棋劍履聲。勞苦潯陽新駐節，舳艫今喜下湓城。

馬督《江南通志》:「總督馬國柱，字擎宇。奉天人。順治四年任。」案:梅村之出，馬督薦之。此詩所由作也。　**伏波**　注見卷五。　**細柳**《漢書·周亞夫傳》:「河內守亞夫為將軍，軍細柳。上自勞軍，至細柳軍。」　**上相**《史記·陸賈傳》:「陸賈謂陳平曰:『足下位為上相，食三萬戶侯，可謂極富貴無欲矣。』」　**始興**　注見卷五。　**北府**《宋書·謝晦傳》:「昔荀中郎二十七為北府都督。」山謙之《南徐州志》:「舊徐州都督以東為稱。晉氏南遷，徐州刺史王舒加北中郎將。北府之號，自此始也。」　**高密**《後漢書·鄧禹傳》:「帝敕禹曰:『長安吏人遑遑無所依歸，宜以時進討，鎮慰西京。』後封高密侯。」　**湓城**　注見卷八。

其二

十年重到石城頭，細雨孤帆載客愁。累檄久應趨幕府，扁舟今始識君侯。青山舊業安常稅，白髮衰親畏遠遊。慚愧推賢蕭相國，邵平只合守瓜丘。

邵平　注見卷二。　**瓜丘**　少陵詩:「每見秋瓜憶故丘。」

自歎

誤盡平生是一官，棄家容易變名難。松筠敢厭風霜苦，魚鳥猶思天地寬。鼓枻有心逃甫里，推車何事出長干。旁人休笑陶弘景，神武當年早掛冠。

甫里 《唐書·陸龜蒙傳》:「居甫里，自號甫里先生。」 **神武** 《南史·陶弘景傳》:「永明十年，脫朝服，掛神武門。」

登上方橋有感自注：橋時新修，極雄壯，望見天壇，崩圮盡矣。

石梁天際偃長壕，勢壓魚龍敢遁逃。壯麗氣開浮廣術，虛無根削插崩濤。秋騰萬馬鞭梢整，日出千軍挽餉勞。回首泰壇鍾磬遠，江流空繞斷垣高。

上方橋 《一統志》:「上方橋在江寧府上元縣東南。明天地壇在上元縣洪武門外。」《江寧府志》:「順治三年九月，內院洪承疇、操院陳錦、守道林天擎、知府李正茂重修上方橋，八年二月橋成。」 **天壇** 《明史·禮志》:「明初建圜丘於正陽門外、鍾山之陽。」《一統志》:「天地壇在上元縣洪武門外。」 **術** 許氏《說文》:「術，邑中道也。」《管子·度地》篇:「百家為里，里十為術，術十為州。」 **泰壇** 《禮》:「燔柴於泰壇，祭天也。」

鍾山

王氣消沉石子岡，放鷹調馬蔣陵旁。金棺移塔思原廟，自注：金棺為誌公，在雞鳴寺。玉匣藏衣記奉常。自注：太常有高廟衣冠。楊柳重栽馳道改，櫻桃莫薦寢園荒。自注：時當四月。聖公沒後無抔土，姑孰江聲空夕陽。

鍾山 注見卷五。 **石子岡** 《吳志·諸葛恪傳》:「建業南有長陵，名曰石子岡。」樂史《寰宇記》:「石子岡在江寧縣南十五里，週二十里。」 **蔣陵** 《丹陽記》:「蔣陵因山以為名，吳大帝陵也。」《一統志》:「在上元縣北二十二里。」 **金棺移塔** 注見卷二。 **原廟** 《史記·叔孫通傳》:「願陛下為原廟渭北，衣冠月出遊之。上乃詔有司立原廟。」 **玉匣** 注見卷二。 **奉常** 注見卷二。 **馳道** 《史記·秦始皇紀》:「治馳道。」應劭曰:「馳道天子道也。」《〈漢書·成帝紀〉注》:「馳道天子所行道也，若今之中道。」 **櫻桃薦** 《明史·禮志》:「薦新：四月，櫻、桃、杏、鰣魚、雉。」 **聖公** 《後漢書·劉玄傳》:「玄字聖公，光武族兄。諸將立為更始皇帝。」案：比弘光也。　**姑孰**　《一統志》：「姑孰城，即今太平府當塗縣治。」《明史・福王傳》：「辛卯夜，由崧走太平，趨黃得功軍。」

臺城

形勝當年百戰收，子孫容易失神州。金川事去家還在，玉樹歌殘恨未休。徐鄧功勳誰甲第，方黃骸骨總荒丘。可憐一片秦淮月，曾炤降旛出石頭。

臺城　許嵩《建康實錄》：「晉成帝咸和七年，新宮成，名建康宮。」注：即今之所謂臺城也。在縣東北五里，周回八里。馮智舒《綱目質實》：「臺城在鍾阜側。今胭脂井南至高陽基二里，為軍營及民蔬圃者皆是。」洪邁《容齋隨筆》：「晉、宋後，朝廷禁省為臺，故稱禁城為臺城。」　**神州**　《世說・輕詆篇》：「桓公登平城樓，眺矚中原，慨然曰：『遂使神州陸沉，百年丘墟，王夷甫諸人不得不任其責矣。』」　**金川**　《明史・恭閔帝紀》：「燕兵犯金川門，谷王橞及李景隆叛，納燕兵，都城陷。」餘見卷一。　**玉樹**　注見卷四。許渾《金陵懷古》詩：「玉樹歌殘王氣終。」　**徐鄧**　徐達、鄧愈。注見卷二。　**方黃**　《明史・方孝孺傳》：「方孝孺，字希直，寧海人。官文學博士。金川門啟，燕兵入。使草詔，擲筆泣罵，被磔死。」《明史・黃子澄傳》：「黃子澄，名湜，以字行，分宜人。燕師起，王泣誓將吏曰：『陷害諸王，非天子意，乃姦臣齊泰、黃子澄所為也。』京城陷，被磔死。」　**降旛**　劉禹錫《西塞山懷古》詩：「一片降旛出石頭。」

國學

松柏曾垂講院陰，後湖煙雨記登臨。桓榮空有窮經志，伏挺徒增感遇心。四庫圖書勞訪問，六堂絃管聽銷沉。白頭博士重來到，極目蕭條淚滿襟。　**國學**　《明史・選舉志》：「初改應天府學為國子學，後改建於雞鳴山下，既而改學為監。」《江寧府志》：「先師廟，天印在前，玄武湖居後，鍾山峙左，雞鳴環右。玄武湖之水循宮牆而南，合於青溪。秦淮之水入青溪，而北抵於雞籠。皆合襟於前，以為聖宮護衛。」　**講院**　王佐《南廱志》：「講院在英靈坊之東，與祭酒宅相連。」**後湖**　《明一統志》：「玄武湖在太平門外，今稱後湖。」詳見後注。　**桓榮**　《後漢書・桓榮傳》：「榮習歐陽《尚書》，世祖召為議郎，入授太子，拜太子少傅，賜以輜車、乘馬。榮大會諸生，陳其車馬、印綬，曰：『今日所蒙，稽古之力也，可不勉哉！』」**伏挺**　《南史・伏挺傳》：「伏挺，字士操。七歲通《孝經》、《論語》。及長，博學有才思。三世同時，聚徒教授，罕有其比。除南臺書侍御史，被劾，懼罪，乃變服出家。遇赦，還俗。侯景亂中卒。」 **四庫** 注見卷四。 **六堂** 見卷二注。

觀象臺

候日觀雲倚碧空，一朝零落黍離同。昔聞石鼓移天上，自注：元移石鼓於大都。**今見銅壺沒地中。黃道只看標北極，赤烏還復紀東風。郭公枉自師周髀，千尺荒臺等廢宮。**自注：渾儀，郭守敬所造。

觀象臺 注見卷二。 **候日觀雲** 《〈書・洪範〉傳》:「天子立靈臺，所以觀人文之變而候日月。」《左傳・桓五年》:「凡分至啟閉，必書雲物。」 **石鼓** 都穆《金薤琳瑯》:「崇寧中，蔡京作辟雍，取十鼓置講堂後。辟雍廢，徙置禁中。金人破汴，鼓亦北徙，留王宣撫宅。宅後為大興府學。虞伯生助教成均，言於時宰，置之國學大成門內。」蔣一葵《長安客話》:「宣聖廟戟門石鼓十，皇慶初移於此。」餘見卷七注。 **銅壺** 《〈周禮・夏官・挈壺氏〉注》:「懸壺以為漏。」某氏云:「懸壺以為漏者，謂懸壺於上，以水沃之，水漏下入器中，以沒刻為準法。」李蘭《刻漏法》:「以器貯水，以銅為渴烏，狀如鉤曲，以引器中水，於銀龍口中吐入權器。漏水一升，秤重一斤，時經一刻。」 **黃道** 《五代史・司天考》:「黃道者，日軌也，其半在赤道內，半在赤道外，去極二十四度。」 **北極** 《明史・天文志》:「北極出地度，分北京四十度，南京三十度半。」 **赤烏** 句未詳。 **郭公** 《元史・郭守敬傳》:「郭守敬，字若思，順德邢臺人。言司天渾儀，宋皇祐中汴京所造，不與此處天度相符。比量南北二極，約差四度。石表年深，亦復欹側。乃盡考其失，而移置之。既而別度高爽地，以木為重棚，創作簡儀高表，用相比覆。為同知太史院事。」《明史・天文志》:「洪武十八年，設觀象臺於雞鳴山。二十四年，鑄渾天儀。所用簡儀，則郭守敬遺制。」 **周髀** 《晉書・天文志》:「蔡邕所謂周髀者，即蓋天之說也。周公受於殷商，周人誌之，故曰周髀。髀，股也。股者，表也。用勾股重差推晷影，極遊以為遠近之數，皆得於表股者也。」

雞鳴寺

雞鳴寺接講臺基，扶杖重遊涕淚垂。學舍有人鋤野菜，僧僚無主長棠梨。雷何舊席今安在，支許同參更阿誰。惟有誌公留布帽，高皇遺筆讀殘碑。自注：寺壁有石刻高廟御筆題贊誌公像。

雞鳴寺 陳沂《南畿志》:「寺在雞籠山，洪武初為普濟禪師廟，後改為寺。山廣數畝，而規制盤折高下若數里，有浮屠。後瞰玄武湖，前俯京城，登覽之勝處也。」

學舍　《後漢書・儒林傳・序》:「學舍頹敝，鞠為園蔬。」　**雷何舊席**　《南史・雷次宗傳》:「雷次宗，字仲倫，豫章南昌人也。宋元嘉十五年，徵至京，開館於雞籠山，以儒學總監諸生。時國子學未立，上留意藝文，使丹陽尹何尚之立元學，太子率更令何承天立史學，司徒參軍謝元立文學，凡四學，並建。」　**支許同參**　《世說・文學篇》:「支道林、許掾諸人共在會稽王齋，支為法師，許為都講。」　**布帽**　《南史・陶弘景傳》:「時有沙門釋寶誌者，不知何許人，有於宋太始中見之，出入鍾山，往來都邑，齊武帝迎入華林園。少時，忽重著三布帽，不知於何得之。俗呼為誌公。」

功臣廟

畫壁精靈間氣豪，鄂公羽箭衛公刀。丹青賜額豐碑壯，棨戟傳家甲第高。鹿走三山爭楚漢，雞鳴十廟失蕭曹。英雄轉戰當年事，采石悲風起怒濤。

功臣廟　陳沂《南畿志》:「雞籠山功臣廟祀中山開平功臣也。」餘見卷二注。**間氣**　《春秋演孔圖》:「正氣為帝，間氣為臣，秀氣為人。」　**鄂公、衛公**　並見卷七。　**鹿走**　《史記・淮陰侯傳》:「秦失其鹿，天下共逐之。今楚漢分爭，使天下無罪之人肝腦塗地，父子暴骸骨於中野，不可勝數。」　**三山**　張鉉《金陵新志》:「三山在城西南五十七里，周回四里，高二十九丈。李白詩『三山半落青天外』，即此。」賀鑄《慶湖遺老集》:「三山在金陵西南，堀起大江之中，昔王龍驤順流鼓棹，逕造三山。謝玄暉登三山望京邑，皆此地也。」　**十廟**　陳沂《金陵世紀》:「國朝列十廟於雞籠山上，山頂設渾天儀，又名欽天山。」《顧炎武集》:「雞鳴山下有帝王功臣十廟，後人但謂之十廟。」　**失蕭曹**　少陵《詠懷古蹟》詩:「指揮若定失蕭曹。」**采石**　《明史・太祖紀》:「至正十五年，諸將請直趨集慶。太祖曰:『取集慶必自采石始。采石重鎮，守必固。牛渚前臨大江，彼難為備，可必克也。』六月乙卯，乘風引帆，直達牛渚。常遇春先登，拔之，采石兵亦潰，緣江諸壘悉附。」詳卷十七。

玄武湖

覆舟西望接陂陀，千頃澄潭長綠莎。六代樓船供士女，百年版籍重山河。自注:湖置黃冊庫，禁人遊玩。**平川豈習昆明戰，禁地須通太液波。煙水不關興廢感，夕陽聞已唱漁歌。**自注:時已有漁舟，非復昔日之禁矣。

玄武湖　周應合《景定建康志》:「宋文帝元嘉中，蔣陵中有黑龍見，改名玄武湖。」樂史《寰宇記》:「玄武湖在上元縣東北七里，周回四十里。東西兩派下水入秦淮，灌田百頃。」　**覆舟**　《元和郡縣志》：「覆舟山在上元縣東北十里。鍾山兩足也，形如覆舟，故名。」　**版籍**　《上元縣志》：「玄武湖中有洲，置庫於上，以貯天下之圖籍。」《漁洋文略》：「登塔望後湖，湖亦名昆明池，故明貯天下版籍之所。令網罟弗禁，夕陽頹澹，野水縱橫，中惟荷葉田田千頃，鳧鷺將子，十百成群，唼喋波間而已。」**昆明戰**　《漢書．西南夷傳》：「昆明國有滇池，方二百里。武帝欲伐昆明，作池象之，以習水戰。」《御覽》：「《京都記》曰：『從北望鍾山似宮亭湖望廬嶽，齊武帝理水軍於此中，號曰昆明池。』故沈約《登覆舟山詩》曰：『南瞻儲胥館，北望昆明池』，即此。元嘉末有黑龍見於湖內，改名玄武湖。」　**太液波**　《漢書．武帝紀》：「作大池漸臺二十餘丈，名曰太液池。」樂史《寰宇記》：「玄武湖通後苑，又於湖側作大竇，引湖水入宮池，內天泉池中，經歷宮殿，周流回轉，不捨晝夜。」

秣陵口號

車馬垂楊十字街，河橋燈火舊秦淮。放衙非復通侯第，自注：中山賜宅改作公署。**廢圃誰知博士齋。易餅市傍王殿瓦，換魚江上孝陵柴。無端射取原頭鹿，收得長生苑內牌。**

秣陵　注見卷五。　**十字街**　太白《金陵白楊十字巷》詩：「白楊十字巷，北夾潮溝道。」　**河橋**　《一統志》：「鎮淮橋在江寧府城南門外，即古朱雀桁所，橫跨秦淮，長一十六丈。」　**秦淮**　注見卷一。　**通侯第**　見卷一注。《集覽》：「程氏曰：『中山宅今為布政司署，其外宅曰西園，屬吳氏，六朝松在焉。』」〔註 6〕　**博士齋**　見卷二注。　**孝陵**　《一統志》：「明太祖孝陵，在上元縣東朝陽門外，當鍾山之陽。」**長生苑鹿**　鄭嵎《津陽門》詩：「長生鹿瘦銅牌垂。」注：「上嘗於芙蓉園中獲白鹿，惟山人王旻識之，曰：『此漢時鹿也。』上異之，令左右視之，乃於角際白毛中得銅牌子，刻曰宜春苑鹿。上由是愈愛之，移于北山，目之曰仙鹿。」《蚓庵瑣語》：「明朝南京陵內畜鹿數千，項懸銀牌。人有盜宰者，抵死。崇禎末年，余解糧到京，往遊陵上，猶見銀牌鹿來林木中，始信唐世芙蓉園獲漢時宜春苑銅牌白鹿為不誣也。」

無題

繫艇垂楊映綠潯，玉人湘管畫簾深。千絲碧藕玲瓏腕，一卷芭蕉展轉心。題罷紅窗歌緩緩，聽來青鳥信沉沉。天邊恰有黃姑恨，吹入蕭郎此夜吟。

〔註 6〕按：《吳詩集覽》作「袁子才曰」。

無題　《集覽》:「先生曾孫紫庭詡箋曰:『王先輩玉書《麟來志芸》云:虞山瞿氏有才女歸錢生，生病瘵，女有才色，不安其室，意屬先生，扁舟過婁，投詩相訪。先生以義自持，因設飲河干，賦《無題》四章以謝之。氏去，歸石學士仲生申，錢生故在也。梁溪顧舍人梁汾貞觀，石所取士，實為之作合云。』順治丙戌進士，歷官吏部左侍郎，總督倉場。」　**黃姑**　《爾雅·釋天》:「河鼓謂之牽牛。」《潘子真詩話》:「《古樂府》云:『東飛伯勞西飛燕，黃姑織女時相見。』讀杜公瞻所注宗懔《荊楚歲時記》，乃知黃姑即河鼓，語之轉也。」

其二

到處鶯花畫舫輕，相逢只作看山行。鏡因硯近螺頻換，書為香多蠹不成。愧我白頭無冶習，讓君紅粉有詩名。飛瓊漫道人間識，一夜天風返碧城。

飛瓊　孟棨《本事詩》:「許瀆嘗夢登山，有宮室凌雲。人云:『此崑崙。』見數人，方飲酒。招之，至暮而罷。賦詩云:『曉入瑤臺露氣清，座中惟有許飛瓊。塵心未斷俗緣在，十里下山空月明。』他日復夢至其處，飛瓊曰:『子何故顯我姓名於人間?』座間即改為『天風吹下步虛聲』。」　**碧城**　注見卷十一。

其三

錯認微之共牧之，誤他舉舉與師師。疏狂詩酒隨同伴，細膩風光異舊時。畫裏綠楊堪贈別，曲中紅豆是相思。年華老大心情減，辜負蕭娘數首詩。

舉舉　鄭棨《北里志》:「鄭舉舉善令章，巧調謔，為諸朝士所眷。」　**師師**　孟元老《東京夢華錄》:「李師師，汴京角妓，有俠氣，飛將軍，道君幸之。」　**細膩風光**　元微之《寄薛濤》詩:「細膩風光我獨知。」　**紅豆**　張泌《粧樓記》:「相思子即紅豆，赤如珊瑚。」少陵詩:「秋風紅豆底，日日坐相思。」

其四

鈿雀金蟬籠臂紗，鬧妝初不鬥鉛華。藏鉤酒向劉郎賭，刻燭詩從謝女誇。天上異香須有種，春來飛絮恨無家。東風燕子知多少，珍重雕闌白玉花。

臂紗　《晉書·胡貴嬪傳》:「太始九年，帝多簡良家子女，以充內職。自擇其美者，以絳紗繫臂。」　**鬧妝**　《髻鬟品》:「貞元中，有鬧埽鬧妝髻。」《三夢記》:「唐末，宮中髻號鬧掃妝，形如焱風散鬌，蓋盤鴉、墮馬之類。」 **藏鉤** 周處《風土記》：「藏鉤之戲，分二曹以較勝負。若人偶則敵對，若奇則使一人為遊附，或屬上曹，或屬下曹，為飛馬。」《採蘭雜記》：「九為陽數，古人以二十九日為上九，初九日為中九，十九日為下九。置酒為婦女之歡。女子以是日為藏鉤諸戲，以待月明，至有忘寐而達曙者。」 **刻燭** 注見卷十一。 **白玉花** 李義山《謔柳》詩：「已帶黃金縷，仍飛白玉花。」

百草堂觀劇

肯將遊俠誤躬耕，愛客村居不入城。亭占綠疇朝置酒，船移紅燭夜鳴箏。金齏斫鱠霜螯美，玉粒呼鷹雪爪輕。自注：主人好獵。卻話少年逢社飲，季心然諾是平生。

金齏 注見卷十。 **霜螯** 東坡《松醪賦》：「薦以石蟹之霜螯。」 **呼鷹** 《襄陽耆舊傳》：「劉表為荊州刺史，築臺名呼鷹。」 **季心** 《漢書·季布傳》：「布弟季心為任俠，方數千里，士為爭死。當是時，季心以勇，布以諾，聞關中。」

送李秀州擢寧紹道

楊柳春風起郡樓，故人嚴助昔同遊。煙霞到處推仙吏，棨戟今看冠列侯。長水圖書移遠棹，大雷笳鼓對清秋。閱兵海上應西望，秦駐山高即秀州。

李秀州 《浙江通志》：「分巡寧紹道李國棟，順治十年任。」餘見卷八。 **嚴助** 見前注。 **長水** 《嘉興府志》：「長水縣，秦時所鑿，在治南三里。自由拳至硤水，亙五十餘里。」 **大雷** 《一統志》：「大雷山在寧波奉化縣西南四十里，四明支山也。」 **秦駐山** 《一統志》：「秦駐山在嘉興府海鹽縣南十八里，濱海。」

周櫟園有墨癖嘗蓄墨萬種歲除以酒澆之作祭墨詩友人王紫崖話其事漫賦二律

含香詞賦擲金聲，家住玄都對管城。萬笏雅應推正直，一囊聊復貯縱橫。藏雖黯澹終能守，用任欹斜自不平。磨耗年光心力短，只因耽誤楮先生。

周櫟園 黃虞稷《櫟下先生行狀》：「先生姓周氏，諱亮工，字元亮，河南開封府祥符縣人。先世居金溪櫟下，因自號櫟園先生。崇禎庚辰進士。國朝官閔臬，為安丘相國劉正宗所搆，幾陷大辟，後以贖論。復官廣東參政，陞戶部侍郎。」 **王紫崖**

名元初，太倉州人。明三科武舉以材武定州亂，授游擊。告身後為仇家所搆，出家為僧。先生子暻有《贈王將軍紫崖》詩。　**含香**　應劭《漢官儀》：「尚書郎含雞舌香伏奏事。」李義山《白菊》詩：「偏稱含香五字客。」　**擲金聲**　《晉書．孫綽傳》：「綽作《天台賦》，賦成，示范榮期曰：『卿試擲地，當作金石聲。』」　**玄都**　《玉京經》：「玄都在玉京山，有七寶城，太上無極大道虛皇君之所治也。」　**管城**　韓昌黎《毛穎傳》：「封之管城，號曰管城子。」　**磨耗**　《仇池筆記》：「石昌言嘗寶李廷珪墨，不許人磨。或戲之曰：『子不磨墨。墨將磨子。』今昌言墓木拱矣，墨猶無恙，可為好事者之戒。」　**耽誤**　《金史．五行志》：「童謠云：耽誤盡，少年人。」**楮先生**　昌黎《毛穎傳》：「與會稽楮先生友善。」

其二

山齋清玩富琳琅，似璧如圭萬墨莊。口啜飲同高士癖，頭濡書類酒人狂。但逢知己隨濃瀋，若論交情耐久長。不用黃金費裝裹，伴他銅雀近周郎。

口啜　《東坡集》：「呂行甫好藏墨而不能書，則時磨而小啜之。」周亮工《書影》：「滕達道、蘇浩然、呂行甫皆好啜墨水。」　**頭濡**　《唐書．李白傳》：「張旭，吳人。嗜酒。每大醉，呼叫狂走，乃下筆。或以頭濡墨而書。既醒，自視以為神，不可復得也。世呼張顛。」　**銅雀**　蘇易簡《文房四譜》：「魏銅雀臺遺址，人多發其古瓦，琢硯甚工。貯水數日不燥。相傳昔造此臺，其瓦俾陶人澄泥，以絺綌濾過，加胡桃油埏埴之，故與他瓦異。」

贈陽羨陳定生

溪山罨畫好歸耕，櫻筍琴書足性情。茶有一經真處士，橘無千絹舊清卿。自注：故御史大夫子。**知交東冶傳鉤黨，子弟南皮負盛名。卻話宋中登望遠，天涯風雨得侯生。**自注：定生、偕侯、朝宗在南中，幾及鉤黨禍。侯生，歸德人。

陽羨　樂史《寰宇記》：「常州宜興縣本秦陽羨。」《明一統志》：「宜興縣，秦陽羨，晉義興，宋宜興。」　**陳定生**　蔣永修《陳迦陵外傳》：「定生名貞慧，御史大夫子廷子，與如皋冒辟疆、商丘侯朝宗、桐城方密之並以名卿子折節讀書，傾家財，交天下名士，天下稱四公子。四公子深相結。南渡時，定生罹黨禍，朝宗捐數千金，力為營脫。侯無德色，陳不屑屑顧謝，相與為古道交如此。」　**罨畫**　樂史

《寰宇記》:「沂溪,今俗呼為罨畫溪,在宜興縣南三十六里。」張師正《倦遊錄》:「罨畫,今之生色也。」 **千絹** 《襄陽耆舊傳》:「李衡為丹陽太守,遣人往武陵龍陽泛洲上作宅,種橘千株。臨死,勑兒曰:『吾州里有千頭木奴,不責汝食。歲上匹絹,亦當足用耳。』」 **清卿** 《北史·袁聿修傳》:「聿脩為尚書郎十年,未曾受升酒之遺。尚書邢卲每省中語戲,呼為清郎。大寧初,聿脩以太常少卿出使巡省。經袞州,時卲為刺史,別後,送白紬為信。聿脩不受。卲報書曰:『弟昔為清郎,今日更作清卿矣。』」《明史·陳于廷傳》:「陳于廷,字孟鍔。宜興人。萬曆二十三年進士。歷官左都御史,加太子少保。」 **東冶** 《南史·袁彖傳》:「為冠軍將軍,監吳興郡,坐過用祿錢,免官,付東冶。武帝遊孫陵,望東冶曰:『冶中有一好貴囚。』數日,與朝臣幸冶,履行庫藏,賜囚徒酒肉,敕見彖與語,釋之。」 **鉤黨** 注見卷二。陳維崧《先府君行略》:「戊寅歲,留都防亂公揭之事起。防亂公揭者,為懷寧阮大鋮發也。懷寧魏閹乾兒,思宗皇帝鐫之九鼎,然猶橫踞南都,以酣歌聲伎,奔走四方。無識之士,輦金十萬至闕下。朝中多陰為羽翼者,勢且叵測。貴池吳先生次尾,時主予家,與府君搤掔此事。會無錫顧子方先生來。三人者,意相合也。吳先生隨於燈下草一揭,顧先生首倡,而府君次之。諸清流又次之。揭未布,或泄之懷寧,懷寧大恨。未幾而有甲申三月之難。弘光帝立於南中,府君蒲伏闕下,為先少保請謚。居南中,而懷寧者方貴用事,夙又恨府君次骨,蓋先是已捕周鹿溪先生,繫之請室矣。先生者,亦以防亂揭故,為懷寧所切齒者也。府君日〔註7〕夜則橐饘從請室中。或為府君危之。府君卒自若。九月十四日,日下舂,有白靴校尉數人者至邸中,縛府君至鎮撫,出一紙,紙尾有貴池吳先生名。先生先一日亡去,而劉僑者,故思宗皇帝時舊錦衣也。夜漏三下,以一小赫蹏與鎮撫馮可宗,大約謂東林後人,無故殺之,以起大獄,紀綱門達之事可鑒也。馮獲書意動,而司馬諫公國亦為府君星馳詣貴陽,而相國王公鐸亦以書致鎮撫,獄遂解。明年,鹿溪先生賜死獄中。既大清兵下江南,江南亦亡。」 **子弟** 陳維崧其年、維岳緯雲、宗石子萬等也。南皮,注見前。 **宋中** 《漢書·地理志》:「梁國縣睢陽。」《注》:「故宋國,微子所封。」少陵《遣懷》詩:「昔我遊宋中。」 **侯生** 王士禛《感舊集補傳》:「侯方獄,字朝宗,河南商丘人。」先生《綏寇紀畧》:「阮大鋮本縱橫才,以閹黨故廢。歸德侯方域嘗偕其友移書罵之。方域,侍郎恂次子也。當左兵南潰,方域僑寓陪都,大鋮頌言,良玉為賊,而目侯以同反。」《板橋雜記》:「大鋮恨朝宗,羅致欲殺之。朝宗跳而免。」

〔註7〕「日」字下,陳維崧《陳迦陵文集》卷五《敕贈徵仕郎翰林院檢討先府君行略》原有「則席槁銀臺門,而」。

江樓別幼弟孚令

野色滄江思不窮，登臨傑閣倚虛空。雲山兩岸傷心裏，雨雪孤城淚眼中。病後生涯同落木，亂來身計逐飄蓬。天涯兄弟分攜苦，明日扁舟聽曉風。

揚州

疊鼓鳴笳發棹謳，榜人高唱廣陵秋。官河楊柳誰新種，御苑鶯花豈舊遊。十載西風空白骨，廿橋明月自朱樓。南朝枉作迎鑾鎮，難博雷塘土一丘。

疊鼓鳴笳　王泠然《汴隄柳》詩：「隋家天子憶揚州，鳴笳疊鼓泛清流。」楊慎《丹鉛總錄》：「岑參《凱歌》：『鳴笳攂鼓擁回車。』今本『攂』作『疊』，非近制。啟明定昏，鼓二通曰發攂。攂亦俗字。《古樂府》：『官家出遊雷大鼓。』當用此字。」　**官河**　《元和郡縣志》：「合瀆渠，本吳所掘邗溝水路也。今謂之官河。」《大業拾遺記》：「煬帝初開邗溝入江渠四十里，旁築御道，樹以楊柳。」　**御苑**　《明一統志》：「隋苑在揚州府治西北，一名上林。」　**廿橋**　《明一統志》：「揚州二十四橋在府城，隋置。並以城門坊市為名。後韓令坤築州城，別立橋樑。所謂二十四橋者，莫可考矣。」杜牧《寄揚州韓綽判官》詩：「二十四橋明月夜。」　**迎鑾鎮**　《五代史．吳世家》：「楊溥至白沙閱舟師，徐溫來見，以白沙為迎鑾鎮。」　**雷塘**　注見卷八。

其二

野哭江村百感生，鬥雞臺憶漢家營。將軍甲第櫜弓臥，丞相中原拜表行。白面談邊多入幕，赤眉求印卻翻城。當時只有黃公覆，西上偏隨阮步兵。

鬥雞臺　樂史《寰宇記》：「吳公臺在揚州城西北四里，一名弩臺。陳吳明徹圍北齊，廣州刺史敬子猷增築之，故號吳公臺，亦名雞臺。」杜牧《揚州》詩：「春草鬬雞臺。」　**甲第**　《漢書．高帝紀》：「詔列侯食邑者賜大第室，二千石受小第室。」孟康曰：「有甲乙次第，故曰甲第。」陽湖劉嗣綰曰：「四鎮及諸將皆擁兵自守，無一卒禦敵者。」　**拜表**　《蜀志．諸葛亮傳》：「策亮為丞相。建興五年，率諸軍北駐漢中，臨發，拜疏。」《欽定歷代通鑑輯要》：「史可法以自成未滅，帥師進次清江浦，遣官屯田開封，為經略中原計。上疏，請頒討賊詔書，不報。時諸鎮位秩已崇，咸逡巡無進師意。因上疏責成諸鎮進戰。每繕疏，循環諷誦，聲淚俱下，聞者無不感泣。」　**白面**　《南史．沈慶之傳》：「時丹陽尹徐湛之、吏部尚書江湛並在坐，上使湛之等難慶之。慶之曰：『為國譬如治家，耕當問奴，織當訪婢。陛下今欲伐國，而與白面書生謀之，事何由濟？』」　**赤眉**　《漢書·劉盆子傳》：「樊崇欲與王莽戰，恐其眾與莽兵亂，乃皆朱其眉以相識別，因號曰赤眉。」　**翻城**　《魏書·秦王翰傳》：「豫州城豪胡丘生圖為不軌，詐以婚進城人，告云：刺史欲遷城中大家送之向代，共謀翻城。」趙吉士《寄園錄》：「興平伯高傑有意揚州。揚州居天下膏腴，有新舊二城，城外為肆賣區，子女瑰寶累萬萬。高放手剽掠，人屠劊日以百數，保者恐，授兵登陴，誓死守。是時史公可法方渡江誓師，高見揚人之暴骨者載道，慮公以為非法，趣其下宵坎而埋之。既庭謁，請公開城門納其兵，公弗許。謀止公以要之。公談笑不為動，徐草奏予以瓜步，城眾稍稍帖服。」　**黃公覆**　《吳志·黃蓋傳》：「黃蓋，字公覆，零陵泉陵人。」　**西上**　《晉書·劉宏傳》：「引兵欲西上。」《明史·諸王傳》：「左良玉舉兵武昌，以救太子、誅士英為名，順流東下，阮大鋮、黃得功等帥師禦之。」　**阮步兵**　《晉書·阮籍傳》：「乃求為步兵校尉。」程《箋》：「黃得功號忠勇，能戰。馬士英調之離汎，與阮大鋮禦左良玉於上游，盡撤江防兵。殆蕪湖軍敗，得功自刎死。」

其三

盡領通侯位上卿，三分淮蔡各專征。東來處仲無他志，北去深源有盛名。江左衣冠先解體，京西豪傑竟投兵。只今八月觀濤處，浪打新塘戰鼓聲。

三分淮蔡　程《箋》：「四鎮除高傑轄徐、泗，經理開歸一帶，餘三人劉澤清轄淮海，駐淮北，海、邳、沛、虹十一州隸之；劉良位轄鳳壽，駐臨淮，壽、穎等九州縣隸之；黃得功轄滁和，駐廬州，廬、巢、無為十一州縣隸之。」　**東來處仲**　《晉書·王敦傳》：「王敦，字處仲。素有重名，又立大功於江左，遂欲專制朝廷。時劉隗用事，頗疏間王氏。敦率眾內向，以誅隗為名。」案：此指左良玉也。　**北去深源**　《晉書·殷浩傳》：「殷浩，字深源，陳郡長平人。屢辟不就，於時擬之管、葛。伺其出處，以卜江左興亡。簡文以浩有盛名，朝野推服，徵拜揚州刺史。」案：此指史閣部也。　**解體**　《左傳·成八年》：「四方諸侯，其誰不解體？」　**八月觀濤**　注見卷五。朱彝尊《曝書亭集》：「《七發》廣陵之曲江，即浙江，曲與折義均也，故其辭曰『弭節伍子之山，通厲骨母之場』。注以為骨母，胥母之譌也。《水經注》：『浙江水流兩山之間，江川急濬，兼濤水晝夜再來，至二月、八月最高。潮水之前揚波者伍子胥，後重水者大夫種。是以枚乘曰：海水上潮，江水逆流，似神而非，於是處焉。』其詮釋最確。曾鞏序鑑湖圖，有所謂廣陵斗門者，在今山陰縣西六十里，去浙江不遠，而錢塘郭外有廣陵侯廟，迄今猶存。至若江都之更名廣陵，在元狩三年，時乘已卒，不應先見之於文，是《七發》之廣陵，非江都也明矣。世人以廣陵二字，遂誣曲江在揚州，指城東小水以實之，可笑也。」　**新塘**　《一統志》:「新塘在揚州府城北十里。」

其四

撥盡琵琶馬上絃，玉勾斜畔泣嬋娟。紫駝人去瓊花院，青冢魂歸錦纜船。豆蔻梢頭春十二，茱萸灣口路三千。隋堤璧月珠簾夢，小杜曾遊記昔年。

玉勾斜　《一統志》:「揚州府城西戲馬臺下有路，號玉鉤斜，隋煬帝葬宮人處。」　**瓊花院**　吳綺《揚州鼓吹詞序》:「蕃釐觀在大東門外，漢后土祠也。宋政和間易此名。有瓊花一枝，類聚八仙草，色微黃而香。歐陽修作無雙亭覆之，因呼瓊花館。」　**錦纜船**　《開河記》:「煬帝幸江都舳艫相繼，自大隄至淮口，錦帆過處，香聞十里。」　**豆蔻梢頭**　杜牧《贈別》詩:「娉娉嫋嫋十三餘，頭蔻梢頭二月初。」　**茱萸灣**　祝穆《方輿勝覽》:「《郡國志》云:『茱萸灣在江陽縣東北九里，隋仁壽四年開以通糟運。其側有茱萸村，故名。』又:『吳王濞嘗開芙萸溝以通海陵倉。』」吳綺《揚州鼓吹詞序》:「在城東北十里，今名灣頭，為郡人送別之所。」　**小杜曾遊**　吳綺《揚州鼓吹詞序》:「重城在郡城內。唐盛時，每夕伎館然絳紗燈，數萬粉黛，羅綺之盛，甲於天下。時牛僧孺出鎮揚州，辟杜牧為書記。牧嘗夜出，私往遊焉。」杜牧《遣懷》詩:「十年一覺揚州夢，贏得青樓薄倖名。」

過維揚弔衛少司馬紫岫自注:衛，韓城人，與余同年同官，後以少司馬死揚難。

畫省連床止疑當作「正」。**論文，天涯書劍忽離群。非關衛瓘需開府，欲下高昂在護軍。**自注:高傑，秦人。朝議以紫岫同鄉，拜兵部侍郎，典其軍事。**葬骨九原江上月，思家百口隴頭雲。故人搖落邗溝暮，為酹椒漿一慟君。**

衛紫岫　《明史·高傑傳》:「傑移駐徐州，以左中允衛允文兼兵科給事中，監其軍。」《欽定歷代通鑑輯覽》:「乙酉正月，總兵許定國誘殺高傑於睢州，以衛允文為兵部侍郎，總督開歸防剿軍務。四月，大清兵克揚州，招諭允文降，不從，赴水死。允文，字祥趾，韓城人。」案:允文以給事中監高傑軍。其加兵部侍郎在傑死之後，自注誤。　**畫省**　《漢官典職》:「尚書省皆以粉壁畫古賢列士，曰畫省，亦曰粉省。」　**衛瓘**　《晉書·衛瓘傳》:「衛瓘，字伯玉，河東安邑人也。陳留王即位，拜侍中，轉廷尉卿。鄧艾、鍾會之伐蜀也，瓘以本官持節，監艾、會軍事。」　**高昂**　《北齊書·高昂傳》:「高昂，字敖曹。膽力過人。數為劫掠，州縣莫能治。高祖方有事關隴，以昂為西南道大都督。」 **護軍** 《漢書・百官公卿表》:「護軍都尉,秦官。元壽元年更名司寇。元始元年更名護軍。」

過淮陰有感

落木淮南雁影高,孤城殘日亂蓬蒿。天邊故舊愁聞笛,市上兒童笑帶刀。世事真成反招隱,吾徒何處續離騷。昔人一飯猶思報,廿載恩深感二毛。

落木 韓昌黎《祖席》詩:「淮南悲木落。」 **聞笛** 注見卷五。 **帶刀** 《史記・淮陰侯傳》:「淮陰屠中少年有侮信者,曰:『若雖長大,好帶刀劍,中情怯耳。』眾辱之曰:『信能死,刺我;不能死,出我袴下。』於是信熟視之,俛出袴下,蒲伏。一市人皆笑信,以為怯。」 **反招隱** 《楚辭》淮南王《招隱士序》:「《招隱士》者,淮南小山之所作也。小山之徒閔傷屈原身難沉沒,名德顯聞,與隱處山林者無異,故作《招隱士》之賦,以彰其志也。」王康琚《反招隱詩》:「小隱隱林藪,大隱隱朝市。」 **續離騷** 《漢書・揚雄傳》:「又旁《離騷》作重一篇,名曰《廣騷》。」張祜《送盧洪本》詩:「知君思無倦,為我續離騷。」 **一飯** 《史記・淮陰侯傳》:「信釣於城下,諸母漂,有一母見信饑,飯信,信喜,謂漂母曰:『吾必有以重報母。』」 **二毛** 《〈左傳・僖二十二年〉注》:「二毛,頭白有二毛。」

其二

登高悵望八公山,琪樹丹崖未可攀。莫想陰符遇黃石,好將鴻寶駐朱顏。浮生所欠止一死,塵世無繇識九還。我本淮王舊雞犬,不隨仙去落人間。

八公山 《十道山川考》:「八公山,一名淝陵山,在壽州壽春縣北四里,淝水之北,淮水之南。宋景文公覽郡圖,得八公山,故老言山上有車轍馬跡,是淮南王之遺,耕者往往得金云,丹砂所化,可以療病,作《詆仙賦》。」 **陰符** 注見卷六。 **黃石** 《史記・留侯世家》:「嘗閒從容步遊下邳圯上。有老父出一編書曰:『讀此則為王者師。後十年興。十三年,孺子見我濟北,穀城山下黃石即我矣。』旦日視其書,乃太公兵法也。後十三載,從高祖過濟北,果見穀城山下黃石,取而葆祀之。」 **鴻寶** 見卷十一注。 **欠一死** 《北史》:「劉聰時,陳休、卜崇為人清直,素惡王沈等,曰:『吾輩年逾五十,職位已崇,惟欠一死耳。』」 **九還** 注見卷七。 **淮王雞犬** 葛洪《神仙傳》:「淮南王好道,白日昇天時,藥置庭中,雞犬舐之,皆得上升,故雞鳴天上,犬吠雲中。」

贈淮撫沈公清遠

秋風杖節賜金貂，高會嚴更響麗譙。去國丁年遼海月，還家甲第浙江潮。書生禮樂修玄雁，諸將弓刀掣皂雕。最是東南資轉餉，功成蕭相未央朝。

沈清遠　《欽定名臣列傳》：「沈文奎，浙江會稽人。少時寄養外家，冒姓王氏。年二十，為諸生，北遊遵化。天聰三年，大軍下遵化，來歸，歷官弘文院學士。順治元年，扈從入關，授保定巡撫。二年，擢淮揚漕運總督。四年罷。八年四月復任。十一年九月，降授陝西督糧道，卒於官。」《盛京通志》：「沈文奎，字清遠。」　**玄雁**　董仲舒《春秋繁露》：「雁有行列，故以為贄。」　**轉餉**　《史記．蕭相國世家》：「漢與楚相守滎陽數年，軍無見糧。蕭何轉漕關中，給食不乏。」

淮上贈嵇叔子

湖海相逢一俊英，風流中散舊家聲。琴因調古須防怨，詩為才多莫近名。濁酒如淮歌慷慨，蒼髯似戟論縱橫。慚余亦與山公劄，抱病推遷累養生。

嵇叔子　《一統志》：「嵇宗孟，字叔子，淮安山陽人。崇禎丙子舉人。歷官杭州守。乞歸，薦舉博學鴻詞，以辭疾，不赴。」　**中散**　《晉書．嵇康傳》：「拜中散大夫。」　**琴調古**　見卷四注。　**才多**　《晉書．孫登傳》：「嵇康又從之遊，登乃曰：『子才多識寡，難乎免於今之世矣。』」　**近名**　嵇康《幽憤詩》：「古人有言，善莫近名。」　**酒如淮**　《左傳．昭十二年》：「有酒如淮。」　**髯似戟**　《孔叢子》：「臣嘗行臨淄市，見屠商焉，身修八尺，鬚髯如戟。」　**山公札**　《晉書．嵇康傳》：「山濤將去選官，舉康自代，康乃與濤書告絕。」　**養生**　《晉書．嵇康傳》：「常修養性服食之事，乃著《養生論》。」

過宿遷極樂庵明日晤陸紫霞年兄話舊有感

同時知己曲江遊，縱酒高歌玉腕騮。黃葉渾隨諸子散，白頭猶幸故人留。雲堂下榻逢僧飯，雪夜聽鐘待客舟。如此衝寒緣底事，相逢無計訴離愁。

宿遷　《漢書．地理志》：「臨淮郡縣厹猶。」《明一統志》：「淮安府宿遷縣，漢厹猶，唐宿遷。」案：雍正十一年改屬徐州府。　**極樂庵**　《集覽》：「極樂庵在宿遷縣西北海陵山後。」　**陸紫霞**　《宿遷縣志》：「陸奮飛，字翀霄。崇禎辛未進士。歷官九江道。」　**曲江**　注見卷六。　**玉腕騮**　少陵詩：「聞說荊南馬，尚書玉腕騮。」

白鹿湖陸墩詩自注：在宿遷縣東，為紫霞年兄避兵處。

招提東望柳堤深，雁浦魚莊買棹尋。墩似謝公堪賭墅，湖如賀監早抽簪。雲遮老屋容君臥，月落空潭照此心。百頃荷花千尺水，夜涼兄弟好披襟。

白鹿湖　《江南通志》：「白鹿湖在宿遷縣西南五十里，由小河流入運河。」《宿遷縣志》：「陸奮飛解組歸里，居白鹿湖之東柳村。」　**招提**　《翻譯名義集》：「後魏太武始光二年，造伽藍，創立招提之名。」姚寬《西溪叢語》：「王溥《會要》：『元和二年，制官賜額為寺，私造者為招提、蘭若。』」《僧輝記》：「招提者，梵言拓鬬提奢，唐言四方僧物。後人傳寫，以拓為招，又省鬬奢二字，止稱招提，即今十方住持寺院是也。」　**謝公墩**　張敦頤《六朝事蹟》：「謝安墩在半山報寧寺後，基址尚存。安與王羲之嘗登此，超然有高世之志。李太白將營園其上，乃作詩云『冶城訪古蹟，猶有謝公墩』是也。」《江寧府志》：「金陵有兩謝公墩，在治城北與永慶寺南者，乃謝安石所眺。若荊公宅之半山寺所云謝公墩，乃謝玄所居，荊公或誤以為太傅也。」　**賭墅**　《晉書・謝安傳》：「苻堅眾號百萬，次於淮肥，京師震恐。安遂命駕出山墅圍棊，賭別墅。」　**賀監湖**　見卷八注。

自信

自信平生懶是真，底須辛苦踏春塵。每逢墟落愁戎馬，卻聽風濤話鬼神。濁酒一杯今夜醉，好花明日故園春。長安冠蓋知多少，頭白江湖放散人。

新河夜泊

百尺荒岡十里津，夜寒微雨溼荊榛。非關城郭炊煙少，自是河山戰鼓頻。倦客似歸因望樹，遠山如夢不逢人。扁舟蕭瑟知無計，獨倚蓬窗暗愴神。

新河　《一統志》：「新河在淮安府清河縣西北四十五里，黃河分流也。」

將至京師寄當事諸老

柴門秋色草蕭蕭，幕府驚傳折簡招。敢向煙霞堅笑傲，卻貪耕鑿久逍遙。楊彪病後稱遺老，周黨歸來話聖朝。自是璽書脩盛舉，此身只合伴漁樵。

折簡　《〈魏志・王凌傳〉注》：「卿直以折簡召我，我當敢不至邪？」朱彝尊《曝書亭集》:「梅村吳先生以順治壬辰館嘉興之萬壽宮，於時先生將著書以老矣。越歲，有迫之出山者，遂補國子祭酒。」　**楊彪**　《後漢書·楊彪傳》:「魏文帝受禪，欲以彪為太尉，先遣吏示旨。彪辭曰:『彪備漢三公，遭世傾亂，不能有所補益，耄年被病，豈可贊維新之朝！』遂固辭。」　**周黨**　《後漢書·逸民傳》:「周黨字伯況，太原廣武人也。將妻子居黽池，被徵，不得已，待見尚書。及光武引見，黨伏而不謁，自陳願守所志，帝乃許焉。詔曰:『自古明王聖主，必有不賓之士。伯夷、叔齊不食周粟，太原周黨不受朕祿，亦各有志焉。』」

其二

莫嗟野老倦沉淪，領略青山未是貧。一自弓旌來退谷，苦將行李累衰親。田因買馬頻書券，屋為牽船少結鄰。今日巢由車下拜，淒涼詩卷乞閒身。

退谷　元結《招孟武昌詩序》:「漫叟作《退谷銘》，指曰:『干進之客，不能遊之。』」　**買馬**　《漢書·貢禹傳》:「陛下過意徵臣，臣賣田百畝以供車馬。」　**牽船**　見卷七注。　**巢由拜**　《宋史·鄭起傳》:「郭昱狹巾詭僻，登進士，恥赴常選，獻書於宰相趙普，自比巢、由。後復伺普，望塵自陳，普笑謂人曰:『今日甚榮，得巢、由拜於馬首。』」

其三

匹馬天涯對落暉，蕭疎白髮悵誰依。北門待詔賓朋盛，東觀趨朝故舊稀。雪滿關河書未到，月斜宮闕雁還飛。赤松本是留侯志，早放商山四老歸。

北門　注見卷七。　**東觀**　注見卷六。

其四

平生蹤跡盡由天，世事浮名總棄捐。不召豈能逃聖代，無官敢即傲高眠。匹夫志在何難奪，君相恩深自見憐。記送鐵崖詩句好，白衣宣至白衣還。

詩句　見卷十注。

讀友人舊題走馬詩於郵壁漫次其韻

數卷殘編兩石弓，書生搖筆壯懷空。南朝子弟誇諸將，北固軍營畏阿童。江上化龍圖割據，國中指鹿詫成功。可憐曹霸丹青手，銜策無人付朔風。

友人 《集覽》：「玩此詩語意，友人謂楊龍友也。第一首指南渡時事。第二首『十載鹽車悲道路』，指官江寧知縣，為御史詹兆恆所劾。『一朝天馬蹴風煙』，指起兵部，遷副史，擢巡撫之事。乙酉五月，駐京口，與大清兵隔江相持。初九日，大清兵乘霧潛濟，迫岸，諸軍始知，倉皇列陣甘露寺。文驄走蘇州，故有『夜半新林早著鞭』之句。」 **兩石弓** 《舊唐書・張宏靖傳》：「韋雍謂軍士曰：『天下無事，爾輩挽兩石弓，不如識一丁字。』」 **北固軍營** 注見卷六。 **阿童** 《晉書・五行志》：「孫皓天紀中，童謠曰：『阿童復阿童，銜刀浮渡江。不畏岸上獸，但畏水中龍。』王濬小字阿童，武帝聞之，加濬龍驤將軍。」 **化龍** 《晉書・五行志》：「大安中，童謠曰：『五馬浮渡江，一馬化為龍。』後中原大亂，宗藩多絕，惟瑯琊、汝南、西陽、南頓、彭城同至江東，而元帝嗣統矣。」 **指塵** 注見卷八。 **曹霸** 注見卷六。 **銜策** 《禮記正義序》：「泛駕之馬，設銜策以驅之。」

其二

君是黃驄最少年，驊騮凋喪使人憐。當時只望勳名貴，後日誰知書畫傳。十載鹽車悲道路，一朝天馬蹴風煙。軍書已報韓擒虎，夜半新林早著鞭。

黃驄 《周書・裴果傳》：「每從軍征討，乘黃驄馬，衣青袍，先登陷陣，時號黃驄年少。」 **凋喪** 少陵《丹青引贈曹將軍霸》：「忍使驊騮氣凋喪。」 **鹽車** 賈生《弔屈原文》：「驥垂兩耳，服鹽車兮。」 **天馬** 《史記・大宛傳》：「初，天子發書易云：『神馬當從西北來。』得烏孫馬好，名曰天馬。及得大宛汗血馬，益壯，更名烏孫馬曰西極，大宛馬曰天馬云。」 **韓擒虎** 注見卷四。 **新林** 注見卷八。 **著鞭** 《晉書・劉琨傳》：「吾枕戈待旦，常恐祖生先我著鞭。」

過鄚州

馬滑霜蹄路又長，鴉鳴殘雪古城荒。河冰雨入車難過，野岸沙崩草半僵。邢劭文章埋斷碣，公孫樓櫓付斜陽。只留村酒雞豚社，香火年年賽藥王。

鄚州 慎蒙《名勝志》：「任丘縣北三十五里鄚州城，故漢鄚縣，有莫亭在其城內。唐有鄚州，開元中以鄚字類鄭，因更為莫。」《燕程日記》：「明永樂間廢弗治，城郭門隍猶完好。每歲三月，河、淮以北，秦、晉以東，集數省人市易於此，帟幕徧野，閱兩旬方散。」　**邢邵**　《北史·邢巒傳》:「邢巒，河間鄚人。族孫邵，字子才，文章典麗，既贍且速，年未三十，名動衣冠。」　**公孫**　沈德符《野獲編》:「鄚州即公孫瓚所築易京。東坡《送梁左藏赴莫州》詩:『至今父老哀公孫。』查氏《補注》:易州在鄚州西北三十里，今之雄縣乃公孫瓚易京也。王注鄚州即易京，非。」　**藥王**　《一統志》:「藥王廟在任丘縣鄚州城東北，祀扁鵲。」高士奇《扈從西巡日錄》:「藥王廟專祀扁鵲，香火最盛。每年四月賀藥王生日。」《史記·扁鵲傳》:「扁鵲者，渤海郡鄭人也。」徐廣曰:「鄭當為鄚。鄚，縣名，今屬河間。」

梅村詩集箋注　卷第十三

長洲吳翌鳳撰　滄浪吟榭校定本

七言律詩

恭紀聖駕幸南海子遇雪大獵

君王羽獵近長安，龍雀刀環七寶鞍。立馬山川千騎擁，賜錢父老萬人看。自注：賑饑。霜林白鹿開金彈，春酒黃羊進玉盤。不向回中逢大雪，無因知道外邊寒。

南海子　注見卷六。　**龍雀刀環**　《晉書・赫連勃勃載記》：「龍昇七年，遣將作大匠梁公叱造五兵，器鋭精利，乃咸百鍊，為龍雀大環，號曰大夏龍雀。銘其背曰：『古之利器，吳楚湛盧。大夏龍雀，名冠神都。可以懷遠，可以柔逋。如風靡草，威服九區。』」　**七寶鞍**　王仁裕《開元天寶遺事》：「唐明皇在蜀，以七寶鞍賜張后，李泌請分賜將士。」　**回中**　《漢書・武帝紀》：「元封四年，行幸雍，通回中道，遂出蕭關。」師古曰：「回中在安定北，通蕭關。」《續漢書・郡國志》：「右扶風汧水有回城，名回中。」李應祥《雍勝略》：「回中宮在隴州西北一百四十里，回中城在圖州西北四十里。」

聞撤織造誌喜

春日柔桑士女歌，東南杼軸待如何。千金織綺花成市，萬歲迴文月滿梭。恩詔只今憐赤子，貢船從此罷黃河。尚方玉帛年來盛，早見西川濯錦多。

撤織造　《江南通志》:「蘇州織造始於順治三年，兼督蘇、杭，至十三年歸併一局，遂止管蘇州織造事務。」　**迴文**　秦徵蘭《天啟宮詞》注:「新花樣有卍字迴文，取萬歲意。」　**濯錦**　常璩《華陽國志》:「成都織錦既成，濯於江水，其文分明，勝於初成，他水濯之不如也。」

上駐蹕南苑閱武行蒐禮召廷臣恭視賜宴行宮賦五七言律詩五七言絕句每體一首應制

露臺吹角九天聞，射獵黃山散馬群。練甲曉懸千鏡旦，翠旗晴轉一鞭雲。奇鷹出架琱弓動，新兔登盤玉饌分。最是小臣慙獻賦，屬車叨奉羽林軍。

南苑　注見卷九。　**露臺**　王摩詰《和韋主簿溫湯寓目》詩:「漢帝離宮接露臺。」　**絕句**　別題作《南苑應制》。　**九天**　《〈漢書·郊祀志〉注》:「九天者，謂中央鈞天、東方蒼天、東北旻天、北方玄天、西北幽天、西方皓天、西南朱天、南方炎天、東南陽天也。」　**黃山**　注見卷六。　**練甲**　注見卷六。　**翠旗**　高士奇《扈從東巡日錄》:「圍場惟視藍旗所向，以為分合。」

送無錫堵伊令之官曆城

攬轡朱輪起壯圖，遺民喜得管夷吾。城荒戶少三男子，名重人看五大夫。畫就煙雲連泰岱，詩成書札滿江湖。茶經水傳平生事，第二泉如趵突無。

堵伊令　蔣景祁《瑤華集》:「堵庭棻，字伊令，一字芬木，無錫人。順治丁亥進士，官曆城知縣。」　**歷城**　《漢書·地理志》:「濟南郡縣，歷城。」　**夷吾**　《晉書·溫嶠傳》:「嶠見王導共談，歡然曰:『江左自有管夷吾，吾復何慮！』」　**三男子**　《史記·蘇秦傳》:「臨淄之中七萬戶，臣竊度之，不下戶三男子。」　**五大夫**　見卷八注。　**第二泉**　注見卷十。　**趵突**　注見卷十。

元夕

諸王花萼奉宸遊，清路千門照夜騮。長信玉杯簪戴勝，昭陽銀燭璧空侯。傳柑曲裏啼鶯到，爆竹先中戰馬收。卻憶征南人望月，金閨燈火別離愁。

花萼　注見卷十。　**照夜騮**　鄭處晦《明皇雜錄》:「上所乘馬，有玉花驄、照夜白。」　**玉杯**　《漢書·文帝紀》:「十一年秋九月，得玉杯，刻曰人主延壽。」　**戴**

勝　陸璣《詩疏》:「戴鵟，鵟即首上勝也。頭上尾起，故曰戴勝。」　**空侯**　注見卷三。　**傳柑**　東坡《上元侍飲樓上》詩:「歸來一盞殘燈上，猶有傳柑遺細君。」自注:侍飲樓上，則貴戚爭以黃柑遺近臣，謂之傳柑，聽攜以歸。蓋故事也。　**爆竹**　宗懍《荊楚歲時記》:「正月一日，雞鳴而起，先於庭前爆竹，以辟山魈惡鬼。」

讀魏石生懷古詩

長安雪後客心孤，晝省論文折簡呼。家近叢臺推意氣，山開全趙見平蕪。憂時危論書千卷，懷古高歌酒百壺。自是漢廷真諫議，蕭王陌上賦東都。

魏石生　《欽定國朝別裁集》:「魏裔介，字石生，直隸柏鄉人。順治丙戌進士，官至大學士，補謚文毅。」　**叢臺**　注見卷四。　**真諫議**　《唐書・蕭鈞傳》:「永徽中，累遷諫議大夫。帝曰:『真諫議也。』」《大清一統志》:「魏裔介補給事中，上疏言六事:曰糾邪黨，去冗員，舉經筵，防叢挫，杜侵欺，開言路。請卹明季殉節諸臣范景文等三十人。又因星變上十餘疏，皆切時政。順治十一年，畿內大水，民多流亡，疏請救賑。時滇、黔未靖，海寇時擾內地，密陳用兵機宜，多見採納。累遷左都御史，條計時事，疏無虛日。」　**蕭王陌**　《後漢書・光武帝紀》:「更始二年，遣侍御史持節立光武為蕭王。建武元年，光武命有司設壇場於部南千秋亭五成陌，即皇帝位。」《注》:「秦法，十里一亭，南北為阡，東西為陌。」其地在今趙州柏鄉縣。

送永城吳令之任

春風驛樹早聞鶯，馬過梁園候吏迎。山縣尹來三月雨，人家兵後十年耕。鴉啼粉堞河依岸，草沒旗亭路入城。曾見官軍收賊壘，時清今已重儒生。

永城　《隋書・地理志》:「宋州縣，永城。」《一統志》:「在歸德府東南一百八十里。」　**吳令**　《河南通志》:「永城知縣吳熠，江南宜興人，貢士，順治十一年任。」　**梁園**　注見卷四。　**河依岸**　程《箋》:「《一統志》:『舊黃河在歸德府境者三:一流入永城縣，東入碭山界。』又:『小黃河在永城縣北。』」　**旗亭**　張衡《西京賦》:「旗亭五里。」薛綜曰:「旗亭，市樓也。立旗於上，故以名焉。」

送安慶朱司李之任

到官春水畫橈輕，天柱峰高即郡城。百里殘黎半商賈，十年同榜盡

公卿。雞豚壁隖山中稅，鼓角帆檣江上兵。亂後莫言無吏治，此方朱邑最知名。

安慶 《明一統志》：「安慶府，春秋為皖國，唐曰舒州，宋、元曰安慶。」 **朱司李** 《集覽》：「袁枚曰：『此為朱夏朔作。夏朔名建寅，崇禎癸酉舉於南京，與歷陽、合肥同年。十年同榜，應指此。』」 **天柱** 樂史《寰宇記》：「灊山在懷寧縣西北二十里，高三千七百丈，週二百五十里。山有三峰：一曰天柱山，一曰灊山，一曰皖山。道家以為第十四洞天柱司玄之天。」 **朱邑** 《漢書・循吏傳》：「朱邑，字仲卿，廬江舒人。少時為舒桐鄉嗇夫，廉平不苛。歷大司農，病且死，屬其子曰：『我故為桐鄉吏，其民愛我，必葬我桐鄉。』」

送彥遠南還河渚

匹馬春風反故林，松杉書屋晝陰陰。猿愁客倦晨投果，鶴喜人歸夜聽琴。我有田廬難共隱，君今朋友獨何心。還家早便更名姓，只恐青山尚未深。

胡彥遠 見卷二。

江上

鐵馬新林戰鼓休，十年軍府笑諮謀。但虞莊蹻爭南郡，不信孫恩到蔡洲。江過濡須誰築壘，潮通滬瀆總安流。自注：滬瀆在今上海。**蘆花一夜西風起，兩點金焦萬里愁。**

江上 案：順治十一、二年間，海寇鄭成功未嘗犯江南，此似十六年圍江寧、陷鎮江時事，誤編在此。 **新林** 注見卷八。 **莊蹻** 注見卷一。 **南郡** 《史記・秦本紀》：「昭襄王二十九年，大良造白起攻楚，取郢以為南郡。」 **孫恩** 注見卷九。 **蔡洲** 《晉書・盧循傳》：「循進攻京口，寇掠諸縣，無所得，因自蔡洲南走，復走尋陽。」《元和郡縣志》：「蔡洲在江寧縣西十二里江中。」 **濡須** 《吳志・孫權傳》：「建安十六年，權徙治秣陵。明年，聞曹公將來侵，作濡須隖。」《一統志》：「濡須隖在廬州府無為州東北五十里。」《通志》：「和州歷陽縣西北一百八十里有濡須水。建安十七年，孫權築隖於此，以拒曹操。」 **滬瀆** 《晉書・孫恩傳》：「吳國內史袁山松築扈瀆壘，沿海備恩。明年，恩轉寇扈瀆，害山松，仍浮海向京口，陷廣陵，復沿海還南。劉裕亦尋海要截，復大被恩於扈瀆。」楊潛《雲間志》：「滬瀆江在縣東北，江側有滬瀆壘，蓋虞潭、袁山松防海之處。」 **金焦** 注見卷一。

送顧倩來典試粵東

客路梅花嶺外飄，江山才調屬車招。石成文字兵須定，珠出風雷瘴自消。使者干旌開五管，諸生禮樂化三苗。憑君寄語征南將，誰勒南天銅柱標。

顧倩來　《蘇州府志》：「顧贇，字倩來，吳縣人。順治己丑進士，官至吏部郎中。」《文集·顧母施太恭人壽序》：「吏部考功郎顧君倩來，天下精彊開濟、駿雄潤達之君子也。舉進士，年才二十餘，起家廷評，銜天子之命，以取士於嶺表五管，號稱得人。」　**石成文字**　吳處厚《青箱雜記》：「廣南劉龑初開國，營構宮室，得石讖，有古篆十六字曰：『人人有一，山山值牛，兔絲吞骨，蓋海承劉。』解者曰：『人人，有一大人也。山山，出也。值牛者，龑建漢國，歲在丑也。兔絲者，龑襲位，歲在卯也。吞骨者，減諸弟也。越人以天水為蓋海，指皇朝國姓。承劉者，言承劉氏降也。』」案：時由榔尚據粵西，故云。　**珠出風雷**　未詳。　**五管**　《舊唐書·地理志》：「嶺南道五管：廣州中都督府、桂州下都督府、邕州下都督府、容州下都督府、安南都督府，謂之嶺南五管。」　**三苗**　少陵《野望》詩：「風壤帶三苗。」錢氏曰：「《書疏傳》云：『三苗之國，左洞庭，右彭蠡，其國在南方。』《潭州圖經》云：『三苗，國之南境。』《元和郡縣志》云：『岳州，古三苗之國也。』」案：湖南與粵東接壤，又地有苗蠻，故詩借用之耳。　征南將　《大清一統志》：「順治十一年，以朱瑪喇為靖南將軍，征剿廣東。是時偽安西王李定國圍新會，比朱瑪喇至，合兵進剿，連敗之，遂收高、雷、連諸郡縣。」　**銅柱**　酈道元《水經注》：「《林邑記》曰：『建武十九年，馬援樹兩銅柱於象林南界。』」王士禎《居易錄》：「馬伏波銅柱，一在憑祥州思明府南界，一在欽州分茅嶺交州界。又於林邑岸立三銅柱為海界，林邑南立五銅柱為山界。」少陵《諸將》詩：「回首扶桑銅柱標。」

送李書雲蔡閬培典試西川

柳陌征衫錦帶鉤，詔書西去馬卿遊。棧縈秦嶺千盤細，水落巴江萬里流。兵火才人羈旅合，山川奇字亂離收。莫愁沃野猶難問，取得揚雄勝益州。

李書雲　《揚州府志》：「李宗孔，字書雲，江都人。順治丁亥進士，由部郎授御史，改官給事中，晉大理寺少卿。」　**蔡閬培**　《進士履歷》：「蔡瓊枝，字皖森，號閬培，江南無錫人，順治丁亥進士。」《江南通志》：「蔡瓊枝，順治己丑進士，歷官給事中。」　**秦嶺**　《辛氏三秦記》：「秦嶺東起商、雒，西盡汧、隴，東西八百里。」 **巴江** 譙周《三巴記》:「閬、白二水東南流,自漢中至始寧城下入涪陵,曲折三回,有如巴字,曰巴江。」 **才人羈旅合** 《元史·百官志》:「至正十九年,中書左丞成遵建言:宋自景祐以來,百五十年,雖無兵禍,常設寓試名額,以待四方遊士。今淮南、河南、山東、四川、遼陽等處,及江南各省所屬州縣,避兵士民,會集京師。如依前代故事,別設流寓鄉試之科。今避兵士民就試,許在京官員及請俸掾、譯史人等,繫其鄉里親戚者,結狀保舉。」陳尚古《簪雲樓雜說》:「蜀試始辛卯,主司駐保寧。時士子二百餘,適有亭溪之警,當路亟欲竣事,二三場並日而就,解額七十二人。」案:作詩時為順治十一年甲午,當劉文秀大亂之後,全蜀尚有未靖,或仍寓試保寧耳。 **沃野** 《益州記》:「沃野千里,世號陸海,謂之天府。」 **揚雄** 《漢書·揚雄傳》:「揚雄,字子雲,成都人。」《晉書·習鑿齒傳》:「晉氏平吳,利在二陸。」案:末句用此意。

送山東耿中丞青藜

三經持節領諸侯,好時家風指顧收。岱頂磨崖看出日,海邊吹角對清秋。幕中壯士爭超距,稷下高賢共唱酬。北道主人東郡守,丹青剖策本營丘。

耿青藜 《欽定名臣傳》:「耿焞,遼陽人。初為明貢生,流寓湖廣。順治二年,英王收湖廣諸郡,焞投誠。英王令隨總兵金聲桓收江西,委署布政使,尋署巡撫事。四月,授順天巡撫。五年,擢宣天總督。七年,降授山東布政使。十年,命為山東巡撫。」 **持節** 少陵《諸將》詩:「主恩前後三持節。」 **好時** 《後漢書·耿弇傳》:「建武二年,更封好時侯。」 **超距** 《史記·王翦傳》:「荊兵數出挑戰,王翦曰:『休士洗沐,而善飲食,撫循之。』久之,問:『軍中戲乎?』對曰:『方投石而超距。』翦曰:『士卒可用矣。』」《注》:「超一作拔。」 **稷下** 注見卷二。 **北道主人** 《後漢書·耿弇傳》:「弇從光武北至薊,聞邯鄲兵方到,光武將欲南歸,弇曰:『今兵從南來,不可南行。』光武官屬曰:『死尚南首,奈何北行人囊中!』光武指弇曰:『是我北道主人也。』」 **東郡** 《漢書·地理志》:「東郡,秦置。莽曰治亭,屬兗州。」 **營丘** 注見卷九。

送友人之淮安管餉

高牙鼓角雁飛天,估舶千帆落照懸。使者自徵滄海粟,將軍輒費水衡錢。中原河患魚龍窟,江左官租粳稻年。聞道故鄉烽火急,淮南幾日下樓船。

水衡錢　《漢書．宣帝紀》：「以水衡錢為平陵，徙民起第宅。」《注》：「水衡，天子私錢。」

送隴右道吳贊皇之任

笳鼓千人度隴頭，使君斜控紫驊騮。城高赤阪魚鹽塞，日落黃河鳥鼠秋。移檄北庭收屬國，閱兵西海取封侯。請傾百斛葡萄酒，玉笛關山緩帶遊。

吳贊皇　《畿輔通志》：「吳臣輔，崇禎癸未進士，官副使。」《甘肅通志》：「隴右道吳臣輔，直隸蠡縣人，順治十二年任。」　**度隴**　許氏《說文》：「隴山，天水大阪也。」《辛氏三秦記》：「隴為西關也。其阪九回，不知高幾許，欲上者七日乃得越。山頂有泉，清水四注，東望秦川，如四五里。人上隴者，想還故鄉，悲思而歌，有絕死者。」　**赤阪**　《一統志》：「慶山在漢中府城固縣北三十五里，峰頂有烽堠臺。西南三里有赤土坡，其土色赭，周圍十五里，亦名赤阪。」　**鳥鼠**　《續漢書．郡國志》：「隴西郡首陽有鳥鼠同穴山。」《元和郡縣志》：「鳥鼠山，在渭源縣西七十六里，渭水所出。」少陵《秦州雜詩》：「山空鳥鼠秋。」　**北庭**　《後漢書．班彪傳》：「南匈奴掩破北庭。」《注》：「北庭，大都護府，屬隴右道。」　**屬國**　《漢書．宣帝紀》：「置金為城屬國，以處降羌。」　**西海**　《晉書．地理志》：「西海郡故屬張掖。漢獻帝興平二年，武威太守張雅請置。」

恭遇聖節次安丘劉相國韻

興慶樓前捧玉觴，金張岐薛儼分行。龍生大漠雲方起，河出崑崙日正長。節過放燈開禁苑，春將射柳幸平陽。燕公上壽天顏喜，親定甘泉賜宴章。

安丘　《漢書．地理志》：「琅邪郡縣，安丘。」《明一統志》：「青州府安丘，漢縣。」　**劉相國**　《山東通志》：「劉正宗，安丘人，崇禎戊辰進士，大學士。」盧見曾《山左詩鈔》：「劉正宗，字可宗，一字憲石，章皇帝賜號中軒。」王士禎《池北偶談》：「安丘劉相國正宗好為詩，嘗賦《從軍行》云：『匣裏雙雄劍，腰間兩石弓。蓬蒿真浪死，何必怯遼東。』後竟以事隸旗下，人以為詩讖。」　**興慶**　《唐書．地理志》：「興慶宮在在皇城東南，開元初置，十四年又增廣之，謂之南內。」《五代史．唐臣傳》：「臣見長安全盛時，大明興慶樓閣百數。」　**金張岐薛**　金、張，注見卷四。元微之《連昌宮詞》：「百官隊仗避岐薛。」案：謂岐王、薛王也。　**河出崑崙**　《水經》：「崑崙墟在西北，去嵩高五萬里，地之中也。其高萬一千里，河水出其東北陬。」　**平陽**　《史記・外戚世家》：「王太后長女號曰平陽公主，武帝霸上還，因過平陽主。」　**燕公**　《唐書・張說傳》：「封燕國公。」

朝日壇次韻

曉日曈朧萬象鋪，六龍銜燭下平蕪。石壇爟火燔玄牡，露掌華漿飲渴烏。不夜城傳宣夜漏，王宮朝奉竹宮符。即今東氾西崑處，盡入銅壺倒景殊。

朝日壇　《大清一統志》：「朝日壇在朝陽門外東郊，其制一成，西向。每年春分祭，遇甲、丙、戊、庚、壬年親祭，餘年遣大臣攝祭。」　**龍銜燭**　《楚辭・天問》：「日安不到？燭龍何照？」《注》：「天西北有幽冥無日之國，有龍銜燭而照之。」　**爟火**　《周禮・夏官・司爟》：「凡祭祀則祭爟。」《史記・封禪書》：「通權火。」張晏曰：「權火，烽火也。欲令光明遠照，通祀所也。」如淳曰：「權，舉也。」司馬貞《索隱》：「權，如字，一作爟。」　**渴烏**　《後漢書・張讓傳》：「作翻車、渴烏，用灑南北郊路。」《注》：「翻車，設機車以引水。渴烏，為曲筒，以氣引水上也。」　**不夜**　《漢書・地理志》：「東萊郡縣，不夜。」《齊地記》：「古有日夜出見於東萊，故萊子立此城，以不夜為名。」　**宣夜**　《晉書・天文志》：「古之言天者有三家：一曰蓋天，二曰宣夜，三曰渾天。蔡邕言宣夜無師法。」　**王宮**　《禮記注》：「祭且壇曰王宮。」　**竹宮**　注見卷五。　**東氾、西崑**　陸雲《高岡詩》：「聲播東氾。」王績《遊仙詩》：「望似陟西崑。」　**銅壺**　見卷十二。

李退菴侍御奉使湖南從兵間探衡山洞壑諸勝歸省還吳詩以送之

一官之楚復遊燕，歸去還乘笠澤船。戎馬千山尋洞壑，鶯花三月羡神仙。路穿江底聞雞犬，家在湖中接水天。自注：侍御，吾吳洞庭人。**不似少陵長作客，祝融峰下住年年。**

李退菴　《大清一統志》：「李敬，字聖一，江南六合人。中順治丁亥進士，授行人，擢御史，出按湖廣。犒師必身至行間，征賊屢有功，歷陞刑部侍郎。」　**衡山**　《周禮・夏官・職方氏》：「正南曰荊州，其山鎮曰衡山。」《漢書・地理志》：「長沙國湘南縣，《禹貢》衡山在東南。」　**戎馬**　《大清一統志》：「順治十二年，賊劉文秀、盧明臣、馮雙禮等來犯湖南，攻常德，賊眾大敗。明臣赴水死，雙禮被創，文秀遁走，大軍邀擊之。」　**路穿江底**　郭璞《江賦》：「爰有包山、洞庭、巴陵，地道四達旁通，幽岫窈窕。」餘見卷三注。　**長作客**　少陵詩：「湖南為客動經春。」　**祝融峰**　《呂氏春秋》：「衡山有祝融峰。」《一統志》：「山峰距嶽廟三十里，乃七十二峰最高者。」

得蒲州道嚴方公信卻寄

西風對酒夢魂勞，聞道蒲津著錦袍。山邊塞垣長阪峻，河分天地斷崖高。登樓楚客看雲樹，隔岸秦人拜節旄。回首舊遊飛雁遠，書來嚴助問枚皋。

嚴方公　見卷九。　**蒲津**　《唐書・地理志》:「河中府河東郡，本蒲州，河東別置。有蒲津關。開元十二年，鑄八牛，牛有一人策之。下有山，皆鐵柱夾岸，以維浮梁。」　**長阪**　《漢書・地理志》:「河東郡縣，蒲反。」孟康曰:「本蒲也。」應劭曰:「秦始皇東巡，見長阪，故加反云。」《括地志》:「蒲坂故城在浙州河東縣南二里，即堯、舜所都也。」　**楚客**　案：方公，湖廣孝感人。　**隔岸**　王士禎《蜀道驛程記》:「抵蒲州，至風陵渡，渡河對岸即潼關，入陝西界。」　**嚴助**　見卷十二。　**枚皋**　《漢書・枚乘傳》:「詔問乘子，無能為文者，後迺得其孽子皋。」

送趙友沂下第南歸

秋風匹馬試登臨，此日能無感慨心。趙氏只應完白璧，燕臺今已重黃金。鄉關兵火傷王粲，京國才名識杜欽。最是淮南遇搖落，相思千里暮雲深。

趙友沂　見卷九。　**完璧**　《史記・藺相如傳》:「趙惠文王問曰:『秦王以十五城請易寡人之璧，請可使者。』相如曰:『願奉璧往。使城入趙而璧留秦。城不入，臣請完璧歸趙。』」　**黃金臺**　注見卷二。　**杜欽**　《漢書・杜欽傳》:「杜欽，字子夏。少好經書。茂陵杜鄴與欽同姓字，俱以材能稱京師。」

懷王奉常煙客

把君詩卷問南鴻，憔悴看成六十翁。老去秖應添鬢雪，愁來那得愈頭風。田園蕪沒支笻懶，書畫蕭條隱几空。猶喜梅花開遶屋，臘醅初熟草堂中。

愈頭風　丘悅《三國典略》:「陳琳作諸書及檄草成，呈太祖。太祖先苦頭風，是日疾發，臥讀琳所作，翕然而起，曰:『此愈我病。』」

送友人從軍閩中

客中書劍愴離群，貰酒新豐一送君。絕嶠風煙看草檄，高齋風雨記論文。中宵清角猿啼月，百道飛泉馬入雲。詔諭諸侯同伐越，可知勞苦有終軍。

閩中　《史記・東越傳》:「閩越王無諸及越東海王搖者，皆越王句踐之後也。秦已併天下，皆廢為君長，以其地為閩中郡。」徐廣曰:「今建安侯官是。」王士禎《居易錄》:「今福建曰閩，始自秦立閩中郡。然《周禮・職方氏》:『四夷、八蠻、七閩、九貉、五戎、六狄。司隸帥四翟之隸曰蠻、閩、夷、貉。』《說文》:『南方蠻閩從蟲，北方狄從犬，東方貉從豸，西方羌從羊。』則閩又南方之通稱，如羌、蠻之類耳。」**貰酒新豐**　貰酒，注見卷六。庾子山《春賦》:「入新豐而酒美。」　**終軍**　《漢書・終軍傳》:「終軍，字子雲，濟南人。擢諫議大夫，遣使南越說其王，令入朝。軍自請願受長纓，必羈南越王而致之闕下。」

其二

平生不識李輕車，被詔揮鞭白鼻騧。簫鼓濟江催落木，旌旗銜雪冷梅花。胡牀對客招虞寄，羽扇麾軍逐呂嘉。自是風流新制府，王孫何事苦思家。

李輕車　《漢書・李廣傳》:「從弟蔡，武帝元朔中為輕車將軍。」楊陸榮曰:「順治十一年，鄭成功掠取漳、泉，又寇台州、寧波。時總督李奉泰畏葸無功，以定遠大將軍世子王代之。」　**招虞寄**　《南史・虞寄傳》:「虞寄，字次安，會稽餘姚人。陳寶應據有閩中，得寄甚喜。及寶應潛有逆謀，寄微知其意，每陳順逆之理。寶應既擒，惟寄以先識免禍。」楊陸榮曰:「姚啟聖開第於漳州曰修來館，以官爵銀幣餌來歸者。」**羽扇**　注見卷六。　**逐呂嘉**　《史記・南越王傳》:「元鼎四年，因使者上書，請此內諸侯，天子許之。其相呂嘉數諫止王，王弗聽，乃遂反，令罪人及江、淮以南十萬師往討之。」餘詳後注。楊陸榮曰:「順治十二年十一月，我定遠將軍世子王至閩，鄭成功遁回島中。」

即事

鄂杜山南起直廬，從禽載筆有相如。秋風講武臨熊館，乙夜橫經勝石渠。七萃車徒堪討習，百家圖史可佃漁。上林獸簿何曾問，叩馬無煩諫獵書。

鄂杜　注見卷六。　**直廬**　程《箋》:「張照《得天居士集》:『暢春園直房，對雙老柳夾經立，從柳下轉入，即有內家，雖諸王亦不得過此，地名雙柳灣。』」　**熊館**　《〈漢書・揚雄傳〉注》:「長楊，宮名，在盩厔縣，其中有射熊館。」　**石渠**　注見卷七。　**七萃**　《穆天子傳》:「七萃之士生捕虎，天子畜之。」虞羲《詠霍將軍北伐》詩:「雲屯七萃士。」　**獸簿**　《史記・張釋之傳》:「上問上林尉諸禽獸簿，十餘問，尉左右視，盡不能對。虎圈嗇夫從旁代尉對，上所問禽獸簿甚悉。」　**諫獵書**　《史記・司馬相如傳》：「嘗從上至長楊獵，是時天子方好自擊熊彘，馳逐野獸，相如上疏諫之。」少陵《八哀詩・贈汝陽王璡》：「袖中諫獵書，叩馬久上陳。」

送汪均萬南歸

扁舟春草五湖寬，歸去酴醾架未殘。撥刺錦鱗初上笳，團枝珠實已堆盤。瘿瓢量水僧燒筍，拳石分泥客買蘭。四月山塘風景好，知君端不憶長安。

汪均萬　《蘇州府志》：「汪希汲，初名廈，字均萬，長洲人。崇禎丙子舉人，國朝官沂州知州。」

壽座師李太虛先生

放懷天地總浮鷗，客裏風光爛漫收。一斗濁醪還太白，二分明月屬揚州。錦箏士女觴飛夜，鐵笛關山劍舞秋。猶有壯心消未得，欲從何處訪丹丘。

李太虛　見卷八。　**一斗**　少陵《飲中八仙歌》：「李白斗酒詩百篇。」　**二分明月**　徐凝《憶揚州詩》：「天下三分明月夜，二分無賴是揚州。」

其二

好客從無二頃田，勝遊隨地記平泉。解衣白日消棊局，岸幘青山入釣船。故國風塵驚晚歲，天涯歌舞惜流年。篋中別有龍沙記，不許旁人喚謫仙。

平泉　注見卷四。　**龍沙**　注見卷二。

其三

讀易看山愛息機，閉門芳草雁還飛。江湖有夢爭南幸，滄海無家記北歸。煙水一竿思舊德，兵戈十口出重圍。杜陵豈少安危志，老大飄零感布衣。

爭南幸　《明史・李邦華傳》：「李自成陷山西，邦華密疏請帝固守京師，仿永樂朝故事，太子監國南都。帝將行其言，會召對群臣，中允李明睿疏言南遷便，給事中光時亨以倡言洩密糾之。」　**滄海無家**　《晉書・王尼傳》：「有一子，無居宅，嘗歎曰：『滄海橫流，處處不安也。』」

其四

廬頂談經破碧苔，十年不到首重回。風清鐘鼓吳山出，雲黑帆檣楚雨來。痛飲長江看自注，異書絕壁訪應開。芒鞋歸去身差健，白鹿諸生掃講臺。

白鹿　注見卷八。

寄房師周芮公先生並序

偉業以庚午受知於晉江周芮公師，進謁潤州官舍。維時上流無恙，京口晏然。吾師以陸機入洛之年，弟子亦終軍棄繻之歲。南徐月夜，北固江聲，揮麈論文，登樓置酒，笑談甚適，賓從皆賢。已而入主銓衡，地當清切，周旋禁近，提挈聲華。拜別河梁，十有八載。滄桑兵火，萬事都非。偉業負耒躬耕，誓終沒齒，不謂推遷塵事，潦倒浮生，病苦窮愁，羈縻煎迫。師以同徵，獨得不至。方推周黨，共羨管寧。而家居窮海，身受重圍，羽檄時聞，音塵莫及。雖然，江南近信，已泊樓船；京峴舊遊，皆非樂土。何必無諸臺上，始接烽煙；歐冶城邊，纔開壁壘也。既知援師南下，山郡依然。鄭樵居第，可保圖書；楊僕樓船，惟聞笳吹。欣故人之杖屨，致遠道之郵筒。爰作短章，聊存微尚。抒平生於慷慨，寫盡日之羈愁。庶幾同經喪亂，識此襟情；雖隔山川，無殊會面云爾。

周芮公　《福建通志》：「周廷鑨，字芮公，晉江人。天啟乙丑進士，授鎮江府推官，擢吏部文選司主事，歷考功員外郎，謫外歸。」　潤州　《唐書．地理志》：「潤州丹陽郡，武德三年以江都郡之延陵縣地置，取潤浦為州名。」　京口　注見卷三。　入洛　《晉書．陸機傳》：「太康末，與弟雲俱入洛。」《南史．宋諸王傳》：「袁淑嘗詣彭城王義康，義康問其年，答曰：『鄧仲華拜袞之歲。』義康曰：『身不識也。』淑又曰：『陸機入洛之年。』」　棄繻　《漢書．終軍傳》：「初，軍從濟南步入關，關吏予軍繻。軍問：『以此何為？』吏曰：『為復傳，還當以合符。』軍曰：『大丈夫西遊，終不復傳還。』棄繻而去。軍為謁者，使行郡國，建節東出關。關吏識之，曰：『此使者乃前棄繻生也。』」　周黨　注見卷十二。　管寧　注見卷八。　重圍　程《箋》：「順治三年福州破以後，鄭成功累寇福州、興化等郡。」　樓船　《晉書．王濬傳》：「武帝謀伐吳，詔濬修戰艦。濬乃作大船，連舫百二十步，受二千餘人。以木為城，起樓櫓，開四出門，其上皆得馳馬往來。又畫鷁首怪獸於船首，以懼江神。舟楫之盛，自古未有。」　京峴　《一統志》：「京峴山在丹徒，縣東五里。」　無諸臺　注見卷十二。　**歐冶池**　《一統志》:「冶山在福州府城東北,閩山西北有歐冶池,相傳歐冶子鑄劍之地。」　**鄭樵居第**　見卷十二注。　**楊僕軍營**　《史記·東越傳》:「樓船將軍楊僕使使上書,願便引兵擊東越。」

惆悵平生負所知,尺書難到雁來遲。桄榔月暗嚴城閉,鷓鴣風高晝角悲。湖裏逢仙占昔夢,洞中遇叟看殘碁。脫身衰白干戈際,筍屐尋山話後期。

桄榔　注見卷一。　**鷓鴣**　注見卷十二。　**湖裏逢仙**　《一統志》:「九鯉湖,在興化府仙遊縣東北。漢元狩間,何氏兄弟九人煉丹於此,煉成,各乘一鯉仙去,故名。」　**洞中遇叟**　陸伯生《廣輿記》:「高蓋山在福州府永福縣,道書第七洞天,石門插天。有牧兒徐氏飯牛山椒,遇二人奕,遺徐一棊子,叱令歸,遂精手談。往往與二人遇,得脩煉訣,一日仙去。」

其二

北府風流坐嘯清,蕭郎白帢愛將迎。蒜山望斷江干月,荔浦愁看海上城。劉寄關河雖險塞,盧循樓艦正縱橫。莫嫌戰鼓鄉園急,瓜步年來已用兵。自注:晉江黃東崖先生和予此詩,中聯曰:「徵書鄭重眠餐損,法曲淒涼涕淚橫。」知己之言,讀之感歎。

北府　注見卷十二。　**坐嘯**　《後漢書·黨錮傳·序》:「弘農成瑨但坐嘯。」　**蕭郎**　《梁書·武帝紀》:「王儉一見,深相器異,謂廬江何憲曰:『此蕭郎三十內當作侍中,出此則貴不可言。』」　**白帢**　注見卷十一。　**蒜山**　注見卷六。　**荔浦**　《漢書·地理志》:「蒼梧郡荔浦有荔平關。」陳陶《送韋使君赴象州》詩:「島夷通荔浦。」案:時鄭成功寇掠兩廣、福建,故云。　**劉寄關河**　《南史·宋武帝紀》:「高祖武帝小諱裕,字德輿,小字寄奴,彭城縣綏輿里人,姓劉氏。晉氏東遷,移丹徒之京口里。」　**盧循樓艦**　《晉書·盧循傳》:「循取孫恩妹。及恩作亂,與循通謀。恩亡,餘眾推循為主。劉裕討循,至吾安,循窘急,泛海舉眾寇南康、廬陵、豫章諸郡,戎卒十萬,舳艫千計,逕至江寧。」　**瓜步**　注見卷三。　**黃東崖**　黃景昉,字太穉,號東崖,晉江人。天啟乙丑進士,歷官文淵閣大學士,乞歸。國變後,家居十餘年卒。

其三

但若盤桓便見收,詔書趨迫敢淹留。始知處士青門里,須傍仙人白石樓。晉室衣冠依嶺嶠,越王刀劍閉林丘。少微卻照南天遠,榕樹峰高隱故侯。

青門 注見卷五。 **晉室衣冠** 祝穆《方輿勝覽》:「晉江在晉江縣南。晉南渡後，衣冠士族避地者多沿江以居，故名。」 **少微** 《〈漢書·李尋傳〉注》:「少微四星在太微西，主處士儒學之官。」 **榕樹** 注詳卷十七。 **故侯** 《史記·蕭相國世家》:「召平者，故秦東陵侯。」

其四

白鶴青猿呌晚風，苦將身世訴飄蓬。千灘水惡盤渦險，九曲雲迷絕磴空。廣武登臨狂阮籍，承明寂寞老揚雄。巨源當日稱知己，誤玷名賢啟事中。

廣武 注見卷十一。 **承明** 《漢書·揚雄傳》:「孝成時，召雄待詔承明之廬。」 **寂寞** 揚雄《解嘲》:「惟寂惟寞，守道之宅。」 **巨源、啟事** 注見卷四。

即事

夾城朝日漸颸風，玉樹青蔥起桂宮。自注：時乾清宮成。**謁者北衙新掌節，**自注：初為設內監。**郎官西府舊乘驄。**自注：新選部郎為巡方。**叔孫禮在終應復，蕭相功成固不同。百戰可憐諸將帥，幾人高會未央中。**

夾城 注見卷六。 **漸臺** 注見卷七。 **謁者** 杜佑《通典》:「內謁者，後漢大長秋屬官有中官謁者三人，主報中章。後魏、北齊皆有中謁者僕射。隋內侍省有內謁者監六人，內謁者十二人。唐因之。」 **北衙** 《唐書·兵志》:「天子禁軍者，南北衙兵也，南荷諸衛兵是也。北衙者，禁軍也。」 **乘驄** 《後漢書·桓典傳》:「為侍御史，常乘驄馬。京師語曰：『行行且止，避驄馬御史。』」 **部郎巡方** 王士禎《池北偶談》:「順治中，時用部主事及中書舍人、行人、評事、博士等官，假監察御史銜巡按各直省。差竣，都察院殿最之，最者得內陞京堂五品，餘則仍回本職，不真授御史也。後仍歸御史，而巡方亦停不遣。」 **叔孫禮** 《史記·叔孫通傳》:「漢已併天下，諸侯王共尊漢王為皇帝。群臣飲酒爭功，醉或妄呼，拔劍擊柱，高帝患之。叔孫通起朝儀。漢七年，群臣皆朝，御史執法，舉不如儀者，輒引去。竟朝飲酒，無敢喧譁失禮者。」 **蕭相功** 《史記·蕭相國世家》:「高祖以蕭何功最盛，封酇侯，所食邑多。功臣皆曰：『臣等身披堅執銳，多者百餘戰，少者數十合。今蕭何未嘗有汗馬之勞，徒持文墨議論，不戰，顧反居臣等上，何也？』高帝曰：『諸君知獵狗乎？夫獵，追殺獸兔者，狗也；而發蹤指示獸者，人也。今諸君徒能得走獸耳，功狗也；至如蕭何，發蹤指示，功人也。』群臣皆莫敢復言。」 **高會未央** 《史記·高祖本紀》:「九年，未央宮成，高祖大朝諸侯群臣，置酒未央前殿，殿上群臣皆呼萬歲。」

其二

六龍初幸晾鷹臺，千騎從官帳殿開。南苑車聲穿碧柳，西山馳道夾青槐。繙書夜半移燈召，教射樓頭走馬來。聞道上林親試士，即今誰是長卿才。

晾鷹臺　王士禎《居易錄》：「國制，每歲五月，子觀八旗走馬臨幸南海，上御晾鷹臺，自六十里外，萬騎爭馳，齊至臺下，以先至者為最，賞各有差。」餘見卷六。**南苑**　注見卷六。　**西山**　注見卷一。

其三

元僚白髮領槐廳，風度須看似九齡。疏乞江湖陳老病，詔傳容貌寫丹青。自注：曹村相公乞休，不允，畫其像賜之。從遊西苑花初放，侍宴南臺酒半醒。最是御書房下過，賜茶清燕共談經。

槐廳　《續翰林志》：「學士院第三廳有巨槐，素號槐廳，居此廳者往往入相。」**風度**　《唐書・張九齡傳》：「九齡歷官中書令，體弱有蘊藉，帝每用人，必曰：『風度能若九齡乎？』」　**疏陳**　《蘇州府志》：「金之俊，順治十五年拜中和殿大學士，加太傅，改內祕書院大學士。康熙熙元年拜疏乞休，賜袍服致仕。」餘見卷十。案：曹村先於順治十年十一月授國史院大學士，十三年改內三院為殿閣銜，改授中和殿大學士。志誤。　**丹青**　《欽定二臣傳・金之俊傳》：「初，之俊引病乞休，不允。順治十三年二月，諭曰：『君臣之義，終始相維。爾等今後毋以引年請歸為念。』越日，上復諭諸大臣曰：『昨歲之俊病甚，朕遣人圖其容。念彼已老，倘不起，不復相見。故乘其在時，命工繪像，以誌眷戀。』」杜詩：「丹青憶舊臣。」　**西苑**　彭時《賜遊西苑記》：「西苑在宮垣西，中有太液池，周十餘里，池中駕橋樑以通往來。橋東為圓臺，臺上為圓殿，殿前有古柏數株，其北即萬歲山也。山皆太湖石堆成，上有殿亭六七所，最高處廣寒殿也。池西南又有一山，最高處曰鏡殿，乃金、元時所作；其西南曰南臺，則宣廟常幸處也。」　**南臺**　孫國敉《燕都遊覽志》：「南臺在太液池之南。」高士奇《金鰲退食筆記》：「瀛臺舊為南臺，一曰趯臺。明李賢《賜遊西苑記》云：『南臺林木陰森，有殿曰昭和。門外有亭臨岸，沙鷗水禽，如在鏡中。』本朝順治間別建宮室，為避暑之所。向南有亭臨水，曰迎薰。康熙中復加修葺，於水邊疊奇石，種植花樹。東有二亭，以稷覆之。又作宛轉橋出水面，遙望流杯亭，水聲樹色，不異三山瑤島。《世祖實錄》：『順治十二年六月，命西華門外臺為瀛臺。』」　**御書房**　王士禎《分甘餘話》：「大內南書房在乾清門西廊下，內直翰林官居之。」

其四

列卿嚴譴赴三韓，貰酒悲歌行路難。妻子幾隨關外去，都人爭擁路旁看。樂浪有吏崔亭伯，遼海無家管幼安。盡說日南多瘴癘，如君絕域是流官。

列卿嚴譴 《欽定二臣傳·陳之遴傳》：「順治十三年，為左都御史魏裔介所劾，詔以原官發遼陽居住。」案：相國兩遭譴謫，攷《文集·亡女權厝誌》云：「司農再相未一年，用言者謫居瀋陽，取最少子從。」詩應作於此時，後則全家遣戍矣。 **三韓** 注見卷七。 **崔亭伯** 《後漢書·崔駰傳》：「崔駰，字亭伯，涿郡安平人。竇憲出擊匈奴，駰為主簿，憲不能容，出為長岑長。」《注》：「長岑縣屬樂浪郡，其地在遼東。」 **管幼安** 注見卷八。 **日南** 《後漢書·公孫瓚傳》：「日南多瘴氣，恐或不還，便當長辭墳墓。」餘見卷一。

其五

黃河東注出潼關，本濟漕渠竟北還。淮水獨流空到海，自注：淮水為黃河所逼，始於清口濟漕，河去則淮竟入海，此清江閘所以涸也。**汴隄橫嚙不逢山。天心豈為投圭璧，民力何堪棄草菅。瓠子未成淇竹盡，龍門遠掛白雲間。**自注：金龍口決，用柳梢作土牛塞河，功竟不就，悼兩河民力之盡也。

潼關 《水經》：「河水又南，至華陰潼關。」《一統志》：「黃河經潼關縣北，折而東，入河南閿鄉界。」 **漕渠** 《明史·河渠志》：「永樂九年，會通河已開，黃河與之合，而漕道大通。」 **北還** 《一統志》：「順治九年，河決封丘大王廟口，從長垣趨東昌，北入海。」本集《黃河》詩自注：「金龍口決，河從北入海，清江、宿遷水勢稍緩，皆起新沙。」案：《明史·河渠志》：「金龍口在封丘，即大王廟口也。」 **淮水** 《一統志》：「淮河至清河縣南清口，黃河自西北來會之。又折東北，經山陽、安東、阜寧三縣境，入於海。」《清河縣志》：「淮水至清河縣東南五里，為運河口。折而北五里，會大河，為黃、淮交會之衝。河自北而來，河身比淮為高，故易以嚙淮。淮自西而來，淮之勢比清江浦為高，故易以嚙運。病淮必至於病運者，莫如河。利淮即所以利運者，莫如淮。蓋淮、黃水勢相敵，則清口而海口通。今河既北徙，淮水益弱，逕流入海，而清江水涸，不能濟運矣。」 **汴隄** 《開河記》：「隋大業元年，開汴河築隄，自大梁至灌口千餘里，亦名隋隄。」 **投圭璧** 《史記·河渠書》：「天子自臨決河，投白馬圭璧於河。」 **瓠子** 《史記·河渠書》：「自河決瓠子後二十餘歲，歲因以不登。」馮智舒《綱目質實》：「瓠子河，今謂之瓠子口，在大名府開州城西南二十五里。」　**淇竹**　注見卷六。　**龍門**　《水經》:「河水又東，出小龍門口。」酈道元《注》:「昔者大禹導河積石，疏決梁山，謂斯處也。《魏土地記》云:『梁山北有龍門山，大禹所鑿，通孟津河口，廣八十步，巖際鐫跡，遺功尚存。』」

其六

西山盜賊尚縱橫，白晝畿南桴鼓鳴。誰道盡提龍武將，翻教遠過闔閭城。軍需苦給嫖姚騎，節制難逢僕射營。斥堠但嚴三輔靖，願消金甲罷長征。

西山　《大清一統志》:「順治十一年，真定西山為賊渠高三等所據，朝廷發兵進剿。總督三省李祖蔭論降之。」　**桴鼓**　《國語》:「執桴鼓於軍門，使百姓加勇焉。」　**龍武將**　《舊唐書·兵志》:「太宗選飛騎之尤驍健者，別署百騎，以為翊衛之備。開元二十七年，改為左右龍武軍，官員同羽林也。」《唐書·兵志》:「龍武軍皆用功臣子弟，制若宿衛兵。」　**闔閭城**　注見卷七。　**嫖姚**　莊綽《雞肋編》:「杜子美《後出塞》:『恐是霍嫖姚』，作平聲。去病為票姚校尉。顏師古曰:『票音平妙反，姚音羊召反。票姚，勁疾之貌也。』荀悅《漢紀》作『票鷂，字去病。後為票騎將軍』，尚取票姚之字耳。今讀者音飄搖，則不當其義也。」楊慎《丹鉛總錄》:「票與鷅同。鷅、鷂皆勁疾鳥也。」　**僕射**　少陵《新安吏》詩:「僕射如父兄。」僕射謂郭子儀。

其七

新傳使者出皇都，十道飛車算國租。故事已除將作監，他年須尚執金吾。主持朝論垂魚袋，料理軍書下虎符。始信蕭曹務休息，太平良策未全無。

十道　杜佑《通典》:「貞觀初，並省州縣，始於山河形便，分為十道:一曰關內道，二曰河南道，三曰河東道，四曰河北道，五曰山南道，六曰隴右道，七曰淮南道，八曰江南道，九曰劍南道，十曰嶺南道。」　**飛車**　張華《博物志》:「奇肱國氏，能為飛車，從風遠行。」　**將作監**　《唐書·百官志》:「將作監，監二人，少監二人，掌土木工匠之政。」馬端臨《文獻通考》:「元豐正官名，置將作監、少監各一人，掌宮室、城郭、舟車、營繕之事。凡出納籍帳，歲受而會之，上於工部。」　**執金吾**　《後漢書·陰皇后紀》:「仕宦當作執金吾。」餘見卷四。　**魚袋**　程大昌《演繁露》:「今之魚袋，本唐制也，所以明貴賤，應宣召。左二右一，其飾有玉、金、銀三等。魚飾之下，有黑韋渾，裹方木附身，以垂書其官姓名於木中，分為二。」　**虎符**　《漢書・杜詩傳》:「舊制,發兵皆以虎符。符策合會,取為大信。」 **休息** 《史記・曹相國世家・贊》:「百姓離秦之酷後,參與休息無為,故天下俱稱其美云。」 **太平良策** 杜淹《文中子世家》:「見隋文帝,因奏太平十有二策。」

其八

柳營江上羽書傳,白馬三郎被酒眠。無意漫提歐冶劍,有心長放呂嘉船。金錢北去緣求印,鐵券南來再控弦。廟算只今勤遠略,伏波橫海已經年。

柳營江 《一統志》:「九龍江,一名龍溪,自龍巖州漳平縣流入漳州府龍溪縣界,其下流一名柳營江。」 **白馬三郎** 《五代史・閩世家》:「王審知為人狀貌雄偉,常乘白馬,軍中號為白馬三郎。」 **歐冶劍** 《吳越春秋》:「干將者,吳人也,與歐冶子同師,俱善為劍。」 **呂嘉船** 《史記・南越傳》:「元鼎六年冬冬,樓船將軍攻敗越人。伏波將軍為營,遣使者招降者,賜印,復縱令相招。樓船力攻燒敵,反驅而入伏波營中。望旦,城中皆降。伏波呂嘉夜與其屬數百人亡入海,以船西去。」 **求印** 《集覽》:「程穆衡曰:『貝勒誘鄭之芝龍曰:我今鑄浙閩總督印,無所授,以待將軍。』芝龍遂降於我大清。』」 **鐵券** 《金史・百官志》:「鐵券,以鐵為之,狀如卷瓦,刻字畫襴,以金填之,外以玉寶為合,半留內府,以旌殊功也。」 **控弦** 《史記・劉敬叔傳》:「冒頓為單于,兵彊,控弦三十萬。」師古曰:「控,引也。控弦,言能引弓者。」楊陸榮曰:「順治十一年,世祖遣人入海招鄭成功,成功不順命。」 **伏波橫海** 張謂詩:「伏波橫海舊登壇。」

其九

秋盡黃陵見落暉,長沙西去不能歸。甘寧舊壘潮初落,陶侃新營樹幾圍。五嶺烽煙城郭改,三湘徵調吏人稀。老臣裹革平生志,往事傷心尚鐵衣。

黃陵 注見卷二。 **長沙** 《湖廣通志》:「順治十年,命洪承疇督師經略湖廣、廣東、廣西、雲南、貴州五省,駐長沙,便宜行事。」餘見卷六。 **甘寧壘** 《一統志》:「甘寧故壘在長少府益陽縣南二里。」 **陶侃營** 《晉書・陶侃傳》:「既平蘇峻,旋江陵,封長沙郡公。」 **五嶺** 《史記》:「淮南王安郡默使尉陀踰五嶺,攻百越。」《廣州記》:「大庾、始安、臨賀、桂陽、揭陽為五嶺。」 **三湘** 注見卷一。 **裹革** 《後漢書・馬援傳》:「男兒當効死於邊野,以馬革裹尸還葬耳。」

其十

巴山千丈擘雲根，使節征西入劍門。蜀相軍營猶石壁，漢高原廟自江村。自注：駐兵南鄭，分閬、閬州兩地，皆有高祖廟。全家故國空從難，異姓真王獨拜恩。回首十年成敗事，笛聲哀怨起黃昏。

巴山　《一統志》：「太巴山在四川保寧府南江縣北二百里，接漢中府南鄭縣盼，一名巴嶺。小巴山在南江縣東北，山南即古巴國。其嶺上多雲霧，盛夏猶有積雪。」　**征西**　任琬《郝公墓誌》：「順治中，吳三桂等入川，奉兵駐剖川南，以圖進取，詔統東西兩路。」　**劍門**　《一統志》：「劍門關在保寧府劍州東北，即劍閣道也。唐置大劍鎮，後設關於此。」　**蜀相軍營**　《一統志》：「諸葛寨在保寧府南江縣西一百里，高五十餘丈，可容萬人。四壁峻拔，惟一面有鳥道可上。其頂有泉，四時不竭。相傳諸葛武侯曾駐兵於此。」　**全家從難**　鈕琇《觚賸》：「闖賊攻陷京師，擁重兵，挾吳襄以招三桂。襄者，三桂父也。三桂聞愛妾圓圓為闖所得，遂大怒，作書與襄訣，勒兵入關，隨天旅西下，殄賊過半。賊憤襄，殺之，懸其首於竿。襄家三十八口，俱遭慘屠。闖棄京去，三桂復得圓圓，遂由秦入蜀。」　**異姓真王**　《漢書・彭英盧吳傳・贊》：「昔高祖定天下，功臣異姓而王者八國。」《史記・淮陰侯傳》：「漢四年，平齊，入言於漢王，願為假王。漢王曰：『大丈夫定諸侯，即為真王耳，何以假為？』」鈕琇《觚賸》：「皇朝順治中，三桂進爵平西王。」

長安雜詠

玉泉秋散鼎湖龍，世廟玄都閟御容。絳節久銷金竈火，青詞長護石壇松。運移梅福身難去，道向麻姑使未逢。重過竹宮聞夜祭，徐無仙客話乾封。

玉泉　王士禎《玉泉山記》：「玉泉山今為靜明御園，繚垣周其趾，泉出其腹，萬派競發，細者如珠，大者如車輪。至青龍橋西，匯為潭，膏渟黛蓄，清不掩鱗。」　**鼎湖龍**　注見卷六。　**玄都**　高士奇《金鰲退食筆記》：「大光明殿在西安門內，萬壽宮遺址之西。相傳明世宗與陶真人講內丹於此。」按：《世宗實錄》：「四十年十二月，命左都督朱希忠入直西苑，親率官校環衛大玄都四面及西安門。」則此地即大玄都也。今仍設內監、道士守之。順治十八年正月，世祖章皇帝昇遐，顧命大臣索尼、鰲拜、遏必隆、蘇克薩哈同心輔政，四臣者共來焚香，盟心於此。李蓘《嘉靖宮詞》：「小車飛曳向玄都。」自注：玄都，殿名也。《蕪史》：「殿之東北曰象一宮，范金為像，尺許，乃世廟玄修玉容也。」　**絳節**　注見卷三。　**金竈**　江淹詩：「金竈煉神丹。」　青

詞　李肇《翰林志》:「凡道觀薦青詞文，用青籐紙朱字，謂之青詞。」沈德符《野獲編》:「世宗居西內，事齋醮，一時詞臣以青詞得寵眷者甚眾。」　**梅福**　注見卷一。**麻姑**　注見卷八。程《箋》:「二句公自謂。」　**竹宮**　《漢書・禮樂志》:「正月上辛，用事甘泉圜丘，夜常有神光集於祠壇。天子自竹宮而望拜，侍祠者皆肅然動心焉。」韋昭曰：「以竹為宮。」　**徐無**　注見卷五。　**乾封**　注見卷五。

其二

石門秋聳妙高臺，慈聖金輪寺榜開。龍苑樹荒香界壞，鹿園花盡塔鈴哀。燈傳初地中峰變，經過流沙萬里來。代有異人為教出，鳩摩天付不凡材。

慈聖　《明史・后妃傳》:「孝定李太后，神宗生母也。上尊號曰慈聖皇太后。性好佛，京師內外多置梵剎，動費鉅萬。」沈德符《野獲編》:「慈壽寺去阜成門八里，聖母慈聖皇太后所建。入山門即有窣堵波，高入雲表，名永安塔。」孫國敉《燕都遊覽志》:「八里莊慈壽寺，神宗為慈聖皇太后建也。寶藏閣榜係聖母御筆題。」　**金輪**　《首楞嚴經》:「彼金寶者，明覺立堅，故有金輪，保持國土。」　**龍樹**　《指月錄》:「十三祖迦毘摩羅尊者至西印度，城北大山有石窟，一老人素服而出，曰山中有大樹，蔭覆五百大龍，其樹王名龍樹，常為龍眾說法。祖詣彼，龍樹出迎，默念曰：『此師得決定性，明道眼否？』祖曰：『汝雖心語，我已意知。』龍樹悔謝，祖即與度脫。是謂十四祖。」　**鹿園**　《阿含經》:「一時佛遊婆奇瘦，在鼉山怖林鹿野苑中。」　**初地**　《首楞嚴經》:「於大菩提善得通達覺，通如來，盡佛界，名觀喜地。即初地也。」　**流沙**　注見卷六。　**鳩摩**　《隋書・經籍志》:「胡僧至長安者數十輩，惟鳩摩羅什才德最優。」朱國楨《湧幢小品》:「西番烏斯藏等將命者，都用番僧，有闡化、輔教、贊善、護教五王，大乘、大寶二法王。以文皇帝神聖，亦迎法王至京，禮之甚重。」

其三

鼓角鳴鞘下建章，平明獵火照咸陽。黃山走馬開新埒，青海求鷹出大荒。奉轡射生新宿衛，帶刀行炙舊名王。侍臣獻賦思遺事，指點先朝說豹房。

鳴鞘　《大廣益會玉篇》:「靳，鞭鞘也。」《宋史・儀衛志》:「鳴鞭，內侍二人執之。鞭鞘用紅絲而漬以蠟，行幸則前驅而鳴之。」　**建章**　《漢書・武帝紀》:「太初元年二月，起建章宮。」《括地志》:「建章宮在雍州長安縣西二十里長安故城西。」

咸陽　《史記・秦本紀》:「孝公十二年，作為咸陽，築冀闕，徙都之。」《漢書・地理志》:「右扶風縣渭城，故咸陽。」《一統志》:「咸陽故城在今咸陽縣東。」　**黃山**　注見卷六。　**埒**　《晉書・王濟傳》:「買地為馬埒，編錢滿之，時人謂之金溝。」《〈爾雅・釋丘〉注》:「埒，小隄也。」　**青海**　注見卷二。　**大荒**　注見卷三。　**射生**　《舊唐書・百官志》:「北衙禁軍擇便騎射者，置衙前射生手千人，亦曰供奉射生官，亦曰殿前射生手。」　**行炙**　《左傳・哀十四年》:「行爵食炙。」王充《論衡》:「車行酒，騎行炙。」馬融《廣成頌》:「膰炙騎將。」　**名王**　《漢書・宣帝紀》:「神爵二年，單于遣名王奉獻。」師古曰:「名王者，謂有大名以別諸小名也。」　**豹房**　注見卷六。

其四

百戰關山馬槊高，恥將階級鬬蕭曹。兩河子弟能談劒，一矢君王已賜袍。此日大家親較武，他時年少定分茅。功成老將無人識，看取征南帶血刀。

兩河　注見卷一。

哭蒼雪法師

憶昔穿雲到上方，飛泉夾路筍輿忙。孤峰半榻霜顛白，清磬一聲山葉黃。得道好窮詩正變，觀心難遣世興亡。汰公塔在今同傳，無著天親共影堂。自注：汰如住華山，與師為法侶，最相得，滅度已十六載矣。

汰公塔　《文集・汰如禪師塔銘》:「汰如法師遺言，建塔於中峰。」餘見卷一。**同傳**　詳卷十七。　**無著天親**　注見卷一。

其二

說法中峰語句真，滄桑閱盡曠閒身。宗風實處都成教，慧業通來不礙塵。白社老應空世相，青山我自哭詩人。縱教落得江南夢，萬樹梅花孰比鄰。

空色相　《圓覺經》:「三摩提以幻化為相，即假觀；奢摩陀以寂靜為相，即空觀。」

送友人出塞

上書有意不忘君，竄逐還將諫草焚。聖主起居當且慎，小臣忠愛本

風聞。玉關信斷機中錦，金谷園空畫裏雲。塞馬一聲親舊哭，焉支少婦欲從軍。

友人 程《箋》:「錢湘靈曰:『詩為季天中作。』案:天中名開生，江南泰興人，順治己丑進士，官給事中。」 **諫草焚** 《南史·謝弘微傳》:「每獻替及陳事，必手書焚草，人莫之知。」少陵《晚出左掖》詩:「避人焚諫草。」 **風聞** 王士禎《池北偶談》:「陳行云:『風聞二字，出《漢書·尉陀傳》。』」汪琬《祭季給事文》:「事關宮禁，侃侃端笏。雖涉風聞，敢忘獻續。」 **園** 張綱孫《觀女樂記》:「泰興季氏稱世族，其園池臺榭，古器書畫，固宇內絕無。女樂數部，便娟妙麗，極一時之選。」 **焉支** 注見卷七。

即事

擊鼓迎神太乙壇，越巫吐火舞珊珊。露臺月上調絲管，禁苑霜凋挾彈丸。赤驥似龍徠萬里，白鷹如雪致三韓。柏梁焚後宜春起，只有西山作舊看。

太乙壇 《史記·武帝紀》:「亳人謬忌奏祠泰一方，曰:『天神貴者泰一。古者天子以春秋祭泰一東南郊，用太牢具，七日，為壇開八通之鬼道。』於是天子令太祝立其祠長安東南郊，常奉祠如忌方。其後人有上書言:『古者天子三年一用太牢具祠神三一:天一，地一，泰一。』天子許之，令太祝領祠之於忌泰一壇上，如其方。」 **越巫** 《史記·封禪書》:「令越巫立越祝祠，亦祠天神、上帝、百鬼，而以雞卜。」 **吐火** 《晉書·夏統傳》:「從父敬寧祠先人，迎女巫章丹、陳珠二人，並有國色。甲夜之初，撞鐘擊鼓，間以絲竹，及拔刀破舌，吞刀吐火，雲霧杳冥，威光電發。」 **柏梁焚** 《漢書·郊祀志》:「柏梁災，粵巫勇之曰:『越俗有火災，復起屋，必以大，用勝服之。』於是作建章宮。」 **宜春** 注見卷六。

送同官出牧

露掌明河玉漏寒，侍中出宰擄征鞍。君王此日親除吏，臣子何心道換官。壯士驪山秋送戍，豪家渭曲夜探丸。扶風馮翊皆難治，努力諸公奏最看。

出牧 《集覽》:「案:魏象樞《寒松堂集》有《乙未年諸公外轉》詩，當與此同時作也。」 **侍中** 注見卷五。 **除吏** 《史記·武安侯傳》:「上乃曰:『君除吏已盡未?吾亦欲除吏。』」 **送戍** 《史記·高帝紀》:「高祖以亭長為縣送徒驪山，徒中壯士願從者十餘人。」　**探丸**　注見卷四。　**扶風馮翊**　《漢書・百官公卿表》：「武帝太初元年，左內史更名左馮翊，主爵中尉更名右扶風。」

寄周子俶中州

聞道周郎數酒悲，中原極目更誰依。雲遮二室關山在，河奪三門風雨移。銅狄紀年何代恨，石經傳字幾人知。狂歌落日登臨罷，殘醉歸來信馬遲。

酒悲　朱翌《猗覺寮雜記》：「飲酒而泣曰酒悲。見《王衍傳》。宗壽言發而泣。韓昭華曰：『嘉王酒悲。』」韓偓《半夜》詩：「板閣數博後，至今猶酒悲。」　**二室**　見卷四注。　**三門**　《唐書・食貨志》：「河有三門，底柱之險。」《陝州志》：「黃河有砥柱山，一名三門山。山有三門，禹鑿以通河，南曰鬼門，中曰神門，北曰人門。舟楫不通，惟人門可通筏木。」　**銅狄**　注見卷四。　**石經**　見卷九注。

懷古兼弔侯朝宗

河洛風塵萬里昏，百年心事向夷門。氣傾市俠收奇用，策動宮娥報舊恩。多見攝衣稱上客，幾人刎頸送王孫。死生總負侯嬴諾，欲滴椒漿淚滿樽。自注：朝宗歸德人，貽書約終隱不出。余為世所逼，有負夙諾，故及之。

侯朝宗　見卷十二。　**夷門**　《史記・信陵君傳・贊》：「吾過大梁之墟，求問其所謂夷門。夷門者，城之東門也。」　**氣傾市俠**　《史記・信陵君傳》：「魏有隱士曰侯嬴，年七十，家貧，為大梁夷門監者。公子置酒，大會賓客，坐定，公子從車騎虛左，自迎侯生。侯生謂公子曰：『臣有客在市屠中，願枉車騎過之。』公子引車入市，侯生下見其客朱亥，俾倪，故久立。侯生視公子，色終不變，乃謝客就車。至家，公子引侯生坐上坐。」　**策動宮娥**　《史記・信陵君傳》：「魏安釐王二十年，秦昭王已破趙長平軍，又進兵圍邯鄲，平原君遺公子書，請救於魏。魏王使將軍晉鄙將十萬眾救趙，實持兩端以觀望。公子患之，數請魏王。魏王畏秦，終不聽公子。侯生乃屏人間語曰：『嬴聞晉鄙之兵符常在王臥內，而如姬最幸，力能竊之。嬴聞如姬父為人所殺，公子使人斬其讐頭，敬進如姬。誠一開口請如姬，如姬必許諾，則得虎符，奪晉鄙軍，北救趙而西卻秦，此五霸之伐也。』公子如其計，如姬果盜晉鄙兵符與公子。」　**刎頸**　《史記・信陵君傳》：「公子行，侯生曰：『臣客屠者朱亥可與俱。此人力士，晉鄙聽，大善；不聽，可使擊之。』公子過謝侯生，侯生曰：『臣宜從，老不能。請數公子行日，以至晉鄙軍之日，北鄉自殁以送公子。』公子與侯生訣。至軍，侯生果北鄉自刎。」

送曹秋岳以少司農遷廣東左轄

江東才子漢平陽，身歷三臺拜侍郎。五管清秋懸使節，百蠻風靜據胡牀。珠官作貢通滄海，象郡休兵奉朔方。早晚酇侯能薦達，鋒車好促舍人裝。

左轄　《唐六典》：「左、右丞掌管轄省事，糾察典章。」少陵《贈韋左丞丈濟》詩：「左轄頻虛位。」案：順治十三年七月，曹溶擢戶部右侍郎。九月，詔吏部、都察院會奏侍郎、卿寺等官才優經濟者，改外用。溶與焉，遂授廣東左布政使。　**平陽**《史記・曹參世家》：「食邑平陽，萬六百三十戶，號曰平陽侯。」　**三臺**　《後漢書・蔡邕傳》：「補侍御史，又遷侍書御史，遷尚書，三日之間，周歷三臺。」　**五管**　注見前。　**珠官**　注見卷六。　**象郡休兵**　《史記・秦始皇紀》：「三十三年，畧取陸梁地為桂林、象郡、南海。」《漢書・昭帝紀》：「五年，罷象郡，分屬鬱林、牂牁。」《欽定歷代通鑑輯覽》：「順治十二年三月，李定國自新會敗走，率殘兵走南寧，廣東高、廉、雷等三府三州十八縣悉平。」　**酇侯薦達**　《漢書・蕭何傳》：「上以何功最甚，先封為酇侯。及何病，上親自臨視，因問曰：『君即百歲後，誰可代君？曹參何如？』何頓首曰：『帝得之矣。』」　**鋒車**　《晉書・輿服志》：「追鋒車，駕二。追風之名，取其迅速，施於戎馬之間。」　**舍人裝**　《漢書・曹參傳》：「蕭何薨，參聞之，告舍人：『趣治行，吾且入相。』居無何，使者果召參。」師古曰：「舍人猶言家人也。趣讀曰促。」

其二

秋風匹馬尉佗城，銅鼓西來正苦兵。萬里虞翻空遠宦，十年楊僕自專征。山連鳥道天應盡，日落蠻江浪未平。此去好看宣室召，漢皇前席問蒼生。

尉佗城　《漢書・地理志》：「南海郡縣，番禺尉佗都廣東。」《通志》：「趙佗城在南海縣治東，秦任囂所築，佗益廣之。」　**虞翻**　《吳志・虞翻傳》：「虞翻，字仲翔，會稽餘姚人。孫權以為騎都尉，性疎直，數有酒失，遂徙翻交州。」　**楊僕**　注見前。案：謂尚可喜。　**宣室召**　《漢書・賈誼傳》：「文帝思誼，徵之。至入見上，方受釐宣室，上因感鬼神之事，而問鬼神之本，誼具道其所以然之故。至夜半，文帝前席。」蘇林曰：「宣室，未央前正室也。」　**問蒼生**　李義山《賈生》詩：「可憐夜半虛前席，不問蒼生問鬼神。」

其三

銅柱天南起暮笳，蒼山不斷火雲遮。羅浮客到花為夢，庾嶺書來雁是家。五月蠻村供白越，千年仙竇訪丹砂。炎州百口堪同住，莫遣閒愁感鬢華。

銅柱　注見前。　**羅浮夢**　《龍城錄》：「隋開皇中，趙師雄遷羅浮。日暮，於林間酒肆旁舍，見美人素粧出迎，與語，言極清麗，芳香襲人。與之扣酒家共飲，一綠衣童子歌於側。師雄醉寐，東方既白，起視梅花樹上，有翠羽啾嘈相顧，所見蓋花神也。」　**庾嶺**　注見卷十。　**白越**　《〈後漢書·皇后紀〉注》：「白越，越布。」《越絕書》：「白越，細布也。」　**丹砂**　《晉書·葛洪傳》：「聞交州有丹砂，求為句扇漏令。」杜詩：「丹砂訪葛洪。」　**炎州百口**　劉長卿詩：「炎州百口住。」

其四

懸瀑丹崖萬仞流，越王臺上月輪秋。江湖家在堪回首，京國人多獨倚樓。海外文章龍變化，日南風俗鳥鉤輈。知君此地登臨罷，追憶平生馬少游。

越王臺　注見卷六。　**海外文章**　胡仔《苕溪漁隱叢話》：「子由云：『東坡謫居儋耳，獨喜為詩，精練華妙，不見老人衰憊之氣。』魯直亦云：『東坡嶺外文字，讀之使人耳目聰明，如清風自外來也。』」　**日南**　注見卷一。　**鉤輈**　《唐本草》：「鷓鴣生於江南，形如母雞，鳴曰鉤輈格磔。」　**馬少游**　《後漢書·馬援傳》：「援為新息侯，謂官屬曰：『吾從弟少游嘗曰：士生一世，但取衣食裁足，乘下澤車，御款段馬，為郡掾吏，守墳墓，鄉里稱善人，足矣。當吾在浪泊、西里間，虜未滅之時，下潦上霧，毒氣薰蒸，仰視飛鳶，跕跕墮水中。臥念少游平生時語，何可得也！』」

送楊猶龍學士按察山西

碧山學士起嚴裝，新把牙旗下太行。玉麈開樽從將吏，銀毫判牒喜文章。三關日落凝笳吹，千騎風流出射堂。憶賜錦袍天上暖，西遊早拂雁門霜。

楊猶龍　《欽定國朝詩別裁集》：「楊思聖，字猶龍，直隸鉅鹿人。順治丙戌進士，官至四川布政使。」　**碧山**　少陵《柏學士茅屋》詩：「碧山學士焚銀魚。」

其二

一天涼影散鳴珂，落木平沙雁度河。北地詩名三輔少，西風客思五原多。紫貂被酒雲中火，鐵笛迎秋塞上歌。回首禁城從獵處，千山殘雪滿滹沱。

北地 《漢書·地理志》:「北地郡，秦置，漢曰武威。」 **五原** 《續漢書·郡國志》:「并州五原郡，秦置，為九原，武帝更名。」

送王藉茅學士按察浙江

始興門第故人稀，才子傳家典北扉。晝省日移花更發，御溝春過柳成圍。江湖宦蹟飄蓬轉，嵩少鄉心旅雁飛。重到冶城開戟地，豈堪還問舊烏衣。

王藉茅 《進士履歷》:「王無咎，字藉茅，河南孟津人，大學士鐸子。順治丙戌進士。」《河南通志》:「王無咎，丙戌會魁，歷官侍讀學士、江南右布政使。」《浙江通志》:「按察使王無咎，順治十三年任。」 **始興** 注見卷五。 **北扉** 沈括《夢溪筆談》:「學士院北扉者，以其在浴堂之南，便於應召。」 **晝省日移** 《唐書·李程傳》:「北廳前階有花甎道，冬中以日影及五甎為入直之候。程性懶，常過八甎乃至，眾呼為八甎學士。」晝省，見卷十二。 **嵩少** 《宋史·張宗晦傳》:「嵩少伊瀍，天下佳處。」 **冶城** 張敦頤《六朝事蹟》:「冶城今天慶觀，即其地也。本吳冶鑄之所，因名。」 **烏衣** 注見卷六。

其二

訟堂閒嘯聽流鶯，十載東南憶避兵。江左湖山多故吏，王家書畫豈虛名。從容簿領詩還就，料理煙霞政自成。欲過會稽尋禊事，斷碑春草曲池平。

料理 二字見《晉書·王徽之傳》。

送當湖馬觀揚備兵岢嵐

絕塞驅車出定羌，洗兵空磧散牛羊。黃河盡處無征戰，紫燕飛時敢望鄉。獨客登臨傷廢壘，前人心力困危疆。君恩不遣邊臣苦，高臥荒城對夕陽。

當湖 《一統志》:「嘉興府平湖縣，古當湖市。當湖在縣東門外。《吳地志》云：『王莽改海鹽縣曰展武，後陷為此湖。』」 **馬觀揚** 《山西通志》:「岢嵐兵備道馬煜曾，浙江平湖人。進士，順治十三年任。」 **岢嵐** 《金史·地理志》:「岢嵐州。下。刺史。本宋岢嵐軍，大定二十二年為州，有岢嵐山。」《元和郡縣志》:「河東節度使所理太原府岢嵐軍，在樓煩郡北百里。」《太平寰宇記》:「岢嵐軍理嵐谷縣，隋大業中置岢嵐鎮，唐長壽中置軍，東至雪山六十里，與朔州分界。」 **定羌** 王應麟《玉海》:「熙寧六年，河州置定羌城。」《一統志》:「定羌廢縣在甘肅河州東南。熙寧七年，改河諾城為定羌城。元升為州，元末廢。」《集覽》:「定羌，今屬甘肅蘭州府。馬或由蘭州遷岢嵐歟？俟考。」

送王孝源備兵山西

秋盡黃河氣欲收，千山雪色照并州。雕盤落木蒼崖壯，馬蹴層冰斷澗流。父老壺關迎使節，將軍廣武恥封侯。雍容賓佐資譚笑，吹笛城南月夜樓。

王孝源 《蘇州府志》:「王舜年，字孝源，山東掖縣人。順治丙戌進士，改庶吉士，歷官江蘇布政使。」案:《山西通志》:「雁平兵備道王天眷，山東濟寧州人，進士，順治十三年任。」而無王舜年。又案:《進士履歷》，王天眷，字龍錫，不言字孝源。《集覽》作天眷。存參。 **壺關老** 注見卷九。 **廣武封侯** 《史記・劉敬傳》:「高祖械繫敬廣武，至平城，匈奴圍帝白登，七日然後得解。帝至廣武，赦敬曰:『不用公言，以困平城。』迺封敬為關內侯。敬因勸帝與匈奴和親，妻以長公主。」

送同年江右朱遂初憲副固原

銜杯落日指雕鞍，渭北燕南兩地看。士馬河湟征戰罷，弟兄關塞別離難。荒祠黑水龍湫暗，絕阪丹崖鳥道盤。錯認故京還咫尺，幾人遷客近長安。

朱遂初 《江西通志》:「崇禎四年辛未進士朱徽，進賢人。國朝官吏科給事中，出為固原副使。」 **固原** 《明一統志》:「固原州，漢高平地，元曰開城。今為固原州，屬陝西平涼府。」 **河湟** 注見卷二。 **黑水** 《一統志》:「黑水在固原州北。」 **龍湫** 《明一統志》:「固原州靈湫有二，一在州東十五里，一在州西北三十里，土人謂之東海、西海。」《固原州志》:「西海北岸有廟，舊傳祭龍神潤澤侯處。東海東岸亦有廟。」 **絕阪** 《一統志》:「隴山在平涼府華亭縣西，秦州青水縣東，與鳳翔府隴州接界，一名隴阪。」餘見前。

其二

清秋柳陌響朱輪，帳下班聲到近臣。萬里河源通大夏，七盤山勢控

新秦。七，疑當作「六」。**北庭將在黃驄老，西海僧來白象馴。最喜安邊真節使，君恩深處少風塵。**

班聲 《左傳·襄十八年》:「聽班馬之聲。」 **河源通大夏** 《史記·大宛傳》:「大宛西南則大夏，東則扜罙、于窴。于窴之西，則水皆西流注西海。其東，水東流注鹽澤。鹽澤潛行地下，其西則河源出焉。」 **六盤** 《陝西通志》:「大六盤山在固原州西南七十里，山路險仄，曲折峻阻，盤旋而上，古謂之絡盤道。」案：七盤山在西安府藍田縣，七盤嶺在四川保寧府廣元縣，俱與固原尚遠。 **新秦** 《唐書·地理志》:「靈州新秦縣，開元二年置。」 **北庭、西海** 注竝見前。

其三

白草原頭驛路微，十年蹤跡是耶非。月明函谷朝雞遠，木落蕭關塞馬肥。便道江城鄉思急，故人京洛諫書稀。一官漂泊知何恨，老大匡山未拂衣。

白草原 《一統志》:「白草原在臨洮府金縣西南二十里。」王昌齡《旅望》詩：「白草原頭望京師。」 **函谷朝雞** 《史記·孟嘗君傳》:「夜半至函谷關。關法：雞鳴而出客。」《〈漢書·高祖紀〉注》:「函谷關在弘農縣衡嶺。」今移東在河南黀城縣。**匡山** 見卷八注。

其四

長將詩酒付奚囊，酒，疑當作「句」。**此去徵塗被急裝。苜蓿金鞍調白馬，梅花鐵笛奏青羌。涼州水草軍營盛，漢代亭臺獵火荒。往事功名歸衛霍，書生垂老玉門霜。**

急裝 《漢書·趙充國傳》:「將軍急裝。」《南史·沈慶之傳》:「上召慶之，慶之戎服履靺縛袴入見。上見而急，問曰:『卿何乃爾急裝？』」 **苜蓿** 少陵《贈田九判官》詩:「宛馬總肥秦苜蓿。」 **青羌** 注見卷二。 **涼州** 《漢書·地理志》:「涼州之畜為天下饒，保邊塞，二千石治之，咸以兵馬為務。」 **衛霍** 駱賓王《帝京篇》:「俄聞衛霍有功勳。」 **玉門** 《漢書·班超傳》:「自以久在絕域，年老思土，上疏曰:『臣不敢望到酒泉郡，但願生入玉門關。』」《〈漢書·西域傳〉注》:「玉門關在燉煌西界。」